网络协同制造和智能工厂学术专著系列

基于信息物理融合的个性化定制智能生产线

李迪 唐浩 周楠 王忠锋 ◎ 著

Cyber-physical systems based
Intelligent production line for
customized manufacturing

机械工业出版社
China Machine Press

图书在版编目（CIP）数据

基于信息物理融合的个性化定制智能生产线 / 李迪等著. —北京：机械工业出版社，2022.8

（网络协同制造和智能工厂学术专著系列）

ISBN 978-7-111-71372-2

I. ①基… II. ①李… III. ①智能制造系统 – 制造工业 – 工业企业管理 – 生产管理 – 研究 IV. ①F407.406.2

中国版本图书馆 CIP 数据核字（2022）第 147894 号

基于信息物理融合的个性化定制智能生产线

出版发行：机械工业出版社（北京市西城区百万庄大街22号 邮政编码：100037）

责任编辑：王 颖

责任校对：陈 越 刘雅娜

印 刷：北京铭成印刷有限公司

版 次：2022年10月第1版第1次印刷

开 本：170mm×230mm 1/16

印 张：17.75

书 号：ISBN 978-7-111-71372-2

定 价：89.00元

客服电话：（010）88361066 68326294

版权所有·侵权必究

前言

当前，制造业正面临着巨大的转型压力，形成了劳动力成本迅速攀升、产能过剩、竞争激烈的态势，迫使制造企业从低成本竞争转向差异化竞争。在个性化定制智能生产模式下，产品的类型与批量多变、交付周期骤减、质量与成本约束导致生产线设计和运行面临新的挑战。信息物理融合制造系统是信息物理系统在制造系统中的映射，其最终目标是实现信息世界和物理世界的融合，在计算、通信和控制的基础上通过网络化的协同制造，实现生产过程的监控，并通过自动化和智能化的管理实现个性化产品的预测性制造，以满足个性化产品制造对效率、成本、质量的综合要求，也是我国占领未来制造业高地的关键所在。

目前，信息物理融合生产系统的构建及其研究大多局限于概念层次。智能生产线是信息物理融合生产系统核心之一，对它的研究大多仅限于信息物理有限融合及实现，难以在生产线的设计、运行、管控和优化中发挥系统化理论、方法与技术层面的支撑作用，使得信息物理融合制造系统的性能预测、运行管控难以满足个性化产品生产的要求。本书通过研究个性化定制智能生产线的信息物理融合系统架构设计、统一建模、模型综合计算与优化、系统验证等关键技术，建立面向个性化产品定制智能生产线设计和管控方法，对提升我国混线生产能力，具有重要理论意义和工程应用价值。

本书第 1 章介绍生产模式与制造系统的发展趋势，以工业 4.0 参考架构为基础，阐述信息物理生产系统是个性化定制生产的关键这一观点。第 2 章介绍个性化定制智能生产线的设计与运行架构，从生产线的生命周期出发，提出设计需求与运行需求，并以此提出基于组件与模型的设计运行统一框架；还介绍了项目组开发的智能生产线物理原型系统，为后续章节的技术提供相关的验证对象。第 3 章介绍信息物理融合组件的设计方法，以及多粒度多视角的组件建模方法，并以产品、工艺、资源为例，基于 AutomationML 标准定义了多粒度、多视角的组件。第 4 章介绍个性化定制智能生产线的形式化方法，提出一种基于工厂形式化建模语言的形式化建模方法；以"产品 – 工艺 – 资源"概念为中心，提出不同层次中生产线的模型仿真与验证方法，并基于实例介绍离散事件驱动系统组件形式化模型的功能验证和性能仿真，以证明所提方法的可用性。第 5 章介绍个性化定制生产模式下设备控制系统的形式化技术，包括设备控制系统的结构、组成及运行过程描述，提出设备资源控制系统的动态重构的形式化建模方法，通过具体的 PID 计算过程对应的功能块网络程序实例，验证所提形式化建模方法和工具的有效性和开发模型的可信度。在完成生产线系统不同层级组件建模的情况下，第 6 章介绍个性化定制智能生产线的设计工具，着重介绍建模工具和仿真工具的实现，包含快速开发所需要的建模和模型转换工具，以及以模型为仿真对象的虚拟调试技术，最后介绍相关的工具集成实现技术。第 7 章介绍以中间件理念为基础的即插即生产信息物理融合框架，并阐述中间件与软硬件的交互技术；详细介绍中间件与资源交互的资源适配器和与产品交互的产品适配器的设计及实现方法，并论述中间件和软件交互的软件适配器的设计及实现方法，为个性化定制智能生产线的即插即生产模式的实现提供基础保障。第 8 章介绍面向个性化产品定制的可重构车间调度理论，首先对资源重构与调度进行关系分析和框架介绍，引入本体语义技术，提出知识驱动的资源重构机制和基于强化学习的自适应调度方法，用于支撑生产异常情况下个性化产品的自适应生产调度。第 9 章针对设备动态重构在生产线运行时面临的实时性和可靠性的挑战，从设备控制系统领域模型的设计、可重构运动内核环境的实现、自适应重构机制的构建三个方面阐述设备运动控制系统如何适应个性化产品定制对资源重构的严苛要求。基于 IEC 61499 国际标准，我们开发了适应于动态资源重构的网络化运动控制内核，证明了所提运动控制系统可重构方法的有效性。第 10 章介绍智能生产线的运行管控实施技术，包括如何构建车间的私有云架构，如何采用云原生技术实现面向个性化生产线设计、管控运行的微服务架构，并以华南理工大学个性化定制智能生产线的运行为例，验证了本书中即插即生产相关技术的可行性。

  本书由李迪教授、唐浩博士、周楠博士和王忠锋研究员合著，华南理工大学研究生王戈、姚侠楠、张柳、罗子仁、杨泽霖等为本书实例整理和编写提供了支持和帮助。全书由李迪审校。

  本书是国家重点研发计划"网络协同制造和智能工厂"重点专项项目（2018YFB1700500）的研究成果总结，在此特向科学技术部表示衷心的感谢。

  本书的编写不仅集成了作者对信息物理融合制造系统、智能生产线、个性化定制生产长期的关注、研究和思考，还参考了国内外一些研究学者的思想观点，在此谨向他们表示感谢。同时，特别感谢华南理工大学、中国科学院沈阳自动化研究所、东北大学、华中科技大学、浙江大学、上海交通大学、大连理工大学、海南大学、广州中国科学院沈阳自动化研究所分所、武汉华创动力智能科技有限公司等单位在本书收集资料过程中给予的大力支持和帮助。

由于作者水平有限，书中难免存在疏漏之处，恳请广大读者批评指正。

作者
2021 年 12 月 22 日

目录

前言

第1章 绪论 ·· 1
  1.1 个性化定制是未来制造的趋势 ·························· 1
  1.2 制造系统及其演变 ·· 3
  1.3 信息物理融合系统概念 ····································· 5
  1.4 信息物理融合生产系统是个性化定制智能生产的关键 ········ 7
  参考文献 ··· 9

第2章 个性化定制智能生产线的设计与运行架构 ········ 12
  2.1 引言 ·· 12
  2.2 个性化定制智能生产线的设计需求 ······················ 14
    2.2.1 生产线的功能验证 ·································· 14
    2.2.2 生产线的性能仿真 ·································· 14
    2.2.3 生产线的虚拟调试 ·································· 15
  2.3 个性化定制智能生产线的运行需求 ······················ 16
  2.4 个性化定制智能生产线的设计与运行架构 ············· 17
    2.4.1 相关架构 ··· 18
    2.4.2 基于组件模型的个性化定制智能生产线的设计与运行架构 ········ 19
  2.5 个性化礼盒生产线原型平台实例 ························· 20
    2.5.1 UGBP的设计目标 ·································· 20
    2.5.2 UGBP的硬件分布及网络构成 ················· 21
    2.5.3 UGBP的产品工艺路线 ··························· 28

2.6 结论 ·· 30
参考文献 ·· 30

第3章 个性化定制智能生产线的信息物理融合组件 ············ 32
3.1 引言 ·· 32
3.2 组件的设计方法 ·· 33
　　3.2.1 组件的定义 ·· 33
　　3.2.2 组件的多粒度、多视角建模方法 ························ 35
　　3.2.3 组件的通用信息定义 ······································ 37
3.3 基于AutomationML的组件建模 ································ 38
　　3.3.1 产品、资源、工艺组件的多粒度设计 ··················· 38
　　3.3.2 产品、资源、工艺组件的多视角建模 ··················· 42
3.4 结论 ·· 51
参考文献 ·· 51

第4章 个性化定制智能生产线形式化方法 ························ 54
4.1 引言 ·· 54
　　4.1.1 组件建模 ··· 54
　　4.1.2 形式化验证 ·· 55
4.2 智能生产线形式化建模架构 ······································ 56
4.3 智能生产线形式化建模 ·· 57
　　4.3.1 基于EFPD智能生产线PPR组件定义 ···················· 58
　　4.3.2 工艺组件的形式化定义 ···································· 60
　　4.3.3 产品组件的形式化定义 ···································· 61
　　4.3.4 资源组件的形式化定义 ···································· 62
　　4.3.5 组件交互语义的形式化定义 ······························ 62
　　4.3.6 基于有色Petri网的形式化模型转换方法 ··············· 63
4.4 组件形式化建模与仿真实例 ······································ 65
　　4.4.1 组件的模型验证机制 ······································ 65
　　4.4.2 组件形式化建模实例 ······································ 67
　　4.4.3 形式化模型验证结果与仿真分析 ························ 68
4.5 结论 ·· 71
参考文献 ·· 71

第5章 设备控制系统的形式化方法 ································· 74
5.1 引言 ·· 74

5.2 设备控制系统的形式化建模方法概述 ···································· 75
5.3 设备控制系统的形式化建模语言的语法定义 ······················ 77
    5.3.1 语法定义 ·· 77
    5.3.2 基于 IEC 61499 标准的语法定义 ··························· 80
5.4 设备控制系统的形式化建模语言的语义定义 ······················ 82
    5.4.1 基于标记变迁系统的操作语义 ······························· 82
    5.4.2 面向时间自动机的转换语义 ··································· 89
5.5 实例 ·· 94
5.6 结论 ·· 96
参考文献 ·· 97

第 6 章　个性化定制智能生产线的设计工具 ······························ 99

6.1 引言 ·· 99
    6.1.1 智能生产线的模型驱动设计 ··································· 99
    6.1.2 智能生产线组件的信息集成 ································· 101
    6.1.3 智能生产线的设计工具链 ····································· 102
6.2 智能生产线的模型驱动设计方法 ···································· 102
    6.2.1 模型驱动设计流程 ·· 103
    6.2.2 模型集成架构设计 ·· 105
    6.2.3 模型构建与转换 ·· 106
6.3 智能生产线的模型驱动工具链的设计与实现 ·················· 108
    6.3.1 工具集成平台的选用 ·· 108
    6.3.2 模型驱动工具链的定义 ·· 109
    6.3.3 模型驱动工具链的实现 ·· 110
6.4 智能生产线的模型驱动工具链集成平台 ·························· 116
    6.4.1 模型构建 ·· 117
    6.4.2 规划调度 ·· 118
    6.4.3 模型验证 ·· 121
    6.4.4 虚拟调试 ·· 124
6.5 结论 ·· 126
参考文献 ·· 126

第 7 章　即插即生产信息物理融合框架及智能适配器 ············ 129

7.1 引言 ·· 129
7.2 即插即生产信息物理融合框架 ·· 131

		7.2.1 异构组件的集成方式	131
		7.2.2 基于中间件的信息物理融合运行框架	132
		7.2.3 基于服务的中间件与组件交互过程	133
	7.3	资源适配器	134
		7.3.1 资源适配器运行机制	134
		7.3.2 资源适配器实现方案	136
	7.4	产品适配器	142
		7.4.1 产品适配器运行机制	142
		7.4.2 产品适配器实现方案	144
	7.5	软件适配器	149
		7.5.1 软件组件 AML 建模	149
		7.5.2 软件适配器运行机制	152
		7.5.3 软件适配器实现方案	153
	7.6	结论	155
	参考文献		155

第 8 章 个性化定制智能生产线的资源重构与生产调度 ··· 158

	8.1	引言	158
		8.1.1 可重构制造系统的研究现状	159
		8.1.2 资源重构方法的研究现状	160
		8.1.3 生产调度优化方法的研究现状	160
	8.2	资源重构与生产调度的二元闭环结构	161
		8.2.1 资源重构与生产调度的关系分析	161
		8.2.2 可重构生产线的"对象 – 过程"建模	163
	8.3	本体知识驱动的资源重构机制	168
		8.3.1 资源重构概念的本体模型	168
		8.3.2 基于本体映射的多层级匹配方法	173
		8.3.3 语义推理规则与语义查询语句	177
	8.4	基于强化学习的自适应生产调度方法	182
		8.4.1 生产调度的 SMDP 建模	182
		8.4.2 基于卷积神经网络近似的模型求解方法	190
	8.5	实例	192
		8.5.1 资源重构触发实例	192
		8.5.2 生产调度实例	194
	8.6	结论	198

参考文献 ··· 198

第9章 设备控制系统的动态重构 ··· 205

9.1 引言 ··· 205
9.2 运动控制系统建模语言的元模型概念 ·· 207
    9.2.1 基于 MetaGME 工具的元模型概念 ··· 207
    9.2.2 设备控制系统组件的元模型概念 ·· 208
9.3 设备控制系统实时可重构运动内核运行环境的设计 ··························· 211
    9.3.1 控制系统的可重构性实现方案 ··· 211
    9.3.2 组件化的内核运行与任务调度框架设计 ·································· 214
    9.3.3 基于 IEC 61499 标准管理命令的动态重构模块 ······················· 218
9.4 实例 ··· 222
9.5 结论 ··· 227
参考文献 ··· 228

第10章 智能生产线的运行管控实施技术 ·· 230

10.1 引言 ··· 230
10.2 智能生产线的运行管控基本架构 ·· 233
    10.2.1 生产线的软硬件资产 ··· 233
    10.2.2 组件集成制造中间件 ··· 236
    10.2.3 面向组件服务的应用业务 ··· 243
10.3 软硬件资产的基本环境部署与实施 ··· 250
10.4 CIMM 模块部署与实施 ··· 252
10.5 应用业务的工具部署与实施 ··· 255
    10.5.1 订单处理组件的部署和实施 ·· 255
    10.5.2 计算仿真组件的部署和实施 ·· 258
    10.5.3 资源调度组件的部署和实施 ·· 258
    10.5.4 运行监控组件的部署和实施 ·· 259
10.6 实例 ··· 260
    10.6.1 即插即生产实例 ·· 262
    10.6.2 下单自动生产实例 ··· 265
10.7 结论 ··· 270
参考文献 ··· 270

全书总结 ··· 273

第 1 章

绪　论

1.1　个性化定制是未来制造的趋势

制造业从诞生至今，已经历了不同生产模式的转变（见图1-1），其本质是产品种类和产品产量的关系转变。在工场手工业时期，产品的生产以手工形式为主，产品的定制化程度高，但人力不足的因素导致产量稀少。工业革命以后，人口数量增长与产品供应长期不足的矛盾使得市场供需逐渐失衡。福特在1913年发明了生产线，开创了大规模生产模式，解决了产品产量低的问题，极大地提高了经济效益。这种专用的生产线对生产单一类型的产品具有很高的生产效率，但可提供的产品类型往往跟不上市场需求的变化。

20世纪80年代以来，随着科学技术的进步以及制造企业布局的全球化，社会生产力大幅提升，产品数量增加同时产品价格下降，由此进一步引发了消费者对产品多样性的需求。为了满足消费者对产品多样性以及更新换代的需求，制造企业开始采用产品族体系结构（Product Family Architecture，PFA）的制造技术，实现了大规模定制生产模式，制造企业所能提供的产品种类从此显著增加。在大规模定制生产模式中，制造企业利用PFA开发产品系列策略，将产品功能模块分为共享体和变体，不同功能模块的变体与共享体组合装配，就能形成消费者中意的定制产品。在这个时期，制造企业通常会尽可能地增加产品功能模块的变体种类，以满足客户的不同需求。虽然大规模定制生产模式为消费者提供了丰富的产品选择，但也为制造系统引入了更难可控的制造复杂度，从而影响了系统性能。同时，消费者的行为仅限于对产品功能模块的选择，而无法对最终产品进行直接设计，难以实现用户真正之所想。

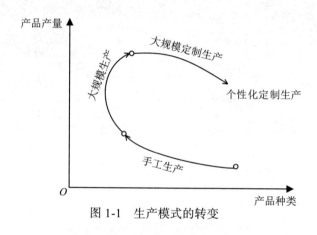

图 1-1　生产模式的转变

自 20 世纪以来，全球范围内存在严峻挑战，包括全球变暖、淡水短缺、能源短缺、人口增长等，为了应对这些挑战要在制造高质量产品的同时保持较高的资源利用效率。个性化需求的拉动，迫使制造企业必须生产出定制程度更高的个性化产品。此外，产品的生命周期也在大大缩短，如 20 世纪 90 年代初期，一个汽车制造企业通常只生产 3～10 种不同的车型，而如今却可生产 50～70 个车型的变体，车型更新换代的周期也从 6 年缩短至 2～3 年。在消费类电子行业中，这类需求的变化更加明显，通常一旦新型智能手机投放市场，上一代的产品便不再畅销，更新换代时间甚至不足一年。

个性化定制生产（Customized Manufacturing，CM）提供了一种以客户直接需求为导向的竞争性生产模式，具有高效且低成本地提供定制产品或服务的能力。CM 让客户参与到产品的设计中，并通过高度敏捷、灵活的生产制造流程，制造出客户所需的不同类型和／或不同批次的产品[1-6]。当前信息技术与制造技术的融合，使得制造企业实施开放式产品架构（Open Product Architecture，OPA）成为可能，客户可以通过 OPA 创建和设计个性化的产品功能模块，并为其赋予机械、电气和信息接口，实现生产过程中的组装、拆卸和跟踪，由此客户可直接参与产品的设计、模拟、制造等过程。

个性化定制生产的实施需要考虑以下因素：

1）成本可妥协。在个性化定制生产模式下，消费者愿意为个性化产品支付更高的成本；而对于制造企业来说，在可接受的时间和成本范围内，才能生产和交付个性化产品。

2）模式须适应。制造企业应尽快转变其生产制造模式，以适应市场的快速变化。由于产品生命周期的缩短和产业竞争的扩大，一些基于传统大规模生产模式的企业因无法跟随市场的快速变化而面临倒闭。作为率先采用个性化定制生产模式的制造企业，要具备比竞争对手更大的先发优势。

3）技术可实施。个性化定制生产模式离不开先进技术的应用与实施，因此，制造企业应通过对制造技术和信息技术进行整合，在其生产线应用可实施的先进技术，以便能够以较低的生产成本、较快的响应速度，提供更多类型的产品。

4）产品可定制。定制产品体现了客户个性需求，既提高了企业的市场快速适应性，增强了企业的竞争力，又减少了因产品滞销导致库存成本的增加，降低了企业运营压力，但需要企业具有生产客户自主决定特征的定制化产品的能力。

5）知识可共享。个性化定制是一种动态战略，它依赖于将新客户需求转化为新的产品和服务的能力。为了实现这一目标，企业必须着力于产品设计、生产工艺、生产设备与系统、企业管理与运营等相关的知识库构建，以支撑新产品的开发。

1.2 制造系统及其演变

制造系统是指为达到预定制造目的而构建的物理组织系统，包括生产过程、硬件、软件和相关人员。其中，生产过程包括产品的市场分析、设计开发、工艺规划、加工制造以及控制管理等过程；硬件包括厂房设施、生产设备、工具材料、能源以及各种辅助装置；软件涉及各种制造理论与技术、制造工艺方法、控制技术、测量技术以及制造信息等；相关人员是指从事物料准备、信息流监控以及制造过程的决策和调度等作业的人员[7]。一个典型的制造系统布局如图1-2所示。在结构上，制造系统是由生产过程所涉及的硬件、软件以及人员所组成的有机整体；在功能上，制造系统是通过调用制造资源将原材料转变为半成品或成品的输入/输出系统。

生产模式经历了"手工生产 – 大规模生产 – 大规模定制生产 – 个性化定制智能生产"的转变，制造系统也相应地经历了"手工作坊 – 专用生产线 – 柔性制造系统 – 可重构制造系统 – 智能制造系统"的转变。每种生产模式均对制造系统提出了一定的技术要求，它们之间的对应关系如表1-1所示。

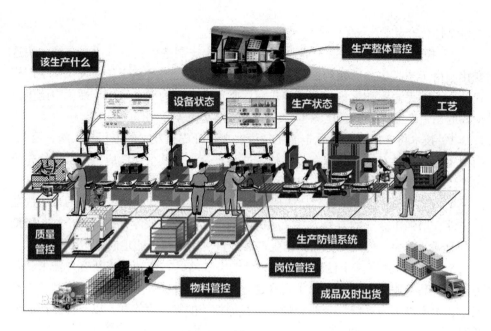

图 1-2 制造系统布局

表 1-1 生产模式与制造系统要素的关系

生产模式	制造系统要素			
	生产目标	客户所需的产品特性	客户与产品的关系	制造系统范式
手工生产模式	小农经济	数量	购买	手工作坊
大规模生产模式	规模经济	质量 价格	购买	专用生产线
大规模定制生产模式	规模经济 范畴经济	质量 价格 品种	购买 选择	柔性制造系统 可重构制造系统
个性化定制生产模式	规模经济 范畴经济 价值差异化	质量 价格 品种 效率	购买 选择 设计	智能制造系统

专用生产线（Dedicated Manufacturing Line，DML）能够高效地批量生产外形及功能类似的产品，但无法对生产的需求变化做出快速响应，难以满足产品多样性的需求。柔性制造系统（Flexible Manufacturing System，FMS）凭借高柔性的数控机床或加工中心的复杂制造能力，缓解了制造系统响应能力低和敏捷性差的问题，从而在一定程度上能够适应产品的多样性需求。但相比 DML，柔性制造系统的生产效率较低，且生产成本很高。可重构制造系统（Reconfigurable

Manufacturing System，RMS）通过重新配置硬件或软件来调整生产能力[8]，能够以较低的成本快速响应生产需求，正如文献[9]所述，RMS 不受容量和功能的约束，能够随时间变化适应不断变化的市场环境。随着产品种类和产量的增加，制造系统的规模不断扩大，系统复杂度呈几何倍数增加，制造系统面临更多的不确定因素，需要处理更多生产异常事件，同时要具备更快的响应速度、更高的稳定性和可靠性。以 RMS 和 FMS 为代表的集中式控制模式虽然具有较高的执行效率，但由于只有一个控制中心，生产过程中的任何一个小错误都有可能导致系统崩溃[10]。以敏捷制造（Agile Manufacturing，AM）[11]和合弄制造系统（Holonic Manufacturing System，HMS）[12]为代表的分布式制造系统，能够快速响应生产过程中不可预测的异常情况[13]。HMS 基于 holon 的概念描述对象之间的关系，将设备、产品和软件看作可自主决策的节点，通过改变节点之间的交互行为动态配置生产逻辑，以分散决策处理系统中的扰动，但分散的多个处理节点之间往往会出现更多的冲突甚至死锁现象。

为了解决上述制造系统的范式问题，人们提出了"智能制造系统"（Intelligent Manufacturing System，IMS）的概念。IMS 的内涵在于将物联网、大数据、人工智能、云计算等信息技术融入制造技术中，使制造系统在时间、质量、成本、服务、环境等方面能够满足个性化产品的生产需求。IMS 没有固定的实现技术范式，不同的社会生产力水平，不同的市场需求和社会需求，使得 IMS 的目标和实现技术不尽相同。总体而言，IMS 具备以下共同特征：

1）高度集成性。强调通过制造系统的内部生产要素的对等交互来提高系统的运行效率。

2）以客户为中心。强调采取面向客户的生产策略，不断掌握当前及未来的市场生产需求。

3）快速响应。强调对个性化生产需求的快速响应能力，缩短产品制造周期，加快产品上市周期。

4）满意质量。强调满足产品全生命周期内的质量需求。

5）绿色环保。强调可持续发展，尽可能减少能源和不可再生资源的消耗，以及对环境、空气与水的污染。

1.3　信息物理融合系统概念

德国政府于 2011 年在《德国 2020 高技术战略》中提出了工业 4.0（Industry 4.0），旨在通过提升制造业的智能化水平，建立具有快速适应性、资源高效利用的智能工厂，提升德国的工业竞争力。工业 4.0 参考架构（Reference Architecture

Model Industrie 4.0，RAMI 4.0）[15]（见图1-3）是对工业4.0进行多维度描述的框架模型，通过右水平轴级（Levels）、垂直轴层（Layers）、左水平轴流（Stream）三个维度，构建并连接了工业4.0中的基本单元——工业4.0组件。基于这一架构可以对工业4.0技术进行系统的分类与细化。

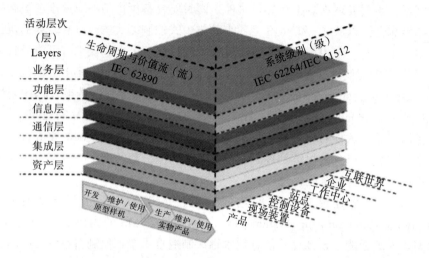

图1-3　RAMI 4.0[15]

RAMI 4.0模型中三个维度的各个层次分别体现了工业4.0的元素概念及它们之间的相互关系。其中，第一个维度对应于右水平轴级，描述了生产空间尺度的不同层次结构，并在IEC 62264标准之上补充了产品，由企业扩展至"互联世界"的需求，体现了工业4.0对产品服务和企业协同的要求。第二个维度是垂直轴层，描述了资产的属性结构，具体包括资产层、集成层、通信层、信息层、功能层、业务层六个功能层次，也是信息物理融合最核心的体现。第三个维度对应于左水平轴流，该维度从产品全生命周期出发，描述了以零部件、机器和工厂为典型代表的生产要素从信息的模型到实际生产的全过程，划分为设计时和运行时两个阶段，体现了生产要素的信息特征和物理特征。生产要素依托信息化和智能化的系统紧密连接，实现个性化产品制造的终端链接。

从图1-3可以看出，工业4.0的核心是信息物理融合系统（Cyber-Physical System，CPS）。信息物理融合系统（CPS）是一个将感知、通信、计算、控制等系统高度集成的新型系统[16]，是深度融合计算、通信和控制能力的可控、可信、可扩展的网络化物理设备系统，可通过计算、物理的相互影响、反馈，实现对物理实体高效的实时感知、监测与控制，构建可信、可控、安全的信息物理融合网络，从根本上改变构建物理系统的模式[17]。

1.4 信息物理融合生产系统是个性化定制智能生产的关键

为实现个性化定制智能生产，需要将制造系统中的计算工具与物理实体结合，提供具备监控物理生产要素的产品设计接口，让客户能够参与设计，开发符合需求的个性化产品。在此基础上，制造系统需要提供数字化、智能化的生产要素，支撑个性化产品的生产制造。信息技术和通信技术的发展，为制造要素的数字化和制造系统的智能化提供了条件。传感器在生产制造过程中的大规模应用使得制造系统能够感知海量的信息，物联网等通信技术的应用促进了生产要素之间的连接与协作，大数据、人工智能技术的应用使得制造系统中的资源能够感知到环境变化并提供自我优化能力。信息物理融合生产系统（Cyber-Physical Production System, CPPS）是将信息物理融合系统的理论成果应用到制造领域的产物[18]，最终目标是在制造系统中实现信息世界和物理世界的融合，在计算、通信和控制的基础上通过网络化的协同，实现生产过程的监控，并通过自动化和智能化的管理实现个性化产品的预测性制造。CPPS 将计算机科学、信息和通信技术、制造科学与技术的最新成果融合于一体，是工业 4.0 的核心。德国联邦教育与研究部指出："工业正处于第四次工业革命的初始阶段。在互联网的推动下，现实世界和虚拟世界越来越紧密地结合在一起，形成了信息物理融合系统。在高度柔性生产的条件下，产品将实现个性化；在业务和增值过程中，客户和业务合作伙伴将广泛整合。"

CPPS 由多个自主协作的单元组成，这些单元分布于制造系统的不同层级（从传感器、执行器到设备，再到生产线或物流网络等），并以相互理解的方式进行连接。对这些单元进行建模与预测，是构建 CPPS 系统的必要任务，并以此为基础，实现对制造系统的管理与控制。CPPS 研究的关键在于探索自主、协同、优化和响应能力之间的关系，基于分析、仿真的方法进行系统设计管控将比以往更加重要；同时，CPPS 必须支持分布式传感器网络的运行，具有处理大量数据的能力，还需要应对生产要素信息表达的挑战，最终保证制造系统的高效运行。

CPPS 包含物理空间和信息空间，如图 1-4 所示。物理空间包括实际参与制造的物理单元如机器人、工作站等，还包括了不可见的软件单元（如工艺数据库）、优化计算（如软件模块）等；信息空间是对物理空间中物理实体的数字化抽象，是物理空间单元的数字镜像。通过信息空间和物理空间的实时动态融合，可实现生产线物理层面资源配置与信息层面生产作业/物流计划的协同、预测、优化与管控，满足个性化产品对制造系统的要求。

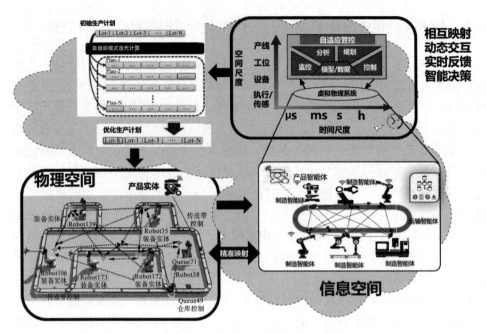

图 1-4　信息物理融合生产系统

要实现 CPPS，需要涉及多种不同领域的技术。相关技术包括但不限于：

1. 多智能体技术

随着群体智能研究的不断深入以及人工智能（Artificial Intelligence，AI）领域的飞跃式发展[19]，诞生了多智能体系统。在多智能体系统中，智能体通过分布式协同将复杂的物理作业分解、实施、并行执行，提高了系统运作效率，节省了计算资源。智能体具有感知、控制和执行能力，结合 AI 技术可以通过学习提高运作性能和环境适应性。智能体的自适应和自组织使整个系统更具灵活性和自治性，因此成为 CPPS 的研究重点。多智能体系统的难点在于如何描述智能体复杂网络内部的隐含关系，如何权衡离散与集中机制从而实现复杂系统的可控性，如何实现复杂网络的高效信息物理融合和交互等。

2. 数字孪生

数字孪生是基于物理模型、传感更新和历史数据进行统计分析与仿真的多领域过程系统。在信息空间建立物理世界的模型，形成完整的数字孪生系统是非常具有挑战性的工作。一方面，对庞大而复杂的系统进行准确建模和精确控制的难度非常大；另一方面，完全的数字孪生系统需要巨大的存储空间、强大的计算机处理能力和充足的网络带宽[20]。

3. 物联网

物联网（Internet of Things，IoT）是指通过传感器、射频识别、全球定位系统、红外感应器、激光扫描器等各种装置与技术，针对物品或过程采集其声、光、热、电、力学、化学、生物、位置等各种信息，通过通信网络实现物与物、物与人的泛在连接，以及对物品和过程的智能化感知、识别和管理。国际电信联盟（ITU）于 2005 年首次提出物联网（IoT）的概念，指出物联网是实现物与物在任意空间进行实时泛在互联的技术。美国 MIT 提出的 Auto-ID 架构、基于无线射频识别 RFID 技术实现物体的网络互联，是最早的物联网形式。

4. 虚拟化技术与云架构

针对大数据时代 IT 资源日趋紧张的问题，目前最行之有效的解决方法是利用虚拟化技术打破物理计算资源和网络数据资源的固态壁垒，使硬件、软件以及数据资源可以在网络间动态迁移、弹性部署，充分提高 IT 资源的利用率，实现信息与物理的动态融合，缓解数据激增与计算资源稀缺之间的矛盾。云计算基于虚拟化技术和面向服务的架构技术，IT 资源的共享不但减少了数据冗余，更为用户提供了便利的服务。分布式的计算存储能力提高了事务的并行处理能力，保证了运行的可靠性。基于云的共享性和分布性，结合大数据技术，可以充分利用广泛时空维度的网络资源，提供丰富、经济且便利的服务，更符合面向服务的价值理念，因此具有广阔的应用前景[21]。

5. 云 – 边缘协同

由于智能设备的发展趋于便携轻量化，更多的智能设备具有了移动属性并采用云架构进行移动计算，这会造成数据迁移过于频繁，从而引起网络资源不足、及时性差、能耗多、用户服务质量下降等问题；另外，由于云计算的资源共享特性会引起网络安全方面的威胁，因此需要将资源集中的云架构转换为资源可以动态迁移的云雾架构，采用云 – 边缘协同的计算架构更有助于满足 CPS 融合的移动性、及时性、经济性和安全性。

参考文献

[1] YILMAZ O S, DAVIS R P. Flexible manufacturing systems: characteristics and assessment[J]. Engineering Management International, 1987, 4(3): 209-212.

[2] VOGEL-HEUSER B, DIEDRICH C, BROY M. Requirements on CPS from the viewpoint of automation[J]. AT-Automatisierungstechnik, 2013, 61(10): 669-676.

[3] TANG G, TSENG M M. Incorporating customer indifference into the design of flexible options for customized products[J]. CIRP Annals-Manufacturing Technology, 2015, 64(1): 427-430.

[4] CARTY A. An approach to multidisciplinary design, analysis & optimization for rapid conceptual design[C]//9th AIAA/ISSMO Symposium on Multidisciplinary Analysis and Optimization. Reston: American Institute of Aeronautics and Astronautics, 2002.

[5] SHLUZAS L A, LEIFER L J. The insight-value-perception (iVP) model for user-centered design[J]. Technovation, 2014, 34(11): 649-662.

[6] JIN J, JI P, Gu R. Identifying comparative customer requirements from product online reviews for competitor analysis[J]. Engineering Applications of Artificial Intelligence, 2016, 49: 61-73.

[7] 姚福生，郭重庆，吴锡英，等. 先进制造技术 [M]. 北京：清华大学出版社，2002.

[8] HUANG S H, WANG G X, SHANG X W, et al. Reconfiguration point decision method based on dynamic complexity for reconfigurable manufacturing system (RMS)[J]. Journal of Intelligent Manufacturing, 2018, 29: 1031-1043.

[9] KOREN Y, SHPITALNI M. Design of reconfigurable manufacturing systems[J]. Journal of Manufacturing Systems, 2010, 29(4): 130-141.

[10] PARK H S, TRAN N H. An autonomous manufacturing system based on swarm of cognitive agents[J]. Journal of Manufacturing Systems, 2012, 31(3): 337-348.

[11] LEITE M, BRAZ V. Agile manufacturing practices for new product development: industrial case studies[J]. Journal of Manufacturing Technology Management, 2016, 27(4): 560-576.

[12] KRUGER K, BASSON A. Erlang-based control implementation for a holonic manufacturing cell[J]. International Journal of Computer Integrated Manufacturing, 2017, 30(6): 641-652.

[13] SADIK A R, URBAN B. CPROSA-holarchy: an enhanced PROSA model to enable worker-cobot agile manufacturing[J]. Int. J. Mech. Eng. Robot. Res., 2018, 7(3): 296-304.

[14] HSIEH F S. Design of reconfiguration mechanism for holonic manufacturing systems based on formal models[J]. Engineering Applications of Artificial Intelligence, 2010, 23(7):1187-1199.

[15] ROJKO A. Industry 4.0 concept: background and overview[J]. International

Journal of Interactive Mobile Technologies, 2017, 11(5).

[16] HU F. Cyber-physical systems: integrated computing and engineering design[M]. Boca Raton: CRC Press, 2013.

[17] LIU J, LI T, DING Z, et al. AADL+: a simulation-based methodology for cyber-physical systems[J]. Frontiers of Computer Science, 2019, 13(3): 516-538.

[18] WANG Y, TOWARA T, ANDERL R. Topological approach for mapping technologies in Reference Architectural Model Industrie 4.0 (RAMI 4.0)[C]// Proceedings of the World Congress on Engineering and Computer Science. 2017, 2: 25-27.

[19] 高世一，赵明扬，邹媛媛，等. 基于多智能体的制造系统生产控制建模研究[J]. 计算机集成制造系统，2007，13(6)：1066-1070.

[20] 陶飞，程颖，程江峰，等. 数字孪生车间信息物理融合理论与技术[J]. 计算机集成制造系统，2017，23(8)：1603-1611.

[21] 刘波，张自力. 面向云制造系统复杂任务请求的服务组合优化框架[J]. 中国机械工程，2015，26(8)：1048-1057.

第 2 章

个性化定制智能生产线的设计与运行架构

2.1 引言

企业制造产品，通过销售产品获取利润，以此维持企业的运行及发展。制造系统可通过组合生产要素创造产品，生产要素包括材料、在制产品、生产资源（机器）和实施制造活动的人员。产品与制造系统之间具有强关联性（见图 2-1）：一方面，产品需要由制造系统进行加工与处理，制造系统输出产品，制造系统的设计和实施过程定义了制造系统的制造能力，从而定义了制造系统可输出的产品属性；另一方面，产品定义了制造需求[1]。

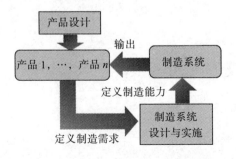

图 2-1　产品与制造系统的关系[1]

在制造系统生产个性化定制的过程中，技术挑战来源于两方面：一是制造系统是否有能力生产出个性化产品；二是制造系统能够以怎样的性能制造出个性化产品。前者被称为制造系统的功能性挑战，具体表现在制造系统可以产出多大差异性的产品，反映了制造系统的柔性；后者被称为制造系统的性能挑战，具体表现在制造系统能以什么样的性能来生产个性化产品，这些性能包括生产效率、产品合格率等。个性化产品生产要求制造系统具有良好的功能和性能，以类似于规模化生产的效率制造出差异化的个性化产品，从而满足个性化定制对成本、交货时间、产品质量等方面的要求。

图 2-2 给出了产品生命周期和制造系统生命周期的关系。产品生命周期包括对一个待售产品的工程设计和与其他产品相关联的工程设计。生产线开发应考虑多个产品的相似性和差异性管理，以满足不同消费者的个性化需求，同时不能给制造系统的开发实施增加太多的成本。在产品生产执行之前，制造系统需要处理其生产订单。还需要对制造系统进行工程设计并开发应用于制造系统的生产技术。制造系统根据可用资源的制造能力，进行工程化调试和试运行，试运行通过后方可实施并实际生产。此外，制造系统生命周期还包括制造系统的维护活动，以及制造系统异常情况下的监控与恢复活动。由于个性化定制生产模式的主要矛盾是产品个性化需求与制造系统制造成本之间的平衡问题，因此本书聚焦于提高制造系统的柔性，仅讨论制造系统中生产线生命周期的设计时与运行时两个阶段。

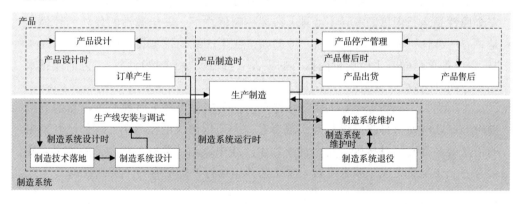

图 2-2　产品生命周期与制造系统生命周期的关系 [2]

生产线是制造系统重要组成部分，为了实现个性化定制，需要对生产线设计时与运行时的机理、方法、框架进行研究。针对目前生产线难以满足多品种产品高效率制造所需的功能性和时效性问题，有必要提出个性化定制生产线设计时与运行时的新方法。本章将围绕着个性化定制生产线的设计时和运行时，探讨生产线不同生命周期中的技术需求,并以需求为牵引,建立以信息物理融合理论为指导、以 CPPS 组件为基础的生产线设计运行总体框架。本章最后介绍个性化礼盒生产线原型平台(Unique Gift Box Platform,UGBP),为后续章节提出的理论和技术提供实验验证平台。

2.2 个性化定制智能生产线的设计需求

个性化定制智能生产线的设计目的是通过数字化技术,在生产线实施前,通过仿真、分析、验证等技术实现对生产线功能和性能的预测,在设计时尽可能地发现缺陷与错误,减少系统调试的时间和成本,提高生产线实施的效率,减少人力物力投入。生产线设计包括生产线功能验证和性能仿真。

2.2.1 生产线的功能验证

生产线设计在设计时阶段需要考虑以下几个功能性要求。

1)可达性。可达性是系统功能属性的最基本的性质,该性质表示一个给定的系统状态是否能满足任何可达到的状态。可达性在生产线中的具体含义可以表示为:是否存在一条从生产系统初始状态开始的路径,使系统状态沿着该路径最终实现生产目标。

2)安全性。安全性表示"坏事永远不会发生"。例如,在核电站的模型中,安全属性是运行温度总是(不变地)在某一阈值之下。安全属性的另外一种描述是"有些事情可能永远不会发生"。例如,在生产线的模型设计中,安全属性是"一台设备总是同时生产容量内数目的零件",或者"两个执行同一工艺的设备永远不会同时失效"。

3)活性。活性表示某件事会最终发生。例如,当按下电视机遥控器的开机键时,那么电视机最终应该打开;或者在一个通信协议的模型中,任何已经发出的信息最终都应该被接收。这个性质在生产线中表示"若一个产品开始加工,则会有一个在制品生成"或者"若一个工艺开始运行,则会有一个资源被调用"。

2.2.2 生产线的性能仿真

在功能性验证的基础上,需要预测不同因素如材料供应、材料处理,以及移动、制造和装配过程的执行等对生产系统性能的影响,生产系统的性能包括但不限于:吞吐量(Throughput)、平均周期时间(Mean Cycle Time)和在制品(Work In Process)等。

1)吞吐量(Throughput)。吞吐量通常指单位时间内在网络、设备、端口或其他设施成功地传送数据的数量。在制造领域，吞吐量表示在一个周期时间内生产线的生产能力，即生产线最大的生产承受能力，如生产线每小时生产的产品数量（最大值）。

2）平均周期时间（Mean Cycle Time）。一个产品的平均生产周期，可追踪从原材料进入生产线到产品产出的时间（最小值）。

3）在制品（Work In Process）。在制品指的是正在加工，尚未完成的产品。有广狭二义之分：广义概念包括正在加工的产品和准备进一步加工的半成品，狭义概念仅指正在加工的产品，即在制品。我们在此处采用狭义概念中的在制品，即工序内部正在加工的半成品数量。该指标主要用于衡量生产是否存在瓶颈或者过量生产。

在生产线设计时，还有一些性能因素是需要考虑的，如工艺周期时间（一个产品从进入一个工艺到结束一个工艺的时间）、平均装配时间、原材料到达时间、运输传送速度、节拍时间（Takt Time）等。这些因素作为输入因素对上述性能指标产生影响，并影响生产线的性能预测结果。

2.2.3 生产线的虚拟调试

虚拟调试指通过虚拟仿真或形式化验证等非物理手段，对基于生产要素（也称组件，见第 3 章）的数字化模型实施静态结构属性和动态行为逻辑的验证，并针对调试过程发现的不一致问题进行迭代修正。根据验证类型不同，应围绕生产要素的静态属性和动态行为开展验证。其中，静态属性验证应验证生产要素的静态结构、功能属性等是否满足属性边界条件。通常，应判定具体生产要素属性是否位于验证规范定义的合理区间内。动态行为验证应验证生产要素操作流程和控制行为等状态转移过程是否满足验证规范要求。通常采用状态模型或者定理证明等方法，验证动态行为过程中是否出现验证规范不允许的状态。

1. 组件验证规范

从生产线及控制系统的角度，规定组件的期望特性和行为。根据验证类型不同，组件验证规范定义相关属性的合理数值区间和动态行为允许的状态空间，分别用于组件静态属性验证和动态行为验证。具体包括：1）确定静态数值区间，针对组件的结构、功能等静态对象的合理数值区间进行限定，支持静态属性验证；2）确定动态状态空间，针对组件运行过程中各类状态的允许动态空间范围进行限定，支持组件动态行为验证。

2. 静态属性验证

从生产线硬件和控制系统软件角度，规定组件应具备的功能、属性和结构数值边界，包括组件工作空间范围，以及组件机械和电气接口等技术参数范围。具体包括：1）空间干涉的验证，对接入组件的静态结构是否会与其他组件发生物理干涉进行判断；2）接口兼容的验证，对接入组件的机械接口的尺寸和类型，电气接口的电压和方向，以及网络通信接口的协议是否能够与生产线及控制系统兼容进行验证。

3. 动态行为验证

围绕组件运动干涉、工艺流程和控制逻辑等开展，应采用状态模型或者定理证明等方法，判定组件运动、工艺流程和控制过程中是否有动态状态超出规约限定范围。具体包括：1）运动干涉验证，针对带有运动部件的组件，判定其运动过程可达的各个状态位置是否在组件规约限定的空间范围内；2）工艺流程验证，判定组件的工艺流程是否满足验证规范要求，如判定组件操纵工件的状态、参数和逻辑次序等是否满足组件验证规范要求；3）控制逻辑验证，对控制逻辑变量应达到的正确状态，以及达到相应状态的时间约束要求进行验证，满足组件控制的周期实时性要求。

2.3 个性化定制智能生产线的运行需求

个性化定制智能生产线在运行时要能够主动获取个性化产品的需求，通过对生产线运行状态的感知生成动态调度方案。当新产品到达、新资源加入、新工具可用等事件出现后，个性化产品定制智能生产线的相关组件具有发布自身能力、参数、结构和行为信息的能力，具有自主决策及协同能力，通过对不同层级资源的动态重构来满足生产线系统的运行性能要求。

个性化定制智能生产线的运行要具有以下功能：

1）订单处理。生产线可以建立统一的产品订单管理系统，汇总各渠道生成的订单，并根据产品特征对产品订单进行拆分与合并。同时，还应对个性化产品的定制模块与现有库存的原材料等进行匹配以支持备货的需求。此外应建立订单监控系统并增加订单取消功能，以适应客户取消产品订单与直接取消生产过程的需求。

2）生产调度。生产调度活动是将定制产品的生产任务分配至资源的过程，在考虑生产能力、工艺、产品模块需求的前提下，安排生产任务的顺序，并进行生产顺序和设备选择的优化，以平衡生产线的生产性能和效率。生产调度主要包括生产计划生成和生产计划调整。

① 生产计划生成包括：a）建立包含物料、资源、产品模块约束条件在内的知识库；b）生产线的性能综合考量，主要参考生产工艺、物料配送时间、产品交期时间、生产能力等要素；c）基于约束条件的订单分配，并按照约束条件优

先级优化订单顺序；d）基于个性化订单的预计产量及生产能力设置生产调度的频次；e）根据个性化订单的交货期，优先安排已确认的生产订单；f）根据工艺顺序和约束条件，动态调整生产线节拍；g）建立生产调度的反馈机制，在生产调度完成后确定的交付日期，将产品的识别码、生产进度等同步到订单信息。

② 生产计划调整包括：a）根据瓶颈资源的库存情况，为未确认订单的生产计划变更物料安排；b）构建柔性生产管理系统，具备紧急插单、退单等功能，并满足自动派单后可人工调整生产计划的需求；c）支持生产计划变更功能，包括产品数量、交付日期和其他属性的调整。

3）生产执行。生产执行主要实现生产过程的监控以确保生产的成品与订单一致，包括数据采集与检测、工艺参数下发与生产信息反馈、产品与设备的即插即生产等功能。

① 数据采集与检测包括：a）在生产过程中实时采集数据，并对上层业务环节提供历史数据共享以及实现设备的实时状态可视化；b）统计设备运行时间、停机时间、故障时间等关键信息；c）监控设备运行状态，分析设备利用情况，降低设备运转效率损失，为生产调度提供实时数据；d）通过 RFID 与多传感器集成方式采集生产过程数据；e）实现监控设备异常和报警功能。

② 工艺参数下发与生产信息反馈包括：a）建立设备与生产系统的网络通道，使生产计划的工艺数据可以远程输入设备；b）实现远程设备状态诊断；c）监控画面能够显示生产过程数据和设备故障信息，实现生产过程动态监控与管理；d）实现产品状态信息的识别以及对原材料的出入库信息、库存信息和原材料负责人的追溯与查询。

③ 产品与设备的即插即生产包括：a）以通用的通信协议建立与制造系统的通信连接，屏蔽异构通信协议的差异性；b）支持产品和资源以组件服务形式进行动态发现、动态注册与动态删除；c）实现设备生产参数的自适应配置；d）实现产品的实时定位；e）以统一服务接口构建产品、资源和制造系统的交互通道，实现不同生产要素之间的互操作。

2.4 个性化定制智能生产线的设计与运行架构

制造领域研究学者普遍认为，组件和面向服务架构（Service-Oriented Architecture，SOA）是个性化定制制造及 CPPS 的重要使能技术。与此对应，制造系统组成形式将从传统的金字塔层级架构转换为扁平状架构[3]（见图 2-3），这意味着传统的层级架构的制造系统设计和运行方法不能适用个性化定制系统，以组件和服务形式组织交互的制造系统将成为新一代制造的主流。

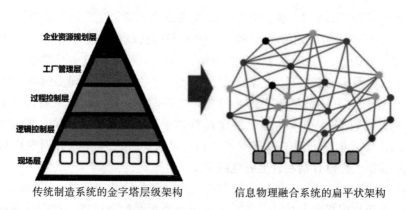

图 2-3　传统制造系统的金字塔层级架构向信息物理融合系统的扁平状架构转变 [3]

2.4.1　相关架构

在智能制造系统架构方面，已出现了一些相关系统性方案。SOCRADES[4] 是一个能够服务于未来制造需求的集成体系架构，通过提供通用组件可模拟复杂的生产过程，实现了更为灵活和更加智能的对象控制；IMC-AESOP[5] 是一个面向服务的过程监控架构，其目的是解决子系统的集成问题，可跨层监控物理空间和信息空间的信息流，实现物理层和信息层的无缝协作；GRACE[6] 是一个集成生产过程控制和质量控制的模块化分布式控制系统架构，通过实时监控和反馈控制，对生产控制策略进行在线调整；PRIME[7] 是一个基于代理（agent）的分布式控制框架，可在新的产品发生变型时通过生产要素的自动重构，使现有系统具有快速适应和重新配置的能力；ReBORN[8] 是装配系统集成新范式，其基于组件建立人与机器的共生环境，将机器优势与人的决策优势融合，实现人机协作；PERFoRM[9] 是一个兼容工业 4.0 的体系架构，其通过引入即插即用的概念实现生产系统的无缝集成和资源动态配置，实现中间件中不同工具和生产设备的信息交互；Eclipse BaSyx[10] 是一个自动化的开源平台，通过提供通用且可重复使用的组件，实现高柔性制造系统的快速开发；ARUM[11] 通过智能服务满足工厂内部和工厂之间的实时自动协商和优化的需求。其中，SOCRADES 和 IMC-AESOP 均采用基于 SOA 的架构，而 GRACE 和 PRIME 将多智能体系统（Multi-Agent System，MAS）作为功能分散化的主要实现技术，应用于 ISA95 规范所抽象的不同的层级中。由于 PRIME、ReBORN、PERFoRM 和 Eclipse BaSyx 均采用分布式架构，因此中间件、接口和适配器的实现也会被包含在内，可接入性是需要考虑的重点。GRACE 和 PRIME 通过符合代理（agent）接口规范的组件之间的互连，在一定程度上实现了中间件的功能。ARUM 运用 SOA 的相关理念与技术，实现了包括规划、调度和仿真等高级工具的集成和开发。

上述架构为个性化定制生产线的设计和运行提供了可借鉴的方法和技术，但是它们均难以单独应对 CPPS 面临的多重挑战。CPPS 具有交互层次多、时间尺度跨度大等特点，需要构建跨领域、跨层次和跨生命周期的架构。

2.4.2 基于组件模型的个性化定制智能生产线的设计与运行架构

根据 2.2 节和 2.3 节所总结的智能生产线设计及运行需求，借鉴已有的制造系统架构，我们提出基于组件模型的个性化定制智能生产线的设计运行统一框架（见图 2-4）。该架构以 CPPS 组件（后文所用组件通常指 CPPS 组件）为生产线系统的概念起点，CPPS 组件是物理和信息的结合体（见第 3 章）。其中，物理对应生产线系统的资产，包括硬件实体或具有特定功能的非实体形式对象（如软件）；信息是物理层面的数学化抽象与表达，包含描述物理层面的静态结构和动态行为的模型。CPPS 组件库是 CPPS 组件的集合。在生产线设计时阶段，从 CPPS 组件库中选取 CPPS 组件进行组合并构建组件信息模型，在没有组件物理部分参与的情况下，可通过模型验证、模型计算等实现对所组合成的制造系统的功能验证和性能仿真；在生产线运行时阶段，采用同样的组件信息模型，可实现组件物理部分与产线控制系统之间的信息交互，包括运行系统的状态反馈和控制系统的命令下达与执行等。因此，同样的组件系统模型贯穿于生产线设计与运行的整个过程，设计时的模型和运行时的模型互为映射，可看作同一模型两种不同的形态，体现了同一个对象在设计时和运行时两种不同的表现方式。基于生产线中不同类型、不同层级和不同粒度的 CPPS 组件建模，可实现生产线的设计和运行。

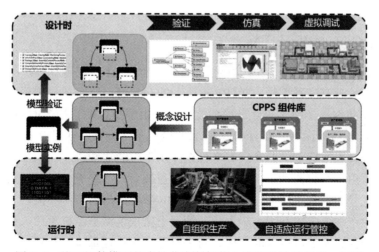

图 2-4　基于组件模型的个性化定制智能生产线设计运行统一框架

在生产线设计时阶段，采用组件模型描述对象的特征及其交互，采用数字化仿真、分析工具来计算与分析组件模型组合的功能和性能，以此验证生产线在个性化产品制造过程中的功能和性能是否满足设计要求。同时，组件模型的精度决定了仿真计算结果与物理系统之间的误差。在生产线部署前，对已有的仿真结果可实施软件在环或硬件在环仿真和虚拟调试，通过生产线不同资源层级的机电一体化仿真，可减少生产线实施过程中的错误，提高生产线实施的效率。

在生产线运行时阶段，通过动态地对组件模型实例化、实时状态反馈、基于模型和数据的计算和优化，可实现对制造资源的动态重构，满足个性化定制生产线的自组织和自适应运行。个性化定制需要根据差异化的产品加工需求进行制造资源的自组织运行，这种运行方式依赖于组件模型与物理层面的实时状态反馈，因此运行时阶段需要组件的物理部分和信息部分的有机融合。同时，由于生产过程中会有资源的故障、外部干扰因素（如紧急插单、设备故障等生产异常因素），自适应运行管控的过程需要通过组件模型预测未来下一步生产线的运行情况，对生产过程进行自适应的实时控制和调整，以组件模型驱动实施不同层级的资源控制，满足运行过程中动态重构的要求，通过即插即生产的理念实施和技术保证使生产更加高效地运行。

2.5　个性化礼盒生产线原型平台实例

华南理工大学智能制造实验室自主设计并实现了个性化礼盒生产线原型平台（Unique Gift Box Platform，UGBP），旨在验证基于信息物理融合技术的个性化定制智能生产线设计与运行管控相关技术。

2.5.1　UGBP 的设计目标

UGBP 的设计目标为在生产线运行不停机的情况下，实现 3 类产品的混线生产，每类产品具有多种型号。UGBP 拟生产的礼盒可包装蓝牙自拍器、个性化 U 盘和工艺品挂件。其中，蓝牙自拍器礼盒可以由客户选取自拍器的颜色和大小，个性化 U 盘礼盒可由客户设计 U 盘表面的激光加工图案，工艺品挂件礼盒可由客户自己定义表面雕刻的图案。客户可选用来包装这些产品的包装盒的盒体及盒盖，之后由生产线自动组合成客户自选的包装盒，最终成品为由不同颜色的包装盒加上礼品组成若干种型号的礼盒。UGBP 需要满足客户对 3 类产品的定制要求，同时生产线要求能在无人工干预的情况下实现混流不停机生产。当有紧急订单插入时，生产系统可以及时响应，通过资源自主快速重构，具有对紧急插单需求的时效性。

图 2-5 展示了客户从订单系统下订单到生产系统进行生产的示意图。当客户有定制生产的需要时，可通过手机或平板移动端上的订单系统页面进行个性化礼盒的预定。在订单系统页面中，可定制的内容包括：礼品种类、礼品数量、礼品的个性化特征（如工艺品挂件的雕刻花纹、礼盒的颜色）等。订单系统对订单进行解析，生产系统将解析后的实时定制信息分发至生产线的有效资源，从而进行个性化礼盒定制任务的生产过程。

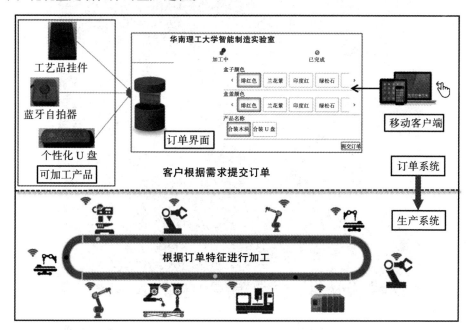

图 2-5 UGBP 订单系统和生产系统交互示意图

2.5.2 UGBP 的硬件分布及网络构成

1. 设备硬件

图 2-6 所示为华南理工大学智能制造实验室的 UGBP 现场，图 2-6a 视角 1 与图 2-6b 视角 2 展示了 UGBP 生产线的硬件组成。该条生产线主要包含加工、包装、装配、输送、网络、显示等不同功能的设备。其中加工设备包括：2 个计算机数控设备（Computer numerical control，CNC）精雕工作站（每个工作站分别配备一台 CNC 精雕机和一台六轴工业机器人以实现加工材料的自动抓取，CNC 精雕 1 工作站为川崎工业机器人，CNC 精雕 2 工作站为电装工业机器人）、1 个激光打标工作站（大族激光打标机）、1 个上盒工作站（协鸿 PLC 设备）、1 个上盖工作站（协鸿 PLC 设备）、1 个上料工作站（欧德吉四轴机器人）、1 个下料工作站（协鸿 PLC 设备）、1 个包装工作站（东芝工业机器人）；装配设备为 1 个

双臂机器人(新松双臂机器人);输送设备包括6段智能变速传送带单元;网络设备为包含一台私有云服务器的云平台;显示设备为12块液晶屏幕组成的虚拟显示大屏幕。

a)视角1(南向)

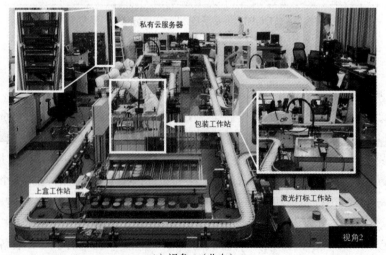

b)视角2(北向)

图2-6 华南理工大学智能制造实验室UGBP现场

图 2-7 中的智能变速传送带单元均为可变速传送带，每个智能传送单元通过 PLC 控制柜进行速度控制。6 段传送单元中有 3 段带有分支机构，各带有一套路径转换装置，其中包含光电传感器、RFID 读取器（用于识别产品智能托盘）、气缸转向拨片、PLC 控制柜等。PLC 控制柜根据光电传感器的信号和 RFID 读取器获得的产品智能托盘上的产品信息，发送指令对气缸进行 I/O 控制，实现路径的判断和变向，以此将产品智能托盘上待加工的物料输送到具有相应加工能力的工作站。

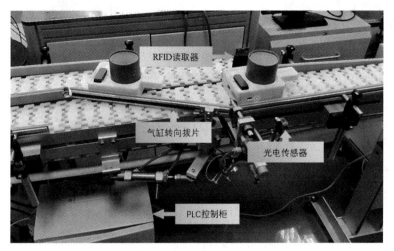

图 2-7　智能变速传送带单元的路径判断节点

UGBP 的生产线布局及相关参数如图 2-8 所示，整体呈现为环形结构，生产线的传送带形成的环形结构包括主体环形结构与 3 个辅助环形结构。UGBP 占地尺寸为 10m×3.8m，工作站分布在输送设备形成的环形边缘。

相关设备及工作站均配有资源适配器，设备层与工作站层的资源适配嵌套关系如图 2-9 所示。资源适配器以有线网络或无线网络的方式将设备、工作站等资源组件无缝地接入到制造系统的私有云。关于资源适配器的设计和实施等内容详见第 7 章。

图 2-10～图 2-12 展示了 UGBP 几个典型的加工工作站，其中图 2-10 展示了 CNC 精雕工作站对工艺品挂件的加工过程，当光电传感器识别到产品智能托盘装载着木质原材料到达待夹取位置时，工作站的机器人把待加工的产品夹取至加工位置，然后等待 CNC 进行木制工艺品挂件的定制加工，如雕刻或钻孔。当加工工艺完成之后，机器人接收到雕刻（或钻孔）完成的信号，将加工完的产品放回指定位置。

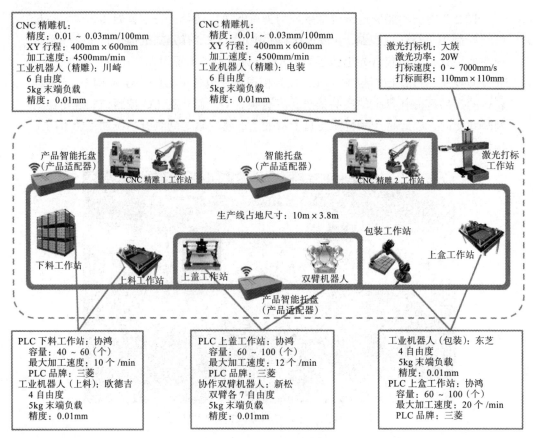

图 2-8 UGBP 生产线布局及相关参数

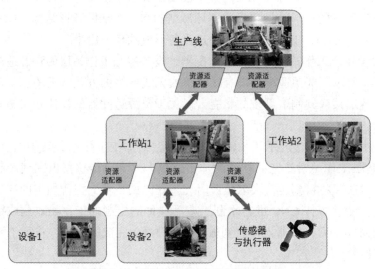

图 2-9 设备与资源适配器嵌套关系

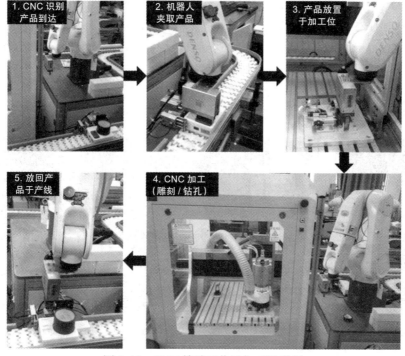

图 2-10　CNC 精雕工作站加工示意图

图 2-11 展示了激光打标工作站对个性化 U 盘的加工过程。当光电传感器识别到产品智能托盘装载着未经打标的个性化 U 盘到达待加工位置时，RFID 读取器读取个性化 U 盘的定制内容信息，并发送至激光打标机。激光打标机读取到待打标的图片或文字后，将利用激光雕刻至个性化 U 盘的空白表面。

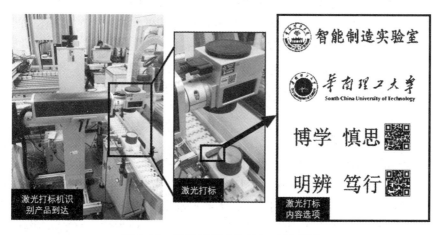

图 2-11　激光打标工作站加工示意图

图 2-12 展示了双臂机器人装配工作站对蓝牙自拍器的装配过程。当光电传感器识别到产品智能托盘装载着空的包装盒到达待命位置时，RFID 读取器将读取双臂机器人所需的工艺信息，并发送至双臂机器人。双臂机器人的左右两臂将同时在固定位置夹取事先完成备料的蓝牙零部件，并自动完成装配工艺。当装配工艺完成之后，双臂机器人左臂将装配好的蓝牙自拍器直接装入包装盒，右臂同时自动回到待命位置等待下一命令。

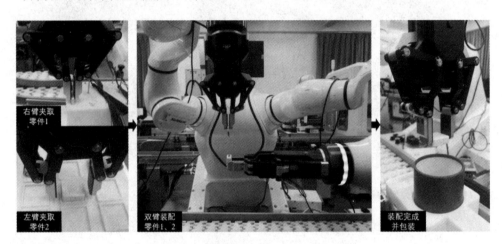

图 2-12　双臂机器人装配工艺示意图

2. 产品智能托盘

产品智能托盘用于放置产品（包括原料、半成品、成品）。产品智能托盘内部集成有嵌入式系统，能够存储产品组件模型。产品智能托盘内部还配备了 UWB 位置传感器，与现场部署的 UWB 定位基站，组成了一套无线室内精确定位系统（见图 2-13），定位精度可达 10cm 以内，能够实现产品的精确位置感知，为生产线系统的精准化调度提供了基础。产品智能托盘与装载的产品共同组成产品 CPPS 组件。产品适配是产品智能托盘的重要功能之一，它将产品组件自主、无缝地接入制造系统的私有云中。关于产品适配器的设计和实施等内容详见第 7 章。

3. 通信及网络构成

UGBP 的通信设施由 2 台交换机、1 台路由器以及配套研发的软件管控工具组成（见图 2-14），实现了从软件工具到硬件设备数据整合的垂直集成。图 2-14 为平面化网络结构，可实现不同种类、不同粒度组件信息、数据的交互。由于不同厂家提供设备支持的通信协议可能不同，设备或工作站通过边缘端的资源适配器与私有云的中间件进行连接，并提供信息模型，实现资源的动态发现与交互。

类似于资源组件,参与到制造过程的产品组件,可通过产品适配器实现与私有云的交互。

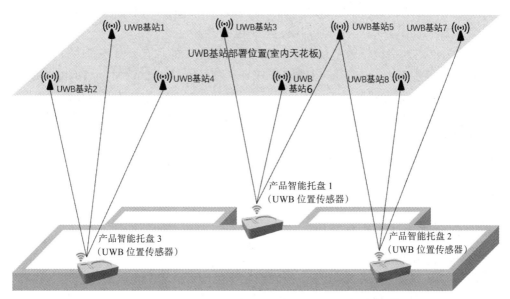

图 2-13　基于 UWB 的产品智能托盘定位系统示意图

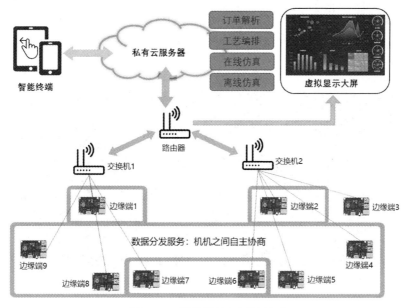

图 2-14　通信设施与网络构成

图 2-14 所示的通信网络基于智能制造中的机器间点对点通信的需求以及数

据分发服务无中心节点和发布订阅模式交互的特点，采用机器之间点对点的通信方式；考虑到软件工具间交互的实时性低的特点，中间件与软件工具间采用远程调用的通信方式；实时性需求最强的控制器与电动机或执行器之间采用实时以太网通信协议，以保证对电动机或执行器的实时控制。

UGBP 的网络设施为一台由 4 个机架服务器组成的私有云服务器，服务器的 CPU 为英特尔 Xeon E-2224（主频 3.4GHz），内存为 8GB 2666MT/s DDR，硬盘容量为 40TB，操作系统为 CentOS 8。该服务器在 UGBP 中作为私有云。通过私有云，可实现系统实时数据和信息的获取，以及系统管理、实时调度、工作流管控等智能制造的相关功能。当订单系统获得原始信息时，私有云就会建立工艺和资源调度策略，并下发到智能设备、机器人和输送系统，从而完成产品制造。同时，制造数据和用户信息也被传送到私有云上。此外，相关的数据和图形信息也会被分发到终端，供管理员和用户进行验证和决策。

4. 虚拟显示大屏幕

UGBP 包含由 12 块 34 in（1 in = 0.025 4 m）屏幕拼接而成的虚拟显示的大屏幕，如图 2-15 所示。智能生产线的数字孪生体可以实时地监控生产信息和数据，如产品智能托盘的位置、加工设备的运行状态、机械臂的位姿状态等，并通过虚拟显示大屏幕实现可视化。此外，大屏幕可以作为生产线的实时看板进行工作流管理以及数据库的可视化展示。当生产数据偏离正常值时，系统发出的主动预警信号能够直观地展现出来，并提醒设备管控人员进行检修。

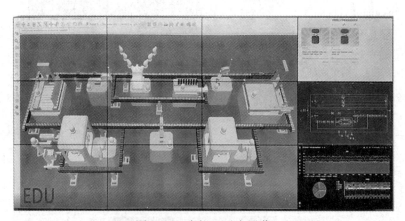

图 2-15 虚拟显示大屏幕

2.5.3 UGBP 的产品工艺路线

UGBP 的产品加工流程为三类待加工的礼品在不同的加工资源上进行加工或

组装，然后将礼品和包装盒在装配工位上装配成最终产品。三类产品的工艺路线如图 2-16 所示，以此展示多种产品加工的复杂性以及生产线的柔性生产能力。

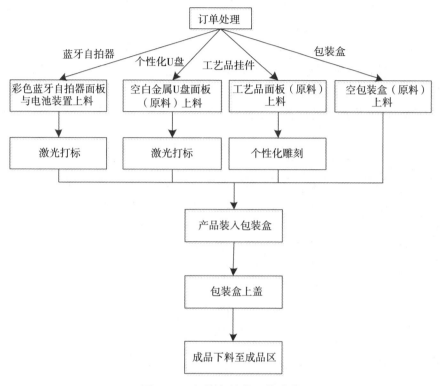

图 2-16 相关产品的工艺路线

产品的原材料包括蓝牙自拍器的塑料外壳、个性化 U 盘的金属表面和工艺品挂件的木质原料。所有产品的加工都包括上盒工艺、上料工艺、包装工艺、包装盒覆盖工艺与下料存储工艺。不同的产品类型因其特定的特征不同而具备不同的特定工艺选择。其中，个性化 U 盘的特定工艺为激光打标工艺，激光雕刻内容可根据客户订单进行定制；工艺品挂件的特定工艺为 CNC 精雕工艺，雕刻内容可根据客户订单进行定制；蓝牙自拍器的特定工艺为"上料 – 装配 – 包装集成工艺"，由双臂协作机器人同时完成上料工艺、装配工艺与包装工艺。

上述所有工艺存在如下工艺约束：

1）所有产品存在工艺顺序约束：上盒工艺 – 包装工艺 – 上盒工艺 – 下料存储工艺。

2）个性化 U 盘加工工艺存在顺序约束：上料工艺 – 激光打标工艺 – 包装工艺。

3）工艺品挂件存在顺序约束：上料工艺 – CNC 精雕工艺 – 包装工艺。

4）每台设备同一时间只能加工一个产品，其余工艺之间无先后约束。

生产过程根据生产调度结果通过控制系统对相关设备进行管理和协调，使生产过程智能化、自动化。UGBP 的环形传送系统，包含多个支路与导向装置，作为加工过程中的传输装置。产品通过传送带上的产品智能托盘运输，同时根据生产调度策略进行可变工艺。当加工订单发生变化时，领域专家需要根据生产线状态实时改变生产调度策略。本书后文提到的实验场景均按照此生产需求进行。表 2-1 为 UGBP 生产线的设备与工艺的关系映射。

表 2-1 UGBP 生产线的设备与工艺的关系映射

设备名称	工艺描述
上盒 PLC 设备	将选定的包装盒类型从包装盒堆料区抓取至产品智能托盘的固定位置
上盖 PLC 设备	将选定的盒盖类型通过夹爪夹至包装盒体顶部
下料 PLC 设备	将已经完成所有工艺操作的包装盒夹至下料区
欧德吉四轴机器人	将选定的待加工产品从料盘抓取至产品智能托盘的固定位置
东芝四轴机器人	将托盘上已加工的礼品放置于包装盒中
川崎六轴机器人	将待雕刻的工艺品挂件从产品智能托盘上夹取进 CNC 中，或从 CNC 中取回至产品智能托盘上
电装六轴机器人	将待雕刻的工艺品挂件从产品智能托盘上夹取进 CNC 中，或从 CNC 中取回至产品智能托盘上
新松七轴双臂机器人	蓝牙自拍器的装配，并将其放置于包装盒中；工艺品挂件的穿绳工艺，并将穿绳后的工艺品挂件直接放置于包装盒中
CNC 精雕机	工艺品挂件的精雕、钻孔加工
大族激光打标机	个性化 U 盘的激光打印、雕刻加工
传送带	输送生产线上的产品与产品智能托盘至目标位置

2.6 结论

本章详细分析了生产线设计时和运行时的需求，提出了以模型为中心的设计运行统一框架，并详细介绍了华南理工大学个性化礼盒生产线原型平台（UGBP），为后续章节相关技术提供了验证对象。

参考文献

[1] BIFFL S, LÜDER A, GERHARD D. Introduction to the multi-disciplinary engineering for cyber-physical production systems[M]//Multi-Disciplinary

Engineering for Cyber-Physical Production Systems. Berlin: Springer, 2017: 1-24.

[2] COLOMBO A W, BANGEMANN T, KARNOUSKOS S, et al. Industrial cloud-based cyber-physical systems[J]. The Imc-aesop Approach, 2014, 22: 4-5.

[3] MONOSTORI L. Cyber-physical production systems: roots, expectations and R&D challenges[J]. Procedia Cirp, 2014, 17: 9-13.

[4] CANNATA A, GEROSA M, TAISCH M. SOCRADES: a framework for developing intelligent systems in manufacturing[C]// IEEE International Conference on Industrial Engineering & Engineering Management. Piscataway: IEEE, 2009: 1904-1908.

[5] KARNOUSKOS S, COLOMBO A W, JAMMES F, et al. Towards an architecture for service-oriented process monitoring and control[C]//IECON 2010-36th Annual Conference on IEEE Industrial Electronics Society. IEEE, 2010: 1385-1391.

[6] LEITÃO P, RODRIGUES N, TURRIN C, et al. Multiagent system integrating process and quality control in a factory producing laundry washing machines[J]. IEEE Transactions on Industrial Informatics, 2015, 11(4): 879-886.

[7] ROCHA A, Orio G D, BARATA J, et al. An agent based framework to support plug and produce [C]// IEEE International Conference on Industrial Informatics. Piscataway: IEEE, 2014: 504-510.

[8] FERREIRA P, DOLTSINIS S, LOHSE N. Symbiotic assembly systems-a new paradigm[J]. Procedia Cirp, 2014, 17: 26-31.

[9] LEITÃO P, BARBOSA J, FOEHR M, et al. Instantiating the PERFoRM system architecture for industrial case studies[C]//International Workshop on Service Orientation in Holonic and Multi-Agent Manufacturing. Cham: Springer, 2016: 359-372.

[10] MARIN C A, MÖNCH L, LEITÃO P, et al. A conceptual architecture based on intelligent services for manufacturing support systems[C]//2013 IEEE International Conference on Systems, Man, and Cybernetics. Piscataway: IEEE, 2013: 4749-4754.

[11] TRUNZER E, CALÀ A, LEITÃO P, et al. System architectures for Industrie 4.0 applications[J]. Production Engineering, 2019, 13(3): 247-257.

第 3 章

个性化定制智能生产线的信息物理融合组件

3.1 引言

个性化定制智能生产线中存在着不同种类、不同层次、不同粒度的组件，要实现对生产线的设计和运行管控，首先要对生产线中的组件进行规范定义。

当前，制造系统的信息物理融合主要体现在基于传感器的状态监测和数据分析[1]，用于实现单一生产要素智能化水平的提升[2]，这需要对生产要素进行科学且全面的划分。在 RAMI 4.0（见图 1-3）的基础上，可以对制造场景中所涉及的生产要素进行科学的细化和分类。因此，工业 4.0 组件的概念随即被提出，它被定义为资产（Asset）和资产管理壳（Asset Administration Shell, AAS）的有机统一体。其中，资产[3]包括不同粒度的生产系统、生产设备和设备中的内部部件等物理资产，还包括制造过程中的非物理实体要素，如表征生产计划的软件资产、数据库等；资产管理壳[4]是对应资产的数字化表达，包含资产携带的信息和拥有的能力，提供对外访问的接口定义等。由于标准化的组件是支持彼此间自由组合和连接的单一离散系统，它包含了对实际对象全面而精确的描述，支持制造系统的快速开发、虚拟调试和柔性运行等流程，因此它是开展个性化定制智能生产线的基础。如图 3-1 所示，通过资产管理壳的封装，制造工厂、生产系统、设备、原材料和产品等实体物质，以及业务流程、订单、软件等非实体物质，都能被视为工业 4.0 组件[5]。

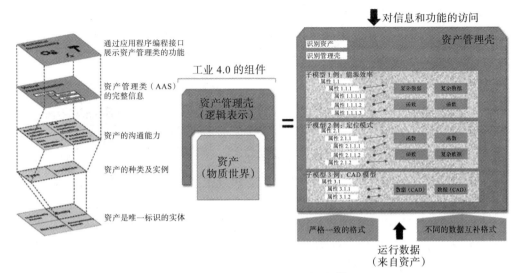

图 3-1　工业 4.0 组件的构成 [5]

资产管理壳通过定义不同的子模型表示对应资产的不同方面。这些子模型本质上是由一系列相关方面的属性所构成，可按照存在的必要性与否，进一步细分为通用子模型和特定于资产的子模型两大类。然而，由于子模型的信息构建方法尚无标准加以指导，不少学者对其进行了深入的探讨和研究。例如，Ye 等人[6]构建了一个细粒度的 AAS 模型模板，它将通用子模型划分为用于访问其他数据的索引子模型、用于声明资产静态属性的属性值描述子模型、用于运行时数据持续性存储的文档子模型，以及用于描述资产通信能力的通信子模型四部分，而特定于资产的子模型则用来描述资产的行为能力。在文献 [7-8] 中，作者使用基于语义知识的方法描述了工业 4.0 组件的数字化信息。文献 [9-10] 在考虑现有生产系统结构的基础上，开发了一个层次化的工业 4.0 组件模型，并阐述了如何将其对应到 RAMI 4.0 的不同层级上。文献 [11] 描述了一个集成的数据模型，并将组件数字化模型中的所有信息进行抽象和分类。文献 [12] 详细分析了组件的结构、部署位置和实现形式。

3.2　组件的设计方法

3.2.1　组件的定义

本章参照工业 4.0 组件的定义，针对智能生产线所涉及不同类型、不同层次、不同粒度的资产，提出了信息物理融合组件（CPPS 组件即信息物理生产系统组件的简称）的概念，其核心是将来自物理层面和信息层面的对象结合，通过资产自身及其信息模型的融合形成制造系统的组件，以期达到在 CPPS 组件网络中提供灵活且具备特定功能的服务，支撑个性化定制生产线的设计与运行。

CPPS 组件由物理组分（Physical Part, PP）和信息组分（Cyber Part, CP）组成（见图 3-2）。其中，物理组分对应于 RAMI 4.0 资产层中有价值的对象，包括硬件模块、设备、人、甚至是整个车间的物理实体，也可以对应具有特定功能的非实体形式的对象，如软件、文档、数据库等；信息组分是物理组分的虚拟数字抽象，包含物理组分所有的信息描述，同时管理组件内部或其包含的更小粒度组件之间的通信。CPPS 组件作为生产线设计及运行的核心，是实现生产线个性化定制的基础。

图 3-2　CPPS 组件的组成

由于 CPPS 组件的信息组分是物理组分的数字镜像，存在着相互映射的关系，因此通过信息组分可以完全代表物理组分，这意味着物理组分蕴含的信息都经过数字化存储于信息组分中；另一方面，物理组分可以反馈数据给信息组分，为信息组分的更新和系统优化提供条件。两者可相互替代和相互作用。利用信息组分和物理组分相互替代特性或相互作用特性可实现个性化生产线在产品生命周期的不同目标。如在生产线设计时阶段，部分组件的物理组分尚未实现，可基于信息组分和物理组分的相互替代机理，通过信息组分实现生产线的功能验证、性能仿真、虚拟调试，以基于数字化的理论分析指导生产线的实施，可有效提高生产线开发的效率，减少返工；而在生产线运行时阶段，可通过物理组分和信息组分的相互作用机理，将信息组分的控制信号输入到物理组分，并由物理组分实时反馈运行状态至信息组分，支持个性化定制生产线的状态感知、资源动态优化、主动维护等智能化运行，同时通过实时反馈实现个性化产品要求的动态工艺优化，形成以产品驱动的动态闭环系统。此外，CPPS 组件间的互连使得生产线系统内的信息交互稳定可靠，生产线系统可以访问到系统中所有的 CPPS 组件所提供的服务，同时 CPPS 组件中物理组分的变化可由信息组分在生产过程中识别、添加及删除，无须人工干预。通过合理定义并实施 CPPS 组件，生产线对应的生产信息将会被数字化，制造系统由此具有模块化、自主化的特点。

以机器人为例来说明信息组分和物理组分之间的关系。如图 3-3 所示，机器人的各轴关节、关节之间的物理连接等实体对象即为该机器人组件的物理组分；其三维模型、控制模型、状态属性等可由外界服务接口访问，代表了该机器人组件的信息组分。

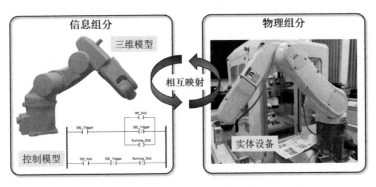

图 3-3 机器人组件的信息组分和物理组分

3.2.2 组件的多粒度、多视角建模方法

CPPS 组件建模是对 CPPS 组件定义其信息组分的过程。通常来说，CPPS 组件建模是一个复杂的过程，不同的模型需要各自领域专用的技术和方法论进行指导。CPPS 组件建模有三个方面的挑战：一是难以集成构建信息组分需要的多方面独立开发的模型，二是 CPPS 组件内部各部分物理组分的互联形式（包括数据和控制流的定义）需要规范，三是在 CPPS 组件部署前需要根据生产场景对参数进行配置。这三个方面对 CPPS 组件模型的可重用性具有很大影响。

本节采用多粒度多视角的理念对 CPPS 组件进行规范和数字化抽象。多粒度是指 CPPS 组件具有不同细化的程度和组合关系，CPPS 组件按粒度可分为原子组件和复合组件。不同粒度的组件包含嵌套关系，原子组件通过组合可形成复合组件，复合组件通过组合可形成更大粒度的复合组件；如 3.3 节中资源组件可划分为生产线、工作站、设备等不同的粒度，多个不同的设备可以组合成工作站，多个不同的工作站可以组合为生产线等。同理可适用于其他类型组件，如产品、工艺等资产的粒度划分。此外，采用多视角的方式对不同粒度 CPPS 组件的信息组分进行抽象，形成不同方面的统一模型描述。多视角指 CPPS 组件具有"结构 – 功能 – 行为"三个方面视角（见图 3-4）。其中，结构视角描述组件的结构模型以及组件内部包含的细粒度组件的层次组合关系，功能视角描述组件的能力及可供外部访问的信息集合，行为视角描述组件内部的状态及状态转移关系。

CPPS 组件模型是信息组分的规范化描述，反映不同类型组件的抽象特征，定义了智能生产线领域所涉及的概念以及概念之间的关系，进而为 CPPS 组件间的互操作提供语义基础。CPPS 组件模型的构建采用分层定义方法，通过组件元模型和组件模型以及实例之间的抽象泛化关系，对复杂的组件个体进行细节简化，从而避免忽略模型的完整性和一致性依赖的问题。分层定义方法包含三个关键要素,即组件元模型、组件模型、组件实例,它们的相互关系如图 3-5 所示。CPPS 组件元模型是对多粒度多视角理念的宏观阐述以及组件模型的规约,包含建模元素的概念抽象、内部机理和组合关系,以此构建可重用的组件模型的概念模板。组件模型由组件元模型的概念继承而来,通过对概念对象及其组成元素进行属性描述,获得针对特定制造领域的可重用组件模板库。组件实例由组件模型实例化而来,是在特定生产场景下通过对组件模型组成元素的属性进行赋值而形成的具体应用。

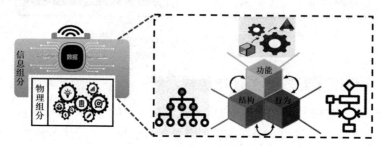

图 3-4　信息组分的"结构 – 功能 – 行为"多视角

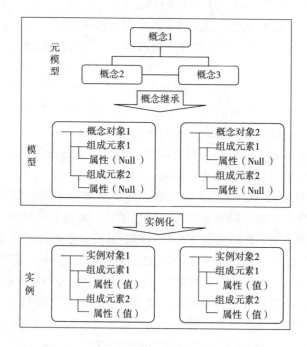

图 3-5　CPPS 组件的元模型、模型及实例

3.2.3 组件的通用信息定义

在设计 CPPS 组件信息组分时，除了构建组件模型的方式外，还需要综合考虑组件在生产线设计时和运行时阶段的作用和部署方式，为组件之间的互操作性提供基础。因此，CPPS 组件应该建立相应的技术规范，需要包含以下必要的通用信息：

1）组件唯一标识。CPPS 组件的物理组分、信息组分及其多个视角和元素属性都必须拥有全局唯一标识，以确保 CPPS 组件的各方面信息均能被精准定位。它用于生产线设计时和运行时阶段对不同组件的全局访问，并且为组件的分布式部署提供索引基础。

2）组件功能描述。它提供 CPPS 组件相关信息的最低限度且充分的功能描述，表征组件可以实现的能力范围。

3）组件运行状态。它用于表示 CPPS 组件当前的运行状态，包括空闲、占用、故障和无效 4 个状态。

4）组件静态特性。它描述组件内部组成要素的层次与结构拓扑关系，也包括组件的静态配置参数如几何参数、材料参数等。

5）组件动态特性。它描述组件的状态转移模型，支持基于语义的形式化计算优化以及协商 / 组合的行为范式。

在实现方面，上述的通用信息以组件"结构 – 功能 – 行为"三个视角进行展开。CPPS 组件通用信息模板如图 3-6 所示。

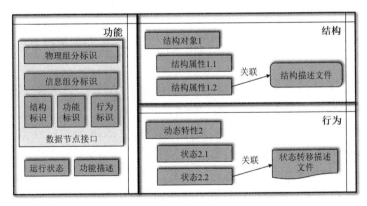

图 3-6 CPPS 组件通用信息模板

功能视角中的"数据节点接口"包含"物理组分标识""信息组分标识""结构标识""功能标识""行为标识"，分别用于对物理组分和信息组分进行唯一标识，提供对组件三个描述视角的全局索引；"运行状态"表示 CPPS 组件动态更新的状态信息；"功能描述"描述了 CPPS 组件在个性化定制场景中所提供的能力，可用于组件中基于服务与需求的匹配。结构视角构建结构对象及其属性，通常关联至结构描述文件以获取几何参数和材料参数等。行为视角通常关联状态转移描述文件获取状态转移的条件以及状态执行情况。

3.3 基于 AutomationML 的组件建模

为了支撑个性化定制智能生产线的设计和运行，使得不同类型组件仅包含各自领域的属性和知识，本节通过对生产过程中的资产进行概念解耦，分别从多粒度设计和多视角建模对 CPPS 产品（Product）、工艺（Process）和资源（Resource）组件的实现进行阐述。

3.3.1 产品、资源、工艺组件的多粒度设计

个性化定制生产模式下，生产线必须适应动态的生产需求，这对描述生产过程的通用方法提出了需求。Martin[13]将制造领域描述为产品、工艺和资源概念的总和，在处理制造领域概念信息时，需要将产品、工艺和资源之间的概念与关系在统一的框架下进行描述，即构建一个广泛认可的语义信息描述。本体论是构建语义信息的标准方法，通过对概念之间存在的关系（包括分类学和语义学）进行标准化表达，确保共享性和互操作性。对于制造领域而言，构建上层语义信息的目的是将特定生产场景下的本体实例能够无缝地整合到与其他生产场景兼容的共同认知框架上，从而使不同部门、不同公司之间能够有效地分享语义信息。同时，上层语义信息也解决了本体对齐的问题，即同一领域的不同本体实例的迁移问题。

当前描述本体的主流语言是本体 Web 语言（OWL），其为本体的语义信息描述提供了完整的框架。OWL 包括的建模元素有：1）类，表示领域的概念；2）对象属性，表示类之间的关系；3）数据属性，表示类的属性值；4）实例，表示类和属性的实例化。本节针对产品、资源、工艺的多粒度设计原则，采用 OWL 对制造领域的上层语义信息进行定义，并将其命名为 SCUTModelLib，为实现个性化定制生产下的互操作提供语义基础。SCUTModelLib 建立在 Product、Process、Resource、Feature 和 Capability 等基础概念之上，如图 3-7 所示。下面从多粒度设计的角度对这些概念进行说明。

1. 产品组件的粒度划分

产品是指制造生产线上有目的的劳动生产，而产品组件是指生产线上参与实际加工过程的物料对象和其对应的信息组分的集合。其物理组分是指从原材料到

成品转化过程中存在于物理空间的所有实体对象，产品组件的信息组分包含了从原材料到成品转化过程中包含的状态，以及状态之间的约束关系。

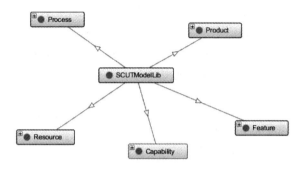

图 3-7　SCUTModelLib 的基本概念

参考产品采购与供应链相关专著[14]，本书将面向个性化定制生产线的产品组件按不同粒度划分为原材料和成品，它们描述了产品转化过程中所涉及的所有物料对象。原材料（Material）是指生产某种产品的基本原料以及完成了一个或几个工位的加工装配任务，有待下一个工位继续加工处理的产品。成品（FinishedProduct）是指完成了个性化产品全部加工任务并经检验合格，可以随时提供给用户的产品。

图 3-8 为 Product 相关子类示意图，针对 2.5 节中 UGBP 对应的应用，我们将原材料（Material）的种类分为塑料（Plastic）、木头（Wood）、金属（Metal），以支持不同材质原料的产品组合。FinishedProduct 是客户所期望的成品，按形成机理可分为组合式成品（CombinedProduct）和非组合式成品（NonCombinedProduct）。其中，非组合式成品表示由单个原材料经处理形成的成品；组合式成品表示由多个原材料经过处理、装配、组装而形成的成品。

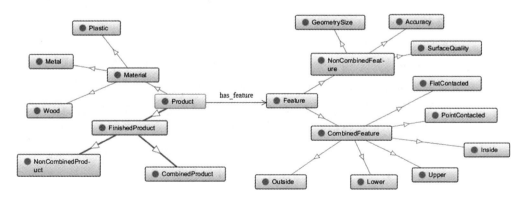

图 3-8　Product 相关子类示意图

Feature 表示产品自身构造的性能、外观等方面的基本特征，按形成特征的机理分为组合式特征（CombinedFeature）和非组合式特征（NoncombinedProduct），如图 3-8 所示，分别对应了组合式成品和非组合式成品。组合式特征表征了原材料之间的相对空间关系，而非组合式特征表征了从原材料到成品所需要包括的特征精度（Accuracy）、几何尺寸（GeometrySize）和表面质量（SurfaceQuality）。通常，产品与特征之间采用对象属性 has_feature 进行关联，用于表示形成产品所需要具备的特征分布。

2. 资源组件的粒度划分

资源组件是指在生产过程中提供处理产品的能力并参与实际生产过程的物理主体。在《国家智能制造标准体系建设指南（2018 年版）》中，将智能制造系统架构中与企业生产活动相关的组织结构划分为设备层、单元层、车间层、企业层和协同层[15]。在批量控制标准 IEC 61512（ISA-88）中，将一个制造型企业的物理资产分为一个七层的金字塔结构[16]，它们分别是企业（Enterprise）、场所（Site）、区域（Area）、过程单元（Process Cell）、设备单元（Unit）、设备模块（Equipment Module）和控制模块（Control Module）。

参考现有标准，仅仅考虑生产线及其以下级别的资源，将资源组件由顶向下分为生产线、工作站、设备、传感器和执行器四层，它们分属于资源组件的不同粒度，作为产品生产过程中具有独立提供工艺能力的物理系统。

四个粒度的资源组件可以如下定义：

1）生产线（ProductionLine）。生产线是指由自动化机器设备按照统一的运转节拍，高度连续地实现产品加工和装配过程的一种生产组织形式。在生产线层级上，加工对象自动地由一个工位传送到另一个工位，并在其上自动地进行加工、装卸、检验等操作，实现内部和外部信息的互联互通。

2）工作站（WorkStation）。工作站是工业生产线的组成单元，可处理加工对象的基本特征，由一个或多个设备和传感器/执行器组成，用于处理生产线内信息、实现监测和控制物理流程。

3）设备（Device）。设备是工作站的重要组成部分，它能够在无人干预的情况下按规定的程序或指令自动进行操作或控制的机器或装置。

4）传感器和执行器（SensorAndActuator）。传感器是一种能感知被测量并按一定规则将其转换为电信号或其他所需形式的信息输出的装置，可满足信息的传输、处理、存储等要求。执行器是自动控制系统中的执行机构，它通过接收控制信号，控制和运行受控对象。它们共同构成面向个性化定制生产线的最基本的操作单元。

图 3-9 为 Resource 相关子类示意图，SensorAndActuator 是资源的最小粒度表现形式，按应用场景可分为光传感器（LightSensor）、力传感器（ForceSensor）、视觉传感器（VisualSensor）、电传感器（ElectricalSensor）、电动执行器（ElectricActuator）、气动执行器（PneumaticActuator）、油动执行器（HydraulicActuator）和 RFID 读取器（RFIDReader）；Device 相较 SensorAndActuator 可以处理更复杂的业务，按功能可分为专用设备（DedicatedDevice）、3D 打印机（3DPrinter）、机加工设备（MachiningDevice）、电加工设备（ElectroMachiningDevice）、运输设备（TransportingDevice）和机器人（Robot）；WorkStation 由 Device 和 SensorAndActuator 组合而成，是用于特定功能处理的基本单元；ProductionLine 由 WorkStation 组合而成，用于处理某一类或几类产品的生产需求。

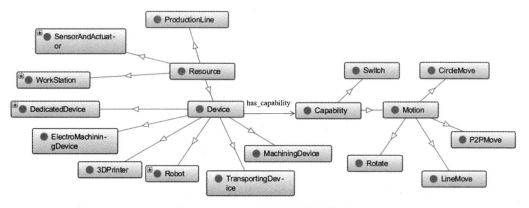

图 3-9　Resource 相关子类示意图

Capability 表示资源处理生产任务的能力，根据 IEC 61131 标准，可分为开关量（Switch）和运动（Motion）两种能力。其中，开关量能力表征了资源运用 0-1 的开关量逻辑处理生产任务，如光电开关接收到 0-1 的检测信号、机器人操作 0-1 的开关信号对末端夹爪进行开启或关闭；运动能力表征了资源运用电机轴执行运动相关的加工任务，按照执行轨迹可分为旋转（Rotate）、圆弧运动（CircleMove）、直线运动（LineMove）、点到点运动（P2PMove）。这两种能力分别对应了 IEC 61131 标准中的开关量控制和轴运动控制。通常，资源和能力之间采用对象属性 has_capability 进行关联，用于表示资源所具备的能力分布。

3. 工艺组件的粒度划分

工艺组件是指按照一定生产流程，利用机床设备、工艺装备等资源将产品从原材料转变为成品的过程，它描述了产品转化过程中使用的技术。在产品转化过程中使用不同的工艺方法、工艺参数、执行顺序编排，改变生产对象的形状、尺寸、相对位置和性质等，使产品成为成品。工艺组件按不同粒度划分为原子工艺和复合工艺，分别定义为用于描述最小粒度的基本工艺过程和由若干相互联系的原子工艺构成的复杂工艺过程。

Process 按多粒度原则划分为 AtomicProcess 和 CompositeProcess，如图 3-10 所示。AtomicProcess 是工艺的最小粒度表现形式，按处理形式可分为车削（Turning）、铣削（Milling）、刨削（Planing）、磨削（Grinding）、雕刻（Carving）、钻孔（Drilling）、冲压（Pressing）、拉削（Broaching）、3D 打印（3DPrinting）、运动（Moving）、抓取（Picking）、放置（Placing）。CompositeProcess 由 AtomicProcess 组合而成，用于处理复杂工艺流程。

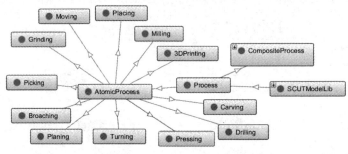

图 3-10 Process 相关子类

3.3.2 产品、资源、工艺组件的多视角建模

本节采用 AutomationML（自动化标记语言，AML）数据格式[17]作为 CPPS 组件的统一建模语言。AML 是一种基于 XML 的中性数据格式，用于存储和交换工厂工程信息，作为开放标准公布。AML 的目标是将不同学科的现代工程异构工具环境相互连接起来，例如机械设备工程、电气设计、HMI 开发、PLC 和机器人控制。本节通过沿用 AML 的基本架构，对资源组件以 CAEX、COLLADA、PLCopen XML 以及其他扩展格式对 CPPS 组件的几何结构、运动学和控制模型进行描述，并在统一语义和语法的基础上以标准化接口实现数据的无缝集成，其他类型组件通过 AML 的扩展实现。AML 包括四个方面的内容：

1）角色类库（RoleClassLib）。角色类表示特定领域的概念，是对具体工程对象的语义解释。AML 中包含默认的基本角色类，用户可以对这些类进行扩展，以实现单独的建模需求。

2）接口类库（InterfaceClassLib）。接口类暴露自动化对象的连接方式，同样，用户也可以灵活地扩展预定义的接口类库。

3）系统单元类库（SystemUnitClassLib）。在生产线的设计时，可重用组件模型被建模为系统单元类库，同时系统单元类库的概念继承于角色类库和接口类库，即角色类库表示组件元模型的基本概念，接口类库表示组件元模型的基本关系。

4）实例层次（InstanceHierarchy）。实例层次包含了组件的具体实例以及组件间的关系，代表了实际存在的生产场景及其包含的具体属性值。

在构建 CPPS 组件元模型时，需要对组件建模过程中所涉及的基本概念和关系进行抽象。如图 3-11 所示，CPPS 组件的多视角多粒度建模理念可以通过 UML 类图进行描述，信息组分（CyberPart）包含三个视角即结构（Structure）视角、行为（Behavior）视角和功能（Function）视角；物理组分（PhysicalPart）描述不同类别资产的多粒度关系，包括产品、资源、工艺等不同种类组件所包含的子类及其关系，其中产品、资源、工艺的粒度划分在 3.3.1 节有详述；信息组分和物理组分组合成 CPPS 组件（CPPScomponent）。将这些 UML 类图以及相互关系通过在 AML 中进行角色类构建，可形成生产线 CPPS 组件的元模型定义。

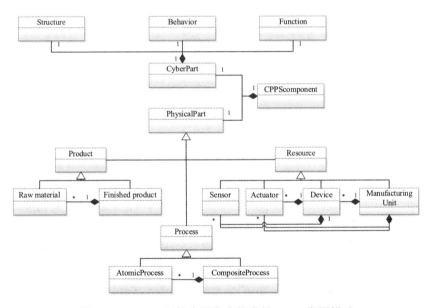

图 3-11　CPPS 组件多视角多粒度的 UML 类图描述

CPPS 组件模型在系统单元类库进行构建，每个 CPPS 组件模型都是根据多粒度多视角的建模理念进行展开，相关的基本模型属性继承于角色类库和接口类库。基于 CPPS 组件模型按照实际的生产场景可通过实例化，形成与实际生产线对应的组件。下面对产品组件、资源组件和工艺组件在 AML 中的系统单元类库和实例层次中进行建模。

1. 产品组件建模

图 3-12 描述了在系统单元类库中构建的产品组件模型，可以看出产品组件模型的描述源于对角色类库定义的引用。由这些元素组成的组件模型需要对其领域进行共有属性的表达，如一个 FinishedProduct 组件模型由 PhysicalPart 和 CyberPart 组成，CyberPart 中包含 Structure、Function 和 Behaviour 三个视角的产品描述。其中，Structure 表示产品结构，包含了产品的物理组成（Composition）和产品特征（ProductFeature）。产品的物理组成描述产品组件内部更小粒度的组件及其组合。Function 表示产品功能，包含了访问数据节点接口（Manifest）和产品状态（Status），即产品在生产时所需要的信息。Behaviour 表示产品行为，包含了产品特征之间的约束关系，这种关系可表达为偏序关系。

图 3-12　产品组件模型

由于产品 CPPS 组件模型描述的是一类具有共性的产品集合，而产品组件实例指某类产品对应实际生产中的产品实体。因此，产品组件实例在包含产品组件模型的所有组成元素的基础上，还需要对其各属性进行配置，并相应地映射到具体的数据或文件。以 2.5 节的工艺品挂件礼品包装盒 Box_Wood_1 为组件实例来说明产品组件模型的实例化。Box_Wood_1 是在包装盒中放置个性化雕刻的木块并盖上盒盖而形成的礼盒，图 3-13 是它的组件实例，由 FinishedProduct 组件模型实例化而得。对于结构视角的物理组成，Box_Wood_1 组件实例包括盒体（Box）、木块（Wood）和盒盖（Cover）等更小粒度的 Material 组件实例，这些信息均通过 COLLADA 接口链接存储于已构建的三维结构模型文件中。对于结构视角的产品特征，Box_Wood_1 组件实例包含了若干由物理组成抽象出来的产品特征。Box_Wood_1 组件实例的功能视角包含了可供外部访问的数据节点接口以及状态信息（Status），状态信息包含的若干基本属性数据可以描述一个状态节点的所有信息。

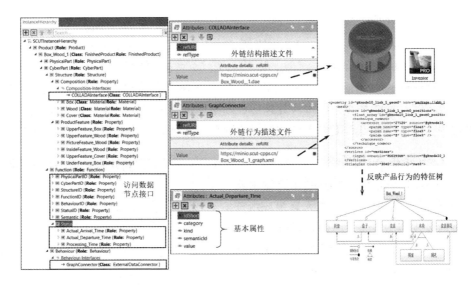

图 3-13　Box_Wood_1 组件实例

Box_Wood_1 组件实例的行为视角以特征树的形式描述了产品特征与物理对象之间的关系，如图 3-14 所示。Box_Wood_1 包含了产品智能托盘、盒体、盒盖、木块和盒盖别花 5 个物理对象。其中，盒盖别花属于可选包含关系，其余物理对象均属于强制包含关系。五个物理对象之间的相互关系描述了产品特征，用 f_i 表示第 i 个产品特征。f_1 代表盒体和产品智能托盘的依赖关系，f_2 代表木块和产品智能托盘的依赖关系，f_3 和 f_4 代表木块的图案特征和圆孔特征，f_5 代表木块和盒体的依赖关系，f_6 代表盒盖和盒体的依赖关系，f_7 代表盒盖别花和盒盖的依赖关系。其中，f_3 和 f_4 为加工特征，即针对物理对象本身利用加工工艺可以处理而得的特征；其余特征为装配特征，用于描述物理对象之间的相互装配关系。

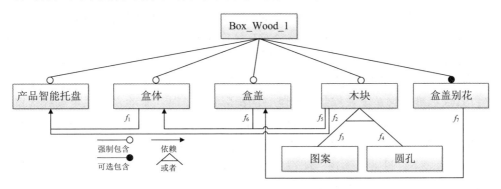

图 3-14　Box_Wood_1 组件实例的行为特征树描述

由此，采用产品特征树[18]概念，产品行为可由表示为 $\{l_1, \cdots, l_m\}$，其中 $l_j = f_j$ 或 $\overline{f}_j$，f_j 表示产品存在第 j 个特征，$\overline{f}_l$ 表示产品不存在第 l 个特征。例如 Box_Wood_1 的产品行为为 $\{f_1, f_2, f_3, \overline{f}_4, f_5, f_6, \overline{f}_7\}$，表示特征按照从左往右的顺序依次表达了物理对象的相互作用过程，即描述了将"盒盖放入产品智能托盘 – 将木块放入产品智能托盘 – 将木块处理形成图案 – 将木块放入盒体 – 为盒体盖盒盖"的过程。$\overline{f}_4$ 和 $\overline{f}_7$ 则表示不将木块处理形成圆孔，并且盒盖之上不镶嵌盒盖别花。

2. 资源组件建模

图 3-15 描述了在系统单元类库中构建的资源组件模型。由这些元素组成组件模型需要对其领域进行共有属性的表达，如一个 WorkStation 组件模型由 CyberPart 和 PhysicalPart 组成，CyberPart 中包含 Structure、Function 和 Behaviour 三个视角的资源描述。其中，Structure 表示资源结构是资源的物理组成（Composition），可描述资源组件内部更小粒度的组件组合与嵌套。Function 表示资源功能，提供了

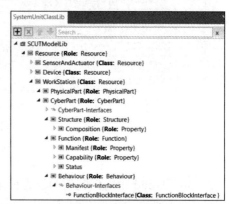

图 3-15　资源组件模型

该资源组件各组成元素的访问路径（Manifest）、设备提供能力（Capability）和运行状态（Status）。Behaviour 表示资源行为，刻画了资源组件行为的控制接口和控制模型的运行逻辑。

对于行为控制模型来说，由于不同粒度资源组件的行为触发方式有所不同，因此，控制模型的外链接口需要根据资源组件的层级做进一步细分。

1）对于设备层级、传感器和执行器层级，由于这两种粒度生产资源通常以周期性采样的方式收集底层控制系统的状态测量数据，其行为触发方式具有及时性和确定性，因此，引入 PLCopen XML 接口的方式对这两种粒度资源组件的控制模型进行描述。PLCopen 是一个旨在解决控制编程领域中相关问题的国际组织，致力于促进 PLC 兼容软件的开发和应用。PLCopen 的主要活动是领导推广 IEC 61131-3 标准，它是工业控制编程唯一的国际标准，使工业自动化系统编程接口标准化，从而协调了人们设计和从事工业控制的方式。PLCopen 标准的 XML 编程接口允许不同背景和技能的人们在软件生命周期的不同阶段创造不同元素的程序：技术规范、设计、实现、测试、安装和维护。这本质上反映了生产资源的物理组分和信息组分是以时间触发的方式进行信息交互。

2）对于工作站层级和生产线层级，由于它们集成了更小粒度的资源组件，并通过彼此之间的连接关系实现生产过程的行为逻辑，因此，资源组件之间是通过响应非周期性的特定事件动态执行工艺触发和工序调度过程的。这个过程是事件驱动工作方式的具体体现。为了在 AutomationML 信息模型中表征不同资源组件加工能力间的组合关系，在这一层级的资源建模遵从 IEC 61499 标准。IEC 61499 是用于分布式工业过程与控制系统功能块的标准。依照 IEC 61499 构建的系统从下到上的层次结构依次为功能块网络、资源、设备和系统。IEC 61499 标准中功能块是系统基本单元。资源是功能块的容器，功能块的组合在资源模型中实现。单个设备包含一个或多个资源，而设备的相互连接形成了分布式的生产系统。功能块的内部结构主要包括输入事件、输出事件、输入数据和输出数据四类端口。事件和数据的连接可以通过连接事件/数据的输入端口和输出端口实现。通过这样的设置使得功能块网络可以表征复杂的模型结构。控制模型的功能块网络由不同类型功能块组合而成，除基础功能块和复合功能块外，还包括服务接口功能块、简单功能块等。这些功能块提供了建模所需的各种控制模型元素。功能块的逻辑行为取决于功能块内部的执行控制表（Execution Control Chart，ECC），ECC 通过接收外部触发事件并基于功能块的实时状态，来决策所要执行的特定应用程序。一个 ECC 包含一个状态机图和功能块行为代码，图 3-16 为复合功能块结构示意图，左下展示了基础功能块 1 的 ECC。当状态机中的某个状态被触发时，功能块执行该状态的算法，算法执行完毕后触发对应的事件。状态之间的箭头表示到达功能块的事件，这些箭头的触发包含如下条件：①当条件显示"1"时，表示算法后事件始终会更改状态；②当条件为设置的事件时，表示只有该事件的发生，才会触发状态的变换。开始状态"START"旁的数字表示状态转换的优先级，用于确定同时多个满足转移条件下的特定目标状态。每个事件触发后执行对应的算法。目前，最常用的算法语言是 IEC 61131-3 标准结构文本（ST）。ECC 只存在于基础功能块中，复合功能块是由若干个基础功能块、简单功能块等组成的。在 IEC 61499 标准接口类库中定义了继承自 ExternalDataConnector 的 61499XML 接口，用以链接到外部功能块网络文件，从而将不同粒度的分布式资源组件进行连接，形成一个系统应用，以此提高系统的灵活性和可扩展性。

以 2.5 节 UGBP 的 CNC 精雕工作站的工作站组件实例为例说明。图 3-17 为 CNCStation_1 组件实例，可以看出，CNCStation_1 由 WorkStation 组件模型实例化而得。对于结构视角的物理组成，CNCStation_1 组件实例包括 CNC 设备和 Robot 设备等更小粒度的 Device 组件实例，这些信息均通过 COLLADA 接口链接存储于外部的三维结构模型文件。由 CNCStation_1 组件实例中的 Robot 信息节点可链接到描述 Robot 组件实例，其同样包含 Robot 的结构 – 功能 – 行为视角的信息。功能视角表征 CNCStation_1 组件实例的元信息集合，提供了该组件实例各组成元素的访问路径，还描述了其所能提供的制造能力和运行状态。

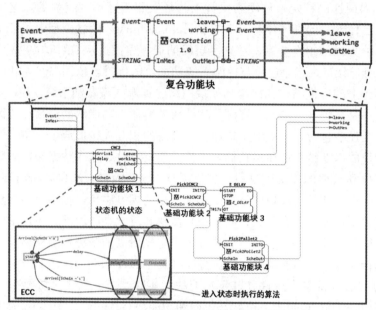

图 3-16　复合功能块结构示意图

CNCStation_1 组件实例的行为视角刻画了 CNC 工作站的控制接口和运行逻辑，并由 FunctionBlock 接口引入工作站的基于功能块网络的行为控制模型。功能块网络的构建可以采用符合 IEC 61499 标准的 Eclipse 4diac IDE 软件实现。由于功能块的逻辑行为取决于功能块内部的执行控制表（Execution Control Chart, ECC），它通过接收外部触发事件，并基于功能块的实时状态，最终决策出所要执行的特定应用程序，因此能够满足资源组件之间的事件驱动工作方式，适用于构建分布式的自动化控制系统。在构建工作站粒度的资源组件实例时，需要为组成该资源组件实例的更低粒度层级的资源组件实例分别构建各自对应的复合功能块。这些复合功能块内部包含了若干个用于处理执行逻辑的基本功能块以及用于外部通信的服务功能块。基本功能块通过在 ECC 中定义状态机，从而实现不同触发事件下的状态转移。通信接口服务功能块用于配置分布式资源组件的数据交互方式，进而为组件设计时阶段的控制模型映射为运行阶段的操作特性提供基础。CNCStation_1 组件实例的行为功能块网络如图 3-18 所示，一旦 CNC 工作站组件实例的行为被调用，工作站就会对更小粒度的组件实例进行一次调用，直至最后一个功能块返回最终结果。每个功能块的执行逻辑根据更小粒度组件实例中行为视角的 PLCopen XML 文件而定义。

第 3 章 个性化定制智能生产线的信息物理融合组件 || 49

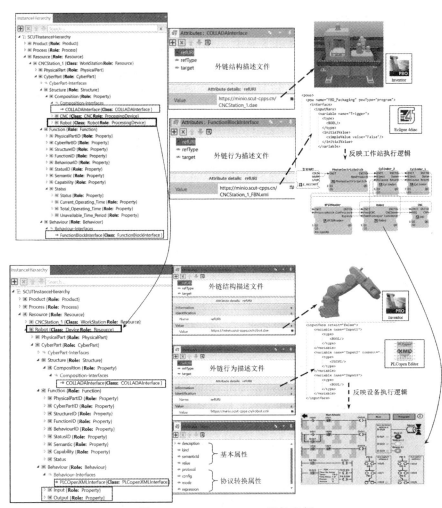

图 3-17　CNCStation_1 组件实例

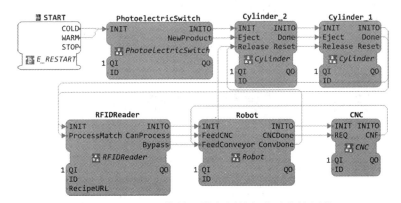

图 3-18　CNC 工作站组件实例的行为功能块网络

3. 工艺组件建模

图 3-19 描述了在系统单元类库中构建的工艺组件模型。由这些元素组成组件模型需要对其领域进行共有属性的表达，如一个 CompositeProcess 组件模型由 CyberPart 和 PhysicalPart 组成，CyberPart 中包含 Structure、Function 和 Behaviour 三个视角的工艺描述。其中，Structure 表示工艺结构是工艺的组成（Composition），可描述工艺组件内部更小粒度的组件组合与嵌套。Function 表示工艺功能，提供了该工艺组件各组成元素的访问路径（Manifest）以及运行状态（Status）。Behaviour 表示工艺行为，其描述了复合工艺与原子工艺之间的构成与约束关系。

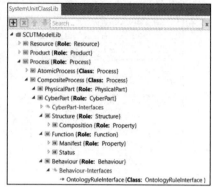

图 3-19　工艺组件模型

以 2.5 节 UGBP 涉及的盒包装复合工艺对工艺组件模型的实例化进行说明。图 3-20 为工艺组件实例，其中 AssemblyBoxProcess_1 由 CompositeProcess 组件模型实例而得。对于结构视角的组成，AssemblyBoxProcess_1 组件实例包括 Detect、Locate、RadioFrequencyIdentification 和 OuterPackagingTransfer 等更小粒度的 AtomicProcess 组件实例，这些信息均通过 ProcessCAM 接口存储于外部由软件 AutoCAM 构建的工艺文件当中。功能视角表征了 AssemblyBoxProcess_1 组件实例的各组成元素访问路径以及运行状态。

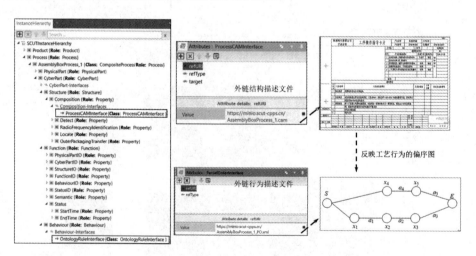

图 3-20　工艺组件实例

AssemblyBoxProcess_1 组件实例的行为由若干原子工艺构成，原子工艺（下面称为工序）之间存在一定的先后关系，这种关系在数学上表示为偏序关系 $\prec$，其满足非自反性（即工序不可以是它本身的前工序）和传递性（即若工序 x 是工序 y 的前工序，且工序 y 是工序 z 的前工序，则工序 x 是工序 z 的前工序）。工序间存着偏序关系的集合称为工序偏序集，则一个复合工艺对应着一个有限的工序偏序集。若一个复合工艺 P 中，工序 x 是工序 y 的前工序且不存在工序 z，使得 $x \prec z \prec y$，则称工序 x 是工序 y 的紧前工序记作 $x \prec y$。通常可用偏序图对偏序集进行描述，弧 (x_i, x_j) 表示工序 x_i 执行到工序 x_j 的权值 a_i，一般采用执行时间或执行成本表示。复合工艺组件的行为由偏序图表示。图 3-21 是 AssemblyBoxProcess_1 组件实例的偏序图，AssemblyBoxProcess_1 组件实例可分为两种工序路径，即 $x_1 \prec x_2 \prec x_3$ 和 $x_4 \prec x_5$，其中权值 a_i 在指定资源后确定。

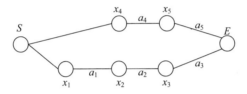

图 3-21　AssemblyBoxProcess_1 组件实例的偏序图

3.4　结论

本章首先介绍了在信息物理融合生产线系统中引入 CPPS 组件概念并构建组件统一信息模型的必要性，详细阐述了在智能生产线平台上不同粒度不同层级的资源组件、工艺组件和产品组件在结构、功能、行为三个视角的定义和描述。在进一步分析组件信息模型的构建准则之后，以 AutomationML 标准语言为基础，对不同类型、不同尺度的组件信息模型构建方法展开详细的说明。通过构建组件统一信息模型，能够为面向个性化定制的生产线中异构生产要素之间互操作、数据融合等问题提供语义模型基础。

参考文献

[1]　CHEN R, GUO J, BAO F. Trust management for SOA-based IoT and its application to service composition[J]. IEEE Transactions on Services Computing, 2014, 9(3): 482-495.

[2]　SHENG Z, MAHAPATRA C, ZHU C, et al. Recent advances in industrial

wireless sensor networks toward efficient management in IoT[J]. IEEE access, 2015, 3: 622-637.

[3] PETHIG F, NIGGEMANN O, WALTER A. Towards Industrie 4.0 compliant configuration of condition monitoring services[C]//2017 IEEE 15th International Conference on Industrial Informatics. IEEE, 2017: 271-276.

[4] TANTIK E, ANDERL R. Integrated data model and structure for the asset administration shell in Industrie 4.0[J]. Procedia Cirp, 2017, 60: 86-91.

[5] BARNSTEDT E, BEDENBENDER H, BILLMANN M, et al. Details of the asset administration shell: part 1[R]. Technical Report, 2019.

[6] YE X, HONG S H. Toward Industry 4.0 components: insights into and implementation of asset administration shells[J]. IEEE Industrial Electronics Magazine, 2019, 13(1): 13-25.

[7] GRANGEL-GONZÁLEZ I, HALILAJ L, AUER S, et al. An RDF-based approach for implementing Industry 4.0 components with administration shells[C]//2016 IEEE 21st International Conference on Emerging Technologies and Factory Automation (ETFA). IEEE, 2016: 1-8.

[8] GRANGEL-GONZÁLEZ I, HALILAJ L, COSKUN G, et al. Towards a semantic administrative shell for Industry 4.0 components[C]//2016 IEEE Tenth International Conference on Semantic Computing (ICSC). IEEE, 2016: 230-237.

[9] RÖPKE H, HELL K, ZAWISZA J, et al. Identification of "Industrie 4.0" component hierarchy layers[C]//2016 IEEE 21st International Conference on Emerging Technologies and Factory Automation (ETFA). IEEE, 2016: 1-8.

[10] HELL K, HILLMANN R, LÜDER A, et al. Demands on virtual representation of physical Industrie 4.0 components[C]//CIISE. 2016: 65-71.

[11] TANTIK E, ANDERL R. Integrated data model and structure for the asset administration shell in Industrie 4.0[J]. Procedia CIRP, 2017, 60: 86-91.

[12] WENGER M, ZOITL A, MÜLLER T. Connecting PLCs with their asset administration shell for automatic device configuration[C]//2018 IEEE 16th International Conference on Industrial Informatics. IEEE, 2018: 74-79.

[13] MARTIN P, D'ACUNTO A. Design of a production system: an application of integration product-process[J]. International Journal of Computer Integrated Manufacturing, 2003, 16(7/8): 509-516.

[14] 刘宝红. 采购与供应链管理：一个实践者的角度 [M]. 北京：机械工业出版

社，2012.

[15] 辛国斌，田世宏. 国家智能制造标准体系建设指南（2015 年版）解读 [M]. 北京：电子工业出版社，2016.

[16] DIN E N. 61512-1 (2000)[J]. Chargenorientierte Fahrweise Teil 1: Modelle und Terminologie.

[17] DRATH R, LUDER A, PESCHKE J, et al. AutomationML-the glue for seamless automation engineering[C]//2008 IEEE International Conference on Emerging Technologies and Factory Automation. IEEE, 2008: 616-623.

[18] THUM T, BATORY D, KASTNER C. Reasoning about edits to feature models[C]//2009 IEEE 31st International Conference on Software Engineering. IEEE, 2009: 254-264.

第 4 章

个性化定制智能生产线形式化方法

4.1 引言

形式化方法是利用严格定义的数学模型来构建软硬件系统的设计技术[1]。与其他的系统设计方法相比，形式化方法能够使用数学证明作为系统测试的补充，适合于软件和硬件系统的描述、开发和验证过程，可以更精确地保证系统行为的正确性[2]。将形式化方法用于智能生产线（在本书中，"CPPS 生产线"和"智能生产线"的含义相同，会交替使用，因为生产线也可看作一个大粒度的 CPPS 组件）设计，可同其他工程学科一样，使用数学分析以提高系统设计的可靠性和鲁棒性[3]。运用形式化方法，在生产线系统部署前分析所设计的生产线是否满足要求，减少生产线部署实施的错误，提升实施效率。

4.1.1 组件建模

针对工厂领域建模需求，生产线系统在整个生命周期中应具备功能验证、性能分析、计划调度、系统控制等功能。个性化定制生产线运行过程的动态性使得在设计时阶段难以为执行变量预先配置一个最佳解决方案。传统的代码驱动工程不再适用于小批量的单个产品的生产[4]。因此，在个性化定制生产线设计时阶段可通过定义工业 4.0 组件的参数、属性和信息，并对产品生产过程进行静态分析和检查，形成可复用的领域组件模型[5]。通过实例化系统中组件及其组合的数学模型，有望解决连续运行过程中决策密集型任务的形式化验证问题。Ciccozzi 等[6]指出了制造系统组件建模所需的基本特征：高度抽象化、易于维护、自适应性和高度异构性。Kathrein 等[7]提出了一种离散制造系统建模方法，为产品、工艺操作人员、技术资源和能源等资产提供了可视化。Anis 等[8]提出了一种用于工艺规划的 CPPS 建模方法，解决了 CPPS 中的生产工艺中工艺组件的描述问题。Niggemann 和 Kroll[9]提出了两种 CPPS 自动化软件开发方法，为产品、工艺和特定优化目标的形式化构建了领域描述。然而，这些方法缺乏对组件的定义，模型的完整性不足也难以支持制造系统的形式化验证。在 CPPS 工厂领域（Factory Domain, FD）的详细工程设计中，对生产工艺中的模块化和一致性要求越来越高，而整个生产过程中的生产模型的信息、数据和形式化结构往往不一致。针对这一问题，Ansari 等[10]提出了一种 CPPS 组件的维护模型，用于检测异常和预测故障时间，可有效处理多维异构制造系统。Francalanza 等[11]提出了一种用于生产系统管理的模块化建模方法，提升建模过程的可信性和一致性。

4.1.2　形式化验证

个性化定制智能生产线设计首要的目标是满足不同产品的制造（功能要求）和实现高性能低成本的制造（性能要求），并围绕着产品的差异化协同制造过程中的生产要素，具有典型的产品驱动的特征。在基于模型的生产系统设计时阶段，形式化方法通常用来确定 CPPS 是否能够执行所需的功能（模型检验），并避免可能影响生产的错误（模型验证）。在形式化验证中通常选择一种形式化模型或语言来建立系统模型与形式化对象之间的转换规则，如网络条件事件系统（NCES）模型[12]、有限状态机（FSM）[13]和 Petri 网[14]等。然而，新技术的使用引入了制造系统不同要素之间的复杂关系，产品和相关的加工信息通常在以往的系统中很少被考虑[15]。文献[16]提供了一种基于过程规范语言（PSL）的形式化描述和分析方法，将形式化模型集成到系统模型中并基于有限自动机理论生成分析日志。Petri 网能够建立离散事件系统的动态模型并对其进行定性和定量的分析[17]，因此常用于建模和评估离散事件动态系统[18]。然而，上述形式化方法的应用只适用于批量生产的制造系统。对个性化定制生产线中产品与工艺的多样化选择、匹配、分析的场景，还不能适用。

Albert 等[19]提出了一个与设备信息自动部署有关的并行系统建模和仿真的形式化架构，但是该方法存在状态空间爆炸的问题。Urgo 等[20]提出了一种形式化建模方法，支持构建表示离散事件系统的模型，并支持制造系统的最佳配置和发布不同控制策略，但该方法只能支持单个产品的装配线。Khan 等[21-22]提出了一种基于有限状态自动机（FSA）和 Z 模式（FSZ-Automation）的模型，用于汽车零件制造系统的形式化建模，通过 FSZ 自动机方法建立了并发和分布式结构，用于零件制造系统的形式化验证。Saren 等[23]使用层次有色 Petri 网（Colored PetriNet，CPN）对分层生产定制零件的柔性工作站进行建模和仿真，利用 CPN 工具计算最长完工时间。Chiang 等[24]使用队列有色 Petri 网实现了分析多种输入因素对复杂晶圆制造系统性能的影响。上述研究仅通过形式化方法描述了与资源和能力有关的概念，缺乏对产品相关信息的描述。在智能生产线的形式化验证方面，相关模型之间的语义应保持高度的一致性，以提高设计过程中模型的可靠性。

4.2 智能生产线形式化建模架构

本章提出的基于 PPR 的 CPPS 生产线建模架构如图 4-1 所示。第 1 部分首先对实际 CPPS 生产线中涉及的模型元素进行分层抽象。第 2 部分基于扩展的形式化过程描述理论，对生产系统中不同层级 PPR(Product，Process，Resource，产品，工艺，资源)元素的半形式化模型进行描述。该描述可以通过不同的视角有效地表达 PPR 组件之间的关系和 PPR 组件的内部结构之间的关系。第 3 部分是基于 PPR 概念定义的形式化建模，通过定义 PPR 组件内部和外部的相关属性，形成相关的形式化语法和语义。最后采用计算模型（MoC）对基于工厂领域生产线组件模型进行形式化建模和验证[25]。

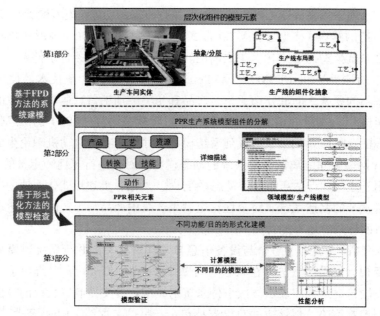

图 4-1 基于 PPR 的 CPPS 生产线建模架构

由第 3 章中关于 CPPS 组件的描述内容可知，组件建模涉及生产线设计时和运行时阶段的资产（物理组分）在不同粒度不同视角的建模过程。多粒度是指 CPPS 组件具有相对细化的程度和组合关系，CPPS 组件按粒度可分为原子组件和复合组件。不同粒度的组件包含嵌套关系，原子组件通过组合可形成复合组件，复合组件通过组合可形成更大粒度的复合组件。如资源组件可划分为生产线、工作站、设备等不同的粒度，多个不同的设备可以组合成工作站，多个不同的工作站可以组合为生产线等，同理可适用于其他类型组件，如产品、工艺等资产的粒度划分。针对不同粒度的组件，需要定义组件属性的精确描述（包括能力、参数、接口等），同时需要定义组件的结构模型和状态转换模型。组件的状态转换模型是描述组件行为的模型，其状态转换机理的描述就是组件的形式化建模过程。组件和组件交互形成生产线系统的形式化模型，是系统快速开发、仿真和虚拟调试等设计过程的基础。

在生产线资源组件的形式化建模中，需把不同层次资源组件状态转移的行为作为资源组件的形式化建模的基础。对于生产线层和工作站层，生产工艺的执行动作和设备动作有如下特征：①产品的工艺是异步的、事件驱动的，并且具有非连续性。②产品在生产线中的状态、生产线资源本身的状态等是有限的离散值。③制造系统状态的变迁具有一定的随机性。④系统的组织结构与空间跨度具有层次性。因此，生产线层和工作站层的系统形式化描述可抽象为离散事件系统。而对于设备层的机器动作以及行为特征，具有时间驱动特性，在进行形式化建模时，描述物理过程随时间运行的连续行为往往通过定义一个时间驱动系统来表达（见第 5 章）。

4.3　智能生产线形式化建模

图 4-2 展示了 CPPS 生产线 PPR 组件形式化建模架构。通过定义 FD 的形式化语法描述 CPPS 生产线组件中的 PPR（产品、工艺、资源）组件概念，以表达产品、工艺和资源之间的关系。为 FD 形式化语法中不同层次组件概念定义一组合适的形式化语义，描述生产系统的形式化特征，包括生产过程中订单的更改和资源占用等。此后，采用模型映射方法可将生产领域中的生产线形式化模型转换为由形式验证工具支持的 MoC（例如有色 Petri 网）。

CPPS 生产线在设计时和运行时阶段所涉及的信息是多视角、多层次的，在不同层次的问题域内需要使用不同工具从不同粒度描述以进行协同开发。生产线层级和工作站层级集成了更小粒度的资源组件，并通过彼此之间的连接进行产品的生产。资源组件之间通过响应非周期性的特定事件动态执行工艺触发和工序调度过程，是事件驱动工作方式的具体体现。

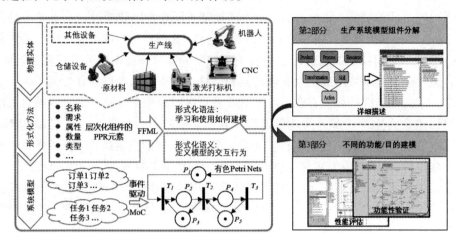

图 4-2　CPPS 生产线 PPR 组件形式化建模架构

4.3.1　基于 EFPD 智能生产线 PPR 组件定义

扩展的形式化过程描述（Extended Formal Process Description，EFPD）是基于形式化过程描述（Formal Process Description，FPD）的理论，已被应用于流程工业的组件建模，如织造、化纤生产和制药工业等流程工业。本章将 EFPD 理论扩展到表达离散制造领域中 PPR 组件之间的关联，其详细描述包括如下三个方面。

1）离散事件驱动的组件概念描述。在生产线层，产品属性决定生产线的制造工艺选择，工艺的顺序结构决定资源的选择。当描述产品时，至少应包括产品名称、类型、产品组成部分的名称和包含关系。在描述工艺时，应描述工艺的类型、名称及可细分工艺。在描述资源时，应充分描述系统提供的资源类型、名称及资源提供的特定设备的名称，必要时，应给出可以由同一设备提供的多个处理资源的分层描述。

以工艺品挂件礼盒的生产过程为例，图 4-3 给出了工艺品挂件礼盒智能生产线 PPR 组件的描述。首先，PPR 组件所包含的基本概念以及这些基本概念之间的包含关系由描述树确定。如图 4-3a 所示，在产品视角下，礼盒是最终产品，包含工艺品挂件和包装盒。木料是工艺品挂件的原材料，包装盒有盒盖。在产品视角中，还可以根据订单添加其他产品和原材料。其他两个概念的视角的定义类似。

2）完善 PPR 的内部和外部关系。在特定场景下探索组件元素迭代中的组件内部和外部关系，逐步优化工艺顺序和生产资源设计，并根据特定条件选择特定解决方案。在特定任务中，有必要提供①PPR概念类型与抽象组件的具体示例之间的区别和相互联系；②PPR概念的迭代改进；③并行和替代的工艺。

图4-3b描述了PPR组件之间的交互作用。上料工艺的输入是木料和包装盒，雕刻工艺的输出是工艺品挂件和包装盒。木料上料后经过CNC雕刻，完成的工艺可以作为盒盖的输入。盒盖作为最后的输入，最终的输出是一个产品礼盒。CNC雕刻工艺与上下料工艺之间存在顺序约束。此外，不同的输入和输出都有优先级，用图4-3b圆圈中的数字表示优先级。数字越小，优先级越高。CNC雕刻与CNC工作站提供的资源之间存在执行关系，上下料工艺与传送带的资源之间存在执行关系。此外，传送带定位装置与机器人之间存在内在联系。

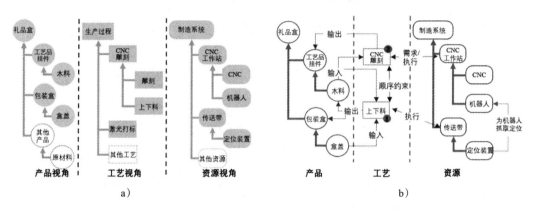

图4-3 工艺品挂件礼盒智能生产线PPR组件描述

3）PPR概念之间一致性的描述。FD系统组件涉及PPR模型元素之间的依赖性和一致性约束，产品和工艺间的依赖关系会以参数设置的形式传播到资源。因此，我们需要对PPR组件之间的依存关系进行一致性约束表达。在EFPD方法中，一致性描述以半形式化的方式表达，它可以帮助描述生产领域中现有组件的抽象类型和实例，并抽象工艺和操作之间的关系。

图4-4a为定制礼盒生产的全序列实例模型，展示了PPR要素之间的一致性依赖关系。图4-4b为通用建模环境（Generic Modeling Environment，GME，见第6章）下基于工厂领域形式化模型语言（Factory Formal Modeling Language，FFML）的定制礼盒生产线的应用模型。在这个例子中，一个无盖的包装盒和一个原材料（木块）被装载在一个产品智能托盘上。产品可以选择进行CNC雕刻或激光打标，也可同时进行两种工艺。产品智能托盘在包装区处理完成后，即可制作工艺品挂件礼盒，最终送入存储装置的存储区。在图4-4a中，P3加工后可以看到一个菱形，表示逻辑异或，说明P'3数控雕刻和P'4激光打标交替执行。

图 4-4a 中的灰色圈表示 PPR 要素之间的一致性依赖关系，其中 C1 表示"原材料装箱时，必须先装箱"。此时，包装机器人应按工艺要求进一步移动。C2 表示"所有材料尺寸必须在加工尺寸 50mm × 30mm 范围内"，C3 表示"此处加工顺序优先级为 P'5>P'6"。

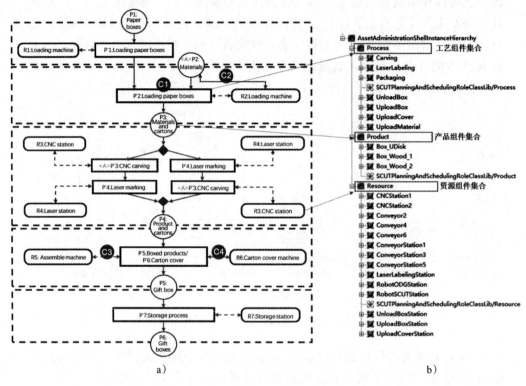

图 4-4 定制礼盒生产全序列实例模型和基于 FFML 的定制礼盒生产线应用模型

4.3.2 工艺组件的形式化定义

依据 4.3.1 节基于 EFPD 的生产线 PPR 组件定义，可定义工厂领域的形式化建模语言。FFML 主要分为两部分：形式化语法和形式化语义。形式化语法是指建模语言的表示形式，即用户通过阅读、编写或设计模型来学习和使用建模语言的方式。在设计特定语法时，应解决有关可写性、可读性、可学习性和有效性的问题。FFML 的形式化语法定义了生产线组件的形式化表达方法。形式化语义描述了使用模型执行定义的语言时应采用的行为。语义规范表达模型输入和输出之间的关系，在 FFML 中，形式化语义定义了生产线各组件之间的交互关系。当构造与 FD 相关的形式化模型时，将基于已建立的域模型的特征，选择匹配的 MoC

进行相互映射。描述生产线的形式化语法定义如下。

定义 4-1 系统模型 M 是一个三元组，定义 $M = \langle Pd, Pc, Re \rangle$。式中，Pd 为一组产品及相关属性模型的非空集，Pc 是一组非空的工艺和相关属性模型，Re 是一组非空的资源和相关的属性模型。

工艺是通过工艺相关视角图和工艺中涉及的相关属性的形式化语言表达的。工艺要素包含以下概念：工艺名称，如计算机数控加工、包装加工等；加工条件，表示为被加工产品的状态；处理顺序，例如一个产品或一个工艺是某个工艺的输入或输出项。与工艺相关的形式化语法定义如下。

定义 4-2 定义工艺及其相关属性为一个二元组，$Pc = \langle Pc_P, Pc_{clr} \rangle$。式中，$Pc_P$ 表示制造系统组件提供的工艺，Pc_{clr} 表示所应用工艺的加工条件。

定义 4-3 将 Pc_P 定义为一个三元组，$Pc_P = \langle Pc_{type}, Pc_s, Pc_J \rangle$。式中，$Pc_{type} = \{pc_{name1}, pc_{name2}, \cdots, pc_{namep}\}$，表示生产线组件提供的一组工艺，其中还包括 p 个工艺类型名称。$Pc_s = \{pc_{s1}, pc_{s2}, \cdots, pc_{sq}\}$，表示制造系统的组件提供 q 个工艺并且 $p \leq q$，其中 pc_{sq} 包含了层次模型的替换转换。$[pc_{sq}] \rightarrow \{true, fault\}$，其中 fault 表示工艺的初始状态，true 表示其完成状态。$Pc_J: J \rightarrow Fun_j$ 定义为一个工艺组件判断函数，用来评估一个生产系统中是否每个工艺 Pc_{type} 都可以实施。最后，$Type[Pc_J(pc_{namep})] = Bool$。

定义 4-4 Pc_{clr} 是一组工艺条件集合，当存在 l 个产品类型将要加工时工艺条件为 pc_{clr} 时，$[pc_{clr}] \rightarrow \{Ncr, Scr\}$。式中，Ncr 为条件的有限名集合，Scr 表示条件的有限状态集，$Pc_{clr}[Scr] \in Pc_{clr}[Ncr]$ 对所有 $Scr \in pc_{clr}$ 均满足。

4.3.3 产品组件的形式化定义

产品及其属性是通过与产品相关的信息和产品可能的工艺来形式化表达的。产品型号包括产品名称、产品工艺的参数和产品数量等基本信息。此外，产品的工艺需要定义在 Pd 中。例如，一件工艺品挂件礼盒的加工需要 3 种工艺：原材料上料、CNC 雕刻和包装。需要注意的是，这个顺序是不能变更的。

定义 4-5 产品及其属性模型被定义为一个三元组，$Pd = \langle Pd_A, Pd_R, Pd_F \rangle$。式中，$Pd_A$ 表示产品 Pd 中包含的属性集，Pd_R 表示 Pd 的工艺需求，Pd_F 表示产品流，即产品在系统中的流动。Pd_A 包括产品数量、类型和工艺转换条件，以及待加工产品的加工状态。

定义 4-6 定义 Pd_A 为一个三元组，$Pd_A = \langle Pd_{type}, Pd_{num}, Pd_c \rangle$，式中，$Pd_{type} = \{pd_{type1}, pd_{type2}, \cdots, pd_{typel}\}$，表示一个被加工的产品类型集合，其中 l 表示类型数量；$Pd_{num} = \{pd_{num1}, pd_{num2}, \cdots, pd_{numn}\}$，表示订单中可以同时加工 n 个产品，其中 pd_{numn} 表示第 n 个产品；$Pd_c = \{pd_{c1}, pd_{c2}, \cdots, pd_{cm}\}$ 表示产品工艺的变迁状态集合，

包括 m 个变迁状态函数。

定义 4-7 定义产品工艺需求 $Pd_R = \{pd_{rl1}, pd_{rl2}, \cdots, pd_{rlj}\}$，式中，$j \in [1, p]$，$pd_{rlj}$ 表示产品加工所需的 l 个工艺类型。

定义 4-8 定义产品流 Pd_F 为一个向量集：$Pd_F = \{pd_{fk} \mid (Pc_{type} \times RPN \cup RPN \times Pd), Pc_{type} \subseteq Pc, RPN \subseteq Re\}$，其中 $(k|1 \leqslant k)$ 是一组向量代表产品在生产线中的流向，Re、RPN 见定义 4-10、定义 4-11。

由于模型的形式化验证包括与性能相关的验证内容，例如关键性能指标（KPI），因此必须考虑时间因素。PPR 形式化中时间因素的定义如下：

定义 4-9 令 V 是一个包含工艺完成时间值 T 和产品信息的集合 Pd 的一个二元组，则 $V = \langle Pd, T \rangle$，其中 $T = \{t_a \geqslant 0, t_1 \geqslant 0, t_2 \geqslant 0, \cdots, t_w \geqslant 0\}$，并且 t_a 是全局时间值。所选工艺所消耗的时间总和为 $T(w) = \sum_{w \in Pc_s} t_w(pc)$。

4.3.4 资源组件的形式化定义

资源为每个操作工艺提供处理能力，则资源和产品之间存在约束关系。

定义 4-10 定义资源模型 Re 为一个二元组，$Re = \langle RP, RS \rangle$。式中，RP 表示资源提供的工艺和属性，RS 表示资源的相关状态。

定义 4-11 定义资源提供的工艺相关的属性 RP 为一个二元组，$RP = \langle RN, RPN \rangle$。式中，$RN = \{rn_1, rn_2, \cdots, rn_s\}$，表示资源名称的集合，这些名称包含了不同层次资源之间跨越交互的端口名称；$RPN = \{rpn_1, rpn_2, \cdots, rpn_s\}$，表示资源所提供的工艺类型名称，$s$ 表示数量。

定义 4-12 定义资源的状态 $RS = \{\langle S_i, S_o \rangle \mid S_i, S_o \in Pc_s\}$。式中，$S_i$ 表示资源的空闲状态有限集，S_o 表示资源已占用状态的有限集合。

4.3.5 组件交互语义的形式化定义

交互语义形式化定义了执行策略、组合机制和交互规则的形式化表达，这些规则由特定领域模型的组件构造。基于上述形式化语法定义，可以定义 FD 的形式化行为语义如下。

定义 4-13 对于系统模型 M，定义以下概念：

1）生产系统状态 SS 表示已映射到工艺类型信息匹配集 Pc 的每个资源的加工状态，即 $SS(pc) \in Pc_P(pc)pc_{sq}$。将系统的初始状态 SS(0) 定义为 $SS(0) = Pc_s(pc_{s0})$。

2）一个工艺的信息变量表示为 $Pdv(pc) \subseteq Pc_P$ 并且包含了产品条件 Pd_c 和连接在工艺和资源的产品流 Pd_F 之间与工艺相关的信息。

3）定义工艺 Pc 为一个连接函数 con_{pc}，该函数将每一个包含工艺相关的变

量 $p_{var} \in Pv(pc)$ 映射至一个值 $con_{pc}(var) \in Pc_{type}[var]$，工艺 Pc 的所有连接集合表示为 Con(pc)。

4）连接元素是一对变量 (pc, con_{pc})，是触发工艺的重要条件，其中 $pc \in Pc$ 且 $con_{pc} \in Con(pc)$。一个工艺 Pc 中所有连接元素的集合定义为 $Con_E(pc) = \{(pc, con_{pc}) \mid con_{pc} \in Con(pc)\}$。工业生产的形式化模型中所有连接元素的集合可以表示为 Con_E 且工艺步骤 $P_S \in Con_E$ 是一个非空有限连接元素集。

5）RT:RN → {IN, OUT, I/O} 表示一个资源端口类型，为每一个不同层次资源之间跨越交互的资源名称分配端口类型。

为了改进形式化模型中的工艺表达，例如某些工艺触发需要满足的条件，定义关于两个工艺启用条件的语义和一个定时操作。

定义 4-14（工艺使能规则 1） 当且仅当下述条件满足时，一对连接元素 (pc, con_{pc}) 在系统 SS(pc) 中使能。

1）$Pc_{clr}(pc)\langle con_{pc}\rangle$

2）$\forall rpn_s \in Re: Pc_{clr}(rpn_s, pc)\langle con_{pc}\rangle <<= SS(pc)$

当 (pc, con_{pc}) 在 SS 中使能时，可能发生变迁的系统状态为 SS'，定义如下：

$\forall rpn_s \in Re: SS'(pc) = (SS(pc) - - Pc_{clr}(rpn_s, pc)\langle con_{pc}\rangle ++ Pc_{clr}(pc, rpn_s)\langle con_{pc}\rangle)$，其中 Pc_{clr} 为工艺加工条件，rpn_s 表示资源提供的工艺类型的名称。

定义 4-15（工艺使能规则 2） 当且仅当下述条件满足时，一个工艺步骤 $P_S \in Con_E$ 在系统 SS(pc) 中使能。

1）$\forall (pc, con_{pc}) \in P_S: Pc_{clr}(pc)\langle con_{pc}\rangle$

2）$\forall rpn_s \in Re: {}^{++}_{pc_{sq}}\sum_{(pc, con_{pc}) \in P_S} Pc_{clr}(rpn_s, pc)\langle con_{pc}\rangle <<= SS(pc)$

当 P_S 在 SS 中使能时，可能发生变迁的系统状态为 SS'，定义如下：

$\forall rpn_s \in Re: SS'^{(pc)} = (SS(pc) - - {}^{++}_{pc_{sq}}\sum_{(pc, con_{pc}) \in P_S} Pc_{clr}(rpn_s, pc)\langle con_{pc}\rangle) ++ {}^{++}_{pc_{sq}}\sum_{(pc, con_{pc}) \in P_S} Pc_{clr}(pc, rpn_s)\langle con_{pc}\rangle$

定义 4-16 产品信息集 V 包含一个时间集 T。

对所有的 $t_{max} \in T$，所选工艺流逝的时间值的集定义如下：

当 $t_{max} > t_1, t_2, \cdots, t_w$ 且 $a \in \{1, 2, \cdots, w\}$ 时，$v[t]_{+t_{max}} = \{t_a + t_{max}\}$。

对所有 $t \in T$，在时间值列表中添加时间值的定义如下：

当 $t > 0$ 时，$v[t]_{+t} = \{t_1, t_2, t_i + t, \cdots, t_w + t\}$，其中 t_i 表示当前系统执行的工艺序列 i 的时间值。

4.3.6 基于有色 Petri 网的形式化模型转换方法

FD 中的形式化模型[26]是由引入的形式化语言解释的生产系统模型。为了验证形式化建模语言的适用性和性能，我们采用有色 Petri 网（CPN）作为 MoC

执行的形式化模型和领域模型之间的映射。有色 Petri 网是一种被广泛运用于实时系统的建模与验证的计算模型，具备严格的形式化语法定义和语义定义。我们选取有色 Petri 网模型作为转换目标，使用有色 Petri 网的形式化验证工具 CPN tools，构建了领域模型与 CPN 模型之间的转换语义，从而将有色 Petri 网的语义映射至领域模型的语义域。定时有色 Petri 网可以由生产线层组件的形式化模型自动生成，便于对生产模型的功能和性能验证。

一个定时 CPN 是一个 4 元组，$CPN_H = (CPN_T, P_{port}, T_{sub}, PT)$。其中，$CPN_T = (CPN, P, T, A, \Sigma, V, C, G, E, I)$，表示一个非层次 Petri 网。其中 P 是一个有限的位置集，T 是一个变迁集，$P \cap T = \emptyset$。$A \subseteq P \times T \cup T \times P$ 是一个有向弧集，Σ 是一个（定时）非空颜色集。V 是一组类型变量，$Type[v] \in \Sigma$ 对所有 $v \in V$。$C : P \to \Sigma$ 是一个颜色设置函数，为每个位置分配一个颜色集；如果 $C(p)$ 是定时的，则位置 p 也是定时的，否则 p 是非定时的。$G : T \to EXP\ R_V$ 是守卫函数，每个变迁 t 都会分配一个守卫函数，如 $Type[G(t)] = Bool$。$E : A \to EXP\ R_V$ 是弧表达式，每个弧都会分配一个弧表达式 a，如 $Type[E(a)] = C(p)$。$I : P \to EXP\ R_\emptyset$ 是初始化函数，每个位置 p 都会分配一个初始化函数，如 $Type[I(p)] = C(p)$。$P_{port} \subseteq P$ 是一组端口位置。T_{sub} 表示一组替代子变迁。$PT : P_{port} \to \{IN, OUT, I/O\}$ 表示端口类型函数，该函数为每个端口位置分配了端口类型。在 CPN tools 中，所有变迁都允许有一个时间延迟令牌，它是一个时间类型的表达式。一个 CPN 网络 $\mathcal{C}$ 可以简单定义如下：$\mathcal{C} = \{cpn_1, cpn_2, \cdots, cpn_n\}$。

最终的验证模型可以被定义为：$VM = \langle CV, \mathcal{C}, \mathcal{I} \rangle$，其中 CV 是一组条件变量，其中包括资源状态转换条件和工艺触发条件。$\mathcal{I} = (MI, \prec)$ 是一个继承自 $\mathcal{C}$ 的 CPN 模型实例有序集 MI，CPN 模型的顺序决定了它们的优先级。本章提出的模型映射方法将产生一个 CPN 模型，用于形式化功能验证和模型检查。下面的算法包含用于填充一个 CPN 模型，包含了映射规则、生产线层控制模型以及生产性能预测模型的输入，生产的模型包含了时间因素。

算法：将生产线层与设备层的形式化模型转换为 CPN 模型

输入：与生产系统 M 相关的一组工艺 Pc。
输出：填充的模型 $VM = \langle CV, \mathcal{C}, \mathcal{I} \rangle$。

1 执行：PL2CM(Pc)
2 $CV \leftarrow \emptyset, \mathcal{C} \leftarrow \emptyset, \mathcal{I} \leftarrow \emptyset$；
3 创建一个个性化定制生产线层系统的 CPN，$cpn_1 = (P^{c1}, T^{c1}, A, \Sigma^{c1}, V, C^{c1}, G^{c1}, E^{c1}, I_0)$；
4 $\mathcal{C} \leftarrow \mathcal{C} \cup \{cpn_1\}, \mathcal{I} \leftarrow \mathcal{I} \cup \{MI^{c1}\}$； // 在 $\mathcal{I}$ 后面添加系统实例
5 对每一个 $rn \in RN$ 和 $S_o \in Pc_s$ 执行
6   创建一组设备资源的位置 P^{c1} 使 $P^{c1} \leftarrow P^{c1} \cup \{rn_s\} \cup \{s_i\}$；
7   创建一个颜色集 Σ 包含几个变量 V 作为位于工艺中的一组信息，
      $\Sigma^{c1} \leftarrow \Sigma^{c1} \cup \{Type(v) | pd^v_{type/}, pc^v_{sq}\} / \Sigma^{c1}_T \leftarrow \Sigma^{c1}_T \cup \{Type_T(v) | pd^v_{type/} | pc^v_{sq}\}$；

8　　对每一个 $Pc_{type} \in Pc$ 执行
9　　　 创建一组变迁，如生产线提供的工艺 Pc，$T^{cl} \leftarrow T^{cl} \cup \{Pc_{type}\}$；
10　　对每一个 $pd_f \in Pc_{type} \times RPN \cup RPN \times Pc_{type}$ 执行
11　　　 在 Pc 和 Re 之间创建一组有向弧，$A \leftarrow A \cup \{pc_{name} \times rpn \cup rpn \times pc_{name}\}$；
12　　创建一个颜色设置函数 C^{cl} 来表示资源状态，
　　　　$C^{cl}:P^{cl} \xrightarrow{Type(v)} \Sigma^{cl}/C_T^{cl}:p_T^{cl} \xrightarrow{Type(v)} \Sigma_T^{cl}$；
13　　为每个 p^{cl} 创建一个初始化函数，在当 p 为定时函数时 $Type[I(p)]=C_T^{cl}(p)$；或当 p 为非定时函数时 $Type[I(p)]=C^{cl}(p)$，$I_0:P^{cl} \xrightarrow{Type[I_0(p)],(t_w \geq 0)} EXPR_\emptyset^{cl}$；
14　　对每一个 $pc_{clr} \in Pc_{clr}$ 执行
15　　　 为每个函数 $t^{cl} \in T^{cl}$ 创建一个守卫函数集：
　　　　$G^{cl}: T^{cl} \xrightarrow{pc_{clr}(pc_{type})} EXPR_V^{cl}$, $G^{cl} \leftarrow G^{cl} \cup \{true, fault\}$；
16　　对每一个 $pd_c \in Pd$ 执行
17　　　 为每一个 $a^{cl} \in A^{cl}$ 创建一个弧表达式函数集：$E^{cl}:A^{cl} \xrightarrow{pd_{cl}} EXPR_V$
　　　　返回 VM

GME 是一个可定制的工具集，具有模块化和可扩展的架构，并可为第三方工具集成提供扩展接口，实现各种模型转换。CPN ML 编程语言是基于函数式编程的标准建模语言[27]。应用上述模型转换算法，在 GME 环境下开发了用于 CPN tools 的模型转换器插件（CPNImporter）。可以从生产系统应用程序模型中获得两个 CPN 模型，具体模型见 4.4 节。两种验证模型的区别在于时间元素的存在与否，以及功能验证模型比性能验证模型更抽象[28]。算法中第 7、12、13 行（构建颜色集和函数）的具体实现需要根据建模确定是否输入时间因子。

4.4　组件形式化建模与仿真实例

本节以华南理工大学智能制造实验室实验平台为例（见图 2-6），在该实验平台中，可以混合加工多种原材料并包装成礼盒。原材料包括木料（Prod_1）、金属表面 U 盘（Prod_2）和塑料外壳的蓝牙自拍器（Prod_3）。实验平台为环形输送结构，其中包含多个支路作为加工过程中的传输装置。产品通过传送带上的产品智能托盘运输，同时根据调度策略进行可变工艺选择。当加工订单发生变化时，领域专家需要根据生产线状态实时改变调度策略。在实施控制策略之前，采用上述形式化建模方法对实验平台和调度策略进行形式化抽象。接下来是在确定生产系统状态的情况下，对可能发生的生产路径进行形式化仿真和验证。

4.4.1　组件的模型验证机制

在模型描述的早期阶段，我们使用 EFPD 方法来描述领域模型组件的产品、工艺和资源之间的关系。在形式化验证中，功能验证可视为符合预期结果的形式化模型的计算结果，以达到预期状态或无死锁的目的。表 4-1 展示了利用有色 Petri 网进行仿真分析的相关信息。

表 4-1 利用有色 Petri 网进行仿真分析

验证内容	描 述	相关公式	
模型有效性	模型仿真时间和实际完成时间不能太大且模型无死锁	$\dfrac{\lvert T_{\max} - T_{\text{Model}} \rvert}{T_{\text{Model}}} \leq (5 + \alpha)\%$	(4-1)
可达性	在触发相关转换后检查标记信息	$m_i \to t_k \to m_j, \forall k \in \lvert T \rvert$	(4-2)
活性	与变迁相关的可达性	当式 (4-2) 有效时，存在活性 t_k	
有界性	当触发发生时一个位置的令牌最大数	$m_i(p) \leq B, i \in I$	(4-3)

为了验证模型的有效性，将生产系统的实际运行结果与采用式（4-1）的模型计算的结果进行比较。在这种情况下，以最大完工时间为验证指标，确定了所有订单的最大完工时间。对最大完工时间进行计算，使目标 $T_{\max}$ 最小化的公式如下：

$$T_{\max} = \max T_w \qquad (4\text{-}4)$$

$$T_w = \sum_{w=1}^{m} P_w + \sum_{a=1}^{m-1} \sum_{b=2}^{m} D_{abw} \qquad (4\text{-}5)$$

式中，T_w 表示工件 w 的制作周期，P_w 表示工件 w 所有工艺的加工时间，$\sum_{a=1}^{m-1} \sum_{b=2}^{m} D_{abw}$ 表示有工艺等待时的总等待时间。

模型时间数据是基于生产系统运行过程中获得的基于经验的时间范围值。该值作为参数输入到 CPN 模型中。根据收集到的结果，可以计算出总的完工时间。在有色 Petri 网中，可达性表示一个标记信息项（m_i）在触发相关转换（t_k）后可以到达的标记信息（m_j），如式（4-2）所示。该特征可以识别一个位置（状态），尽管它与其他节点相连，但没有与制造操作相关的标记，可用于去除产品流中的死节点（dead marking）；安全性对应的是活性，如果存在一个过渡发射序列，能够实现从标记信息项的变迁，则认为有色 Petri 网是活的；有界性与制造设备的最大容量有关，当采用式（4-3）确定了有色 Petri 网模型中最大的标记物数量 B 时，可用这个信息作为制造约束或额外的设计考虑。

性能验证涉及通过形式化模型计算相关的 KPI 指标，包括周期时间（CT）、在制品（WIP）和吞吐量（TH）等参数。CPPS 生产线的输入是每个作业（j）的到达间隔速度（λ_1）和加工间隔速度（μ_i）。在 CPN 模型中，初始令牌的到达间隔时间延迟（IAT）被映射到 λ_1 上。在变换后的 CPN 模型中，加工过程中的时间延迟（MMT）被认为是 μ_i。

一般工艺（i）的循环时间（CT）可由式（4-6）表示：

$$\mathrm{CT}_i = \left(\frac{U}{1-U}\right) \cdot \frac{1}{\mu_i} \cdot \left(\frac{C_a^2(i) + C_s^2(i)}{2}\right) \cdot \left(\frac{U^{\sqrt{2C+2}-2}}{C}\right) \quad (4\text{-}6)$$

式中，$U = \lambda_1/\mu_i$；C 表示工艺 i 的资源数量；$C_a^2(i) = V[\lambda_1]/E[\lambda_1]^2$，$C_s^2(i) = V[\mu_i]/E[\mu_i]^2$，分别为到达间隔速度的中间计算参数和加工间隔速度的中间计算参数。

当通过式（4-6）得出总体 CT 后，就可以利用式（4-7）计算 WIP：

$$\mathrm{WIP} = \mathrm{CT} \cdot \mathrm{TH} \quad (4\text{-}7)$$

此外，利用式（4-8）可以计算出某一工艺（i）的效率（ρ_i），并找出加工瓶颈耗时较长的制造设备。

$$\rho_i = \lambda_1/(C \cdot \mu_i) \quad (4\text{-}8)$$

式中，λ_1 表示流入工艺 i 的到达间隔速度，C 表示工艺 i 的资源数量，μ_i 表示流入工艺 i 的加工间隔速度。

4.4.2 组件形式化建模实例

基于上述对 CPPS 组件的 PPR 描述，应用 FFML 及 PPR 组件的形式化，针对 2.5 节中 UGBP 的生产线结构，采用模型转换可将形式化模型转换为 CPN 模型。模型转换后的 CPN 模型框架，即用于模型验证的有色 Petri 网模型框架（见图 4-5），描述了模型中每个位置（place）和转换（transaction）的名称。表 4-2 给出了全局颜色集函数声明，包括初始标记的颜色集。

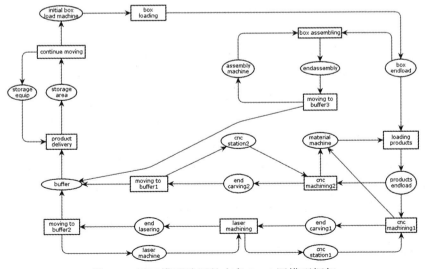

图 4-5　用于模型验证的有色 Petri 网模型框架

表 4-2　全局颜色集函数声明

颜色集声明	颜色集含义
colset NO = int; colset PRODUCTS= string;	定义两种类型颜色集
colset a = int;	上盒工艺
colset b = int;	产品原材料上料工艺
colset c = int;	CNC 雕刻工艺
colset d = int;	激光打标工艺
colset e = int;	包装工艺
colset f = int;	上盖工艺
colset g = int;	回收工艺
colset PRODUCT = product a*b*c*d*e*f*g*PRODUCTS;	待加工产品的加工顺序
var a,b,c,d,e,f,g:a:var prod_n:PRODUCTS;	定义一些颜色设置变量
val prod_1 = "wood"	定义木料的字符串变量
val prod_2 = "u-disk";	定义 U 盘的字符串变量
val prod_3 = "bluetooth";	定义蓝牙的字符串变量
val received = "completed";	定义处理过的字符串变量

基于图 4-5 所示的 CPPS 生产线模型主要用于功能验证。该模型的关键是每个带有颜色集的颜色标记表示一个定制的产品，而不是一个产品类别。更具体地说，它用于验证基于此结构的生产系统中是否存在死锁，以及最终是否能够实现其目的。表 4-2 中的颜色集代表了生产系统中现有的 7 个工艺。当系统处于初始状态时，初始令牌附加到产品生产序列信息的颜色集上，其中包含所需的工艺序列和信息类型。每当模型运行过程中触发工艺时，对应于工艺的标记都会发生更改。

4.4.3　形式化模型验证结果与仿真分析

在待仿真的模型中，添加了一个挂起订单和一组可用资源令牌。输入订单包括礼盒产品，以及生产线上的所有可用的资源令牌。产品包括：①三种蓝牙自拍器产品，其工艺顺序为"上盒–上料–装配–包装–储存"；②两种个性化 U 盘产品，其工艺顺序为"上盒–上料–激光雕刻–包装–储存"；③两种工艺品挂件产品，其工艺顺序为"上盒–上料– CNC 雕刻–包装–储存"。仿真实验在 Windows（64 位）系统的 PC 上进行，其主要配置为 3.6 GHz 的 Intel Core i7-7700 8 核处理器以及 16GB DDR4-2400 RAM。

对生成的形式化模型进行验证，计算状态空间，可以得到包含 62264 个节点的状态空间，输入数据和仿真统计结果如表 4-3 所示。表 4-3 显示"Dead Marking"与"Nodes"均为"62264"，且"Status"为"All"，表示产品能够在所有可能的状态下进行加工，产品最终能够完成（到达停止状态）。统计结果表明，生产模型可以满足生产需求，并且没有死锁（所有工艺都已完成是唯一死锁状态）。在形式化验证的基础上，运行模型，对构建的模型进行形式化仿真。多次仿真之后，观察仿真结果，如若礼盒制作成功，则最终所有的产品都会集中在"storage area"位置，产品的每一套颜色的后缀都会加上"completed"。经过 10 次仿真，可以确定系统状态能够能达到预期状态；也就是说，所有令牌最终集中在"storage area"中，并且在所有产品名称之后添加了"completed"后缀。

表 4-3　输入数据和仿真统计结果

类型	条目	数据	描述 / 单位
输入	初始令牌数量	30	PD/10 Prod_1, 10 Prod_2, 10 Prod_3
	位置数量	15	PD/WIP 统计地点不包括在内
	变迁数量	11	PD/WIP 统计变化不包括在内
	平均变迁时间（平均加工时间）	{2.3, 2.2, 0.3, 0.5}	单位时间
	平均弧时间	{0.1, 0.9, 1.1, 0.6}	单位时间
使用 CPN 工具的仿真结果	模型有效性	有效	有效 / 无效
	Nodes	62264	—
	Status	All	—
	Dead Marking	62264	—
	死锁有效性	无死锁	完成状态除外
	平均偏差	4.3%	与实际完工时间对比
	吞吐量	0.75	PD/ 单位时间
	周期时间	39.1	单位时间
	WIP	29.4	PD

由 CPN tools 构建的生产线模型如图 4-6 所示。为了保证在建模完整性的前提下，准确地分析并评估生产线的总完工时间，需要在领域模型的每一个适当步骤上都添加一个时间输入值，以记录加工和传输时间。这里的时间输入值来自实际加工过程中的经验统计时间范围，而不是通常意义上进行 KPI 预测时的指数函数分布。在相应的形式化模型中，CPN tools 将监控各工序和传送带所消耗的时间，并记录每个订单的完成时间值。考虑到设备故障会影响生产线的效率，生产线上每个产品的每一个状态转换都包含一个附加的加工概率函数，表示该资源在工艺加工的过程中具有一定的故障概率。当出现加工失败时，时间值不会增加，产品状态不会改变。由于生产线是一个循环结构，产品会保持当前的加工状态，然后回到上一个失败的位置进行加工，直到加工完成后再继续下个步骤。在实验

平台运行过程中，每个产品都贴有 RFID 以记录产品加工信息。可以监控产品在各个关键位置的状态和信息，扫描产品的 RFID 可以获取每个产品从上料到完成的时间。在功能验证模型满足生产需求的情况下，对 CPN 模型进行了多次仿真实验，并将统计仿真结果与系统实际运行结果进行了对比。为了提高性能预测模型的准确性，在每一步工艺完成后，增加了基于实际经验的生产线的加工时间范围。预测值与真实值的偏差小于 5% 时，模型的预测结果具有较好的参考价值。

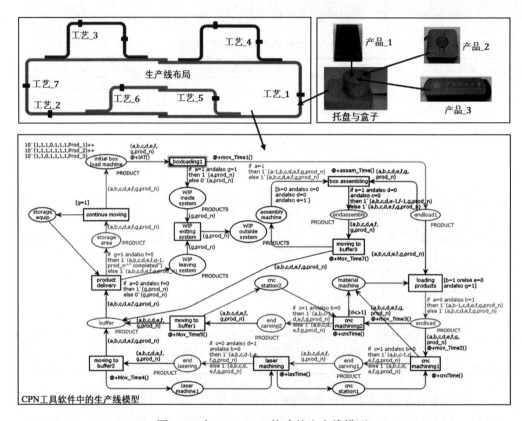

图 4-6　由 CPN tools 构建的生产线模型

前述基于 PPR 组件信息的建模方法是基于离散事件驱动的。在离散事件驱动模型中，由于不包含产品相关信息且只定义基本的执行规则作为生产执行计划，如先进先出（FIFO）规则。因此，普通离散事件模型不能完全实现个性化产品生产的性能仿真计算。表 4-3 中平均偏差是通过建模工具的模型监控功能将形式化模型预测的生产总时间与实际生产线运行的总时间进行对比之后，得到的统计结果。在 10 次实验中，实际生产线的平均总完工时间为 944.6s，由形式化模型仿真计算得到的总完工时间与实际总完工时间的平均偏差为 40.6s，平均偏差百分比为 4.3%。通过以上仿真和验证结果可以推断，本节所建立的形式化模型在描述生产线时具有良好的可用性和准确性。

4.5 结论

本章提出了一种基于 PPR 的 CPPS 生产线形式化建模方法。首先基于 PPR 组件的概念描述，采用半形式化方法描述生产线的领域模型；其次通过形式化方法对面向个性化定制生产模式进行形式化建模、仿真和验证。模型验证结果表明，所提出的建模方法可以有效验证生产线的功能，为生产线的布局提供一定的参考。模型仿真结果表明，所构建的形式化模型可以有效地预测生产线的性能，对缩短生产周期、识别瓶颈、降低能耗具有一定的指导意义。

参考文献

[1] CHEN B, WAN J, ANTONIO C, et al. Edge computing in IoT-based manufacturing[J]. IEEE Communications Magazine, 2018, 56(9):103-109.

[2] MITTAL S, KHAN M A, ROMERO D, et al. Smart manufacturing: characteristics, technologies and enabling factors[J]. Proceedings of the Institution of Mechanical Engineers Part B Journal of Engineering Manufacture, 2019, 233(5):1342-1361.

[3] ZHANG Y , GUO Z, LV J ,et al. A framework for smart production-logistics systems based on CPS and industrial IoT[J]. Industrial Informatics IEEE Transactions on, 2018, 14(9):4019-4032.

[4] MITTAL S, KHAN M A, WUEST T. Smart manufacturing: characteristics and technologies[C]// IFIP International Conference on Product Lifecycle Management. 2017.

[5] SCHLEGEL C, STECK A, BRUGALI D, et al. Design abstraction and processes in robotics: from code-driven to model-driven engineering[C] // International Conference on Simulation, Modeling, and Programming for Autonomous Robots. 2010.

[6] CICCOZZI F, CRNKOVIC I, DI RUSCIO D, et al. Model-driven engineering for mission-critical IoT systems[J]. IEEE software, 2017, 34(1): 46-53.

[7] KATHREIN L, LÜDER A, MEIXNER K, et al. Extending the formal process description for discrete manufacturing[J]. Technical Report CDL-SQI-2019-13, 2019.

[8] ANIS A, SCHÄFER W, NIGGEMANN O. A comparison of modeling approaches for planning in cyber physical production systems[C]//Proceedings of the 2014 IEEE Emerging Technology and Factory Automation (ETFA). IEEE, 2014: 1-8.

[9] NIGGEMANN O, KROLL B. On the applicability of model-based software development to cyber physical production systems[C]//Proceedings of the 2014 IEEE Emerging Technology and Factory Automation (ETFA). IEEE, 2014: 1-4.

[10] ANSARI F, GLAWAR R, NEMETH T. PriMa: a prescriptive maintenance model for cyber-physical production systems[J]. International Journal of Computer Integrated Manufacturing, 2019, 32(4/5): 482-503.

[11] FRANCALANZA E, BORG J, CONSTANTINESCU C. A knowledge-based tool for designing cyber physical production systems[J]. Computers in Industry, 2017, 84: 39-58.

[12] HAFIDI Y, KAHLOUL L, KHALGUI M, et al. On methodology for the verification of reconfigurable timed net condition/event systems[J]. IEEE Transactions on Systems, Man, and Cybernetics: Systems, 2018, 50(10): 3577-3591.

[13] SINHA R, PATIL S, GOMES L, et al. A survey of static formal methods for building dependable industrial automation systems[J]. IEEE Transactions on Industrial Informatics, 2019, 15(7): 3772-3783.

[14] KAHLOUL L, DJOUANI K, CHAOUI A. Formal study of reconfigurable manufacturing systems: a high level Petri nets based approach[M]//Industrial Applications of Holonic and Multi-Agent Systems. Berlin: Springer, 2013: 106-117.

[15] JHA S B, BABICEANU R F, SEKER R. Formal modeling of cyber-physical resource scheduling in IIoT cloud environments[J]. Journal of Intelligent Manufacturing, 2019: 1-16.

[16] TERKAJ W, URGO M . Ontology-based modeling of production systems for design and performance evaluation[C]// IEEE International Conference on Industrial Informatics. IEEE, 2014: 748-753.

[17] MORE S S , BHATWADEKAR S G . Analysis of flexible manufacturing system using Petri nets to design a deadlock prevention policy[J]. International Journal of Engineering and Technical Research, 2016, 5(9).

[18] KAID H , EL-TAMIMI A M , NASR E A , et al. Applications of Petri net based

models in manufacturing systems: a review[C]// International Conference on Operations Excellence and Service Engineering. 2015.

[19] ALBERT V, FOUCHER C. Formal framework for discrete-event simulation[J]. IFAC-PapersOnLine, 2017, 50(1): 5812-5817.

[20] URGO M, TERKAJ W. Formal modelling of release control policies as a plug-in for performance evaluation of manufacturing systems[J]. CIRP Annals, 2020, 69(1): 377-380.

[21] KHAN S M U, WENLONG H. Formal modeling and verification of a part manufacturing systems using FSZ-automaton with CLS criteria[J]. The International Journal of Advanced Manufacturing Technology, 2018, 98(5): 1505-1521.

[22] KHAN S M U, HE W. Formal analysis and design of supervisor and user interface allowing for non-deterministic choices using weak bi-simulation[J]. Applied Sciences, 2018, 8(2): 221.

[23] SAREN S K, BLAGA F, VESSELENYI T, et al. State space properties of flexible manufacturing cell based on hierarchical timed colored petri nets[J]. Matec Web of Conferences, 2017, 137.

[24] CHIANG T C, HUANG A C, FU L C. Modeling, scheduling, and performance evaluation for wafer fabrication: a queueing colored Petri-net and GA-based approach[J]. IEEE Transactions on Automation Science & Engineering, 2006, 3(3):330-338.

[25] KESHANCHI B, SOURI A, NAVIMIPOUR N J. An improved genetic algorithm for task scheduling in the cloud environments using the priority queues: formal verification, simulation, and statistical testing[J]. Journal of Systems and Software, 2017, 124: 1-21.

[26] LI Z W, AL-AHMARI A M. Formal Methods in Manufacturing Systems: recent advances[M]. Hershey PA.: IGI Global, 2013.

[27] MILNER-GULLAND R, MILNER R, TOFTE M, et al. The definition of standard ML: revised[M]. Cambridge: MIT Press, 1997.

[28] LI S Y, AN A M, WANG Y, et al. Design of liveness-enforcing supervisors with simpler structures for deadlock-free operations in flexible manufacturing systems using necessary siphons[J]. Journal of Intelligent Manufacturing, 2013, 24(6): 1157-1173.

第5章

设备控制系统的形式化方法

5.1 引言

  个性化定制智能生产线管理与控制过程建模应包含生产线层级的工艺任务建模和设备层级的控制行为建模。对于生产线层级的工艺规划与资源调度，需要建立产品、工艺、资源组件（PPR组件）及其交互的描述。另一方面，在设备单元层，需要实现对底层控制系统的结构组成及运行过程的描述，并将系统装备与工艺任务的在线调整映射为设备控制系统的动态重构环节的组成要素及其执行行为，从而在设备控制器的粒度上保证系统建模的可信性。

  设备控制系统可信的含义为：设备在运行时阶段，时间和空间范畴内的控制系统行为均遵循设计时阶段的定义。行为可信不仅关系到生产制造过程的正确性和加工成品的质量，还关乎设备操作人员安全。从控制系统软件工程角度而言，可信的行为需要同时满足功能性和非功能性的需求。对于设备控制系统，功能性需求主要为逻辑执行结果的正确与性能的满足，而非功能性需求主要包括实时性约束（任务在确定时间内完成）、安全性约束（某种状态在任何情况下都不会到达）及活性约束（某种状态一定能到达）。

  装备运动控制系统在工业自动化系统中处于实时性要求最严格的层级，为了保证满足实时性，开发人员通常采用简单的固定化软件功能结构以避免不可预计的调整。随着功能复杂化，这种单体架构方案将导致软件更新和维护的难度剧增。此外，大规模定制化生产模式下，制造系统每一个层级的单元都需要提升自身的柔性以适应快速多变的功能需求，这势必给控制系统的开发效率带来更高要求。传统运动控制系统应用层和内核层的开发都大量依赖于文本式编程和手动测试等技术，存在着自动化水平低、开发周期长、试错成本高、可信度低等问题，上述这些问题在信息物理融合的分布式可重构运动控制系统的开发过程中将更为突出。由于传统的控制系统开发过程中的软件工程方法通常为编程人员所忽略，个性化定制制造使得设备运动控制系统开发方法的改变已势在必行。模型驱动开发（Model Driven Development, MDD）是软件工程发展的一个重要方向，是一种以具备更高抽象程度的模型取代代码和文档作为开发环节的核心，并以模型转换技术驱动开发环节的软件开发方法。在 IT 领域中，MDD 理念通常被具象化为基于统一建模语言（Unified Modeling Language, UML）的模型驱动架构（Model Driven Architecture, MDA）。此外，MDD 还包含为不同的领域知识构造其抽象描述从而形成特定领域建模语言（Domain Specific Modeling Language, DSML）与特定领域模型的开发方法。领域无关的 UML 同样支持通过 Profile 机制实现特定领域的模型适配，形成了诸如面向系统工程的 SysML 和面向嵌入式系统的 MARTE 等。无论是基于 UML 及其扩展或者是 DSML 刻画软件系统，都强调通过自动、半自动的模型转换逐步实现模型验证、仿真以及目标平台的代码生成与部署，从而完成系统的完整开发过程。

针对将 MDD 方法应用于工业自动化控制系统这一复杂软件系统开发的相关问题，相关学者已经开展大量研究。来自德国慕尼黑工业大学[1]、欧洲核研究组织[2]、西班牙巴斯克大学[3]、新西兰奥克兰大学[4]、清华大学[5-6]、浙江大学[7-9]等团队的工作都表明 MDD 能够有效提升设计时阶段的自动化程度，在开发早期阶段及时发现错误或缺陷，从而缩短设计周期以及提高可信度。然而，大部分研究采用的建模语言缺乏工业标准支持。IEC 61499 标准可视为面向工业自动化控制应用的特定领域建模语言[10]，因此将其应用至运动控制系统这一装备自动化最核心的部分，能够为该领域的软件开发带来标准化开放式参考架构与模型驱动开发相结合的新突破。

5.2 设备控制系统的形式化建模方法概述

在设备控制系统开发阶段，为了得到行为可信的模型，必须在设计建模语言时定义形式化的语法和语义，保证其行为声明的精确无歧义性，且能够从理论上验证并定位模型中存在的错误。在工程实践中，需要为不具备充分的软件工程和形式化方法领域知识的设备控制系统开发人员提供基于模型转换的形式化模型自动生成与验证机制，以有效地保证模型构建过程的可信性。

设备控制系统的形式化建模方法需要建立在与现有工业自动化系统编程语言核心概念一一映射的基础之上。因此，首先需要确定作为本章研究方案映射对象的现有标准建模语言。以梯形图、ST 语言等形式为代表的 IEC 61131-3 标准在多年的不断发展中已成为工业自动化的标准编程语言，有庞大的可复用库基础。然而，IEC 61131-3 标准在可移植性、可互操作性等方面所存在的历史遗留问题也不可忽视。同时，IEC 61131-3 标准仅仅从单设备节点进行系统开发，缺少对复杂规模的分布式控制系统开发的支持。IEC 61499 标准作为原生支持分布式控制系统级建模的语言标准，将是开放式架构控制系统在智能制造的新背景新常态下所面临困境的有效解决方案。因此，本章将以 IEC 61499 标准定义的控制系统架构与组成要素为参考，研究设备层控制系统的形式化建模语言。

本章所提出的设备控制系统形式化建模语言设计及其开发环境是基于模型集成计算方法（Model Integrated Computing，MIC）[11] 理念而实现的。MIC 方法将模型驱动开发理念的三种关键技术具体化为一系列可实施的流程，这些技术包含：规范化的特定领域建模语言定义与使用方法，可编程的模型集成计算工具链，开放式的第三方仿真/验证工具集成架构。为了实现这三种关键技术，MIC 提供了通用建模环境（Generic Modeling Environment，GME）作为元模型层和模型层中模型的设计、分析、合成以及管理等活动的支撑工具，其核心组件包括元元模型、元解释器、模型编辑器、模型修饰器、约束规则管理器、用户自定义模型解释器（Interpreters，由建模人员触发）与模型操作插件（Add-ons，由监听事件自动触发）等。

本章所提出的基于模型集成计算方法的形式化建模语言设计与应用流程如图 5-1 所示。首先，从具备最高抽象程度的元元模型层（M3 层）出发，以 IEC 61499 标准定义的系统层次架构和组件模型为参考，进行设备控制系统领域特征分析，从而形成相应的形式化语法定义和语义定义，支撑规范化元模型层（M2 层）中的设计活动，包括元模型定义、结构语义约束声明、模型行为的演化与验证规则定义等。在此过程中，我们将设备控制系统中平台特定（platform-specific）软硬件组成元素的抽象映射至 IEC 61499 标准中平台无关（platform-independent）的相关概念，由此所形成的元模型定义在 MIC 体系内称为模型范式（Paradigm）。在领域模型层（M1 层），通过元模型解释器解析和加载模型范式文件及模型可视化信息，能够形成设备控制系统领域建模环境。基于该环境，构建设备控制系统模型组件库，例如 IEC 61499-1 标准内定义的事件功能块、面向实时以太网的通信功能块、基于 PLCopen 标准的单轴与多轴运动控制功能块等。基于所构建的模型组件进行模型合成，形成模块化的设备控制系统，并通过 MIC 方法提供的 BON2（Builder Object Network）模型交互接口构建面向第三方仿真与验证工具的模型解释器（Model-to-Model），将形式化验证方法应用于设计时阶段的系统功能性与非功能性约束的验证。在保证设计时阶段模型的行为正确的前提下，通过面向不同平台的代码生成器（Model-to-Text），将模型实例以及系统配置部署至设备控制系统组件运动环境（M0 层），从而完成设备控制系统原型构建。

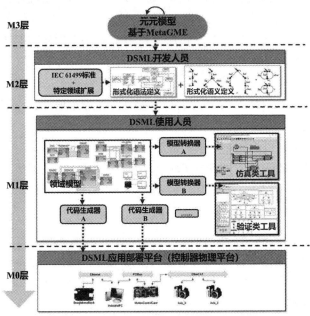

图 5-1 基于模型集成计算方法的形式化建模语言设计与应用流程

5.3 设备控制系统的形式化建模语言的语法定义

本节将基于 IEC 61499 标准，遵循该标准中以分布式系统模型作为建模与设计过程中的系统架构参考规范，采用自顶向下的方式构建设备控制系统建模语言的形式化语法定义。

5.3.1 语法定义

定义 5-1（系统模型） 将系统模型 Sys 定义为一组四元组：

$$Sys = \langle Dev, Seg, A_{sys}, L \rangle$$

式中：

- Dev 表示一组非空有限集合，集合元素为符合 IEC 61499 标准定义的设备模型。
- Seg 表示一组非空有限集合，集合元素为 IEC 61499 标准所定义的设备连接段，我们将其具体定义为设备控制系统内控制器与驱动器或者控制器与上层应用等各种分布式节点间的通信方式，例如 EtherCAT、Modbus、OPC UA、DDS、MQTT、HTTP 等。根据所设置的连接段所采用的通信协议，设备模型将创建相应的后台处理任务，用于处理过程接口和通信接口的信息传输行为。
- 将 A_{sys} 表示系统层次内由互相连接的 IEC 61499 标准功能块组成的应用模型。A_{sys} 所包含的功能块网络用于定义平台无关的系统层功能，我们在设备模型和资源模型层次下对 A_{sys} 逐层添加平台相关的扩展功能定义，从而得到一组子功能模型 A_i' 的有限非空集合，i 表示最终被分配的资源模型的索引。
- 将 L 表示映射设备模型和设备连接段的三元关系，$L \subseteq \{\langle dev, seg, dev' \rangle \mid dev, dev' \in Dev, seg \in Seg, dev \neq dev'\}$。

定义 5-2（设备模型） 根据 IEC 61499 标准，将设备模型定义为一组六元组：

$$dev = \langle DPara, Res, \mathcal{T}, TR, C_{inf}, P_{inf} \rangle$$

式中：

- DPara 为一组定义设备模型信息的参数集合，例如：任务调度策略（单调速率调度、时间片轮转调度、最早截止时间优先调度等），通信协议相关的参数设置，以及 IEC 61499 标准中重构命令管理模块的部署端口等。
- Res 是一组有限集合，集合元素为符合 IEC 61499 标准定义的资源模型。
- $\mathcal{T}$ 是一组非空有限集合，集合元素为任务模型，这一概念为本章基于 IEC 61499 标准所提出的面向设备控制系统的特定扩展概念。
- TR 被定义为 $\mathcal{T}$ 与 Res 两个集合之间的函数关系：TR: $\mathcal{T} \rightarrow$ Res，用于定义任务模型与资源模型之间的映射约束关系。
- C_{inf}、P_{inf} 分别代表了过程接口和通信接口的集合，前者用于定义设备控制程序与现场传感执行单元之间的信息交互，后者用于定义设备控制程序与制造系统执行层或者业务层之间的数据传输方式。对于每一种接口，设备模型都需要为其创建相应的后台处理任务，用于监听和下发接口驱动程序与基于功能块的应用之间的功能服务请求和响应。

IEC 61499 标准内的设备模型和资源模型本质上仅为抽象的计算平台概念，并不涉及具体实施硬件平台和操作系统等底层软硬件设施的定义。同时，资源模型是 IEC 61499 标准内可重构的最顶层粒度概念。

定义 5-3（资源模型） 我们提出的设备控制系统建模语言扩展了 IEC 61499 标准内定义的资源模型，将其定义为：

$$res = \langle RPara, P, \mathcal{T}_{res} \rangle$$

式中：

- RPara 为一组定义资源模型信息的参数集合，包括操作系统类型（Linux 下的 Xenomai 以及 PREEMPT_RT 实时扩展、DSP/BIOS、Windows 下的 RTX 实时扩展、QNX）和运行内存大小等。
- P 表示功能块网络执行机制类型，对应于 IEC 61499 标准规定的资源模型调度函数，其类型包括可抢占多线程资源执行机制（Preemptive Multi-threaded Resource，PMTR）[12-13]、基于同步反应语义（Synchronous Reactive, SR）的并发执行机制[14-15]等。
- $\mathcal{T}_{res}$ 定义了分配到特定资源模型 res 内的任务模型集合，$\mathcal{T}_{res}$ = {tsk' | $\forall$ tsk' $\in \mathcal{T}^{dev}$, TR^{dev} (tsk')=res}。

定义 5-4（应用模型） 定义 5-1 中提及的 A_{sys} 与 A_i' 均代表 IEC 61499 标准所定义的应用模型 A，将其定义为一组三元组：

$$A = \langle FBI, EC, DC \rangle$$

式中：

- FBI 代表了集合元素为功能块实例的有限非空集合。
- EC 表示事件连接函数，EC: $\cup_{i \in FBI}(\{i\} \times EO^i) \to \cup_{d \in FBI}(\{d, \varepsilon\} \times (EI^d \cup \{\varepsilon\}))$。EO 和 EI 分别表示输出事件端口和输入事件端口，ε 表示空，在该定义下，任意一个输入事件端口都可以确定唯一与之对应的输出事件端口。
- DC 表示数据连接函数，DC: $\cup_{i \in FBI}(\{i\} \times DI^i) \to \cup_{d \in FBI}(\{d, \varepsilon\} \times (DO^d \cup \{\varepsilon\}))$。DO 和 DI 分别表示输出变量端口和输入变量端口，在该定义下，任意一个输入变量端口都可以确定唯一与之对应的输出变量端口。

定义 5-5（变量） 根据 IEC 61499 标准，分别定义 DI, DO, IV 为功能块模型输入变量、输出变量、内部变量概念。同时，将各种变量所对应的状态空间定义为 $\overline{DI}, \overline{DO}, \overline{IV}$。以输入变量的状态空间定义为例子，$\overline{DI} = \cup_{di \in DI}(\{di\} \times D^{di})$，其中，$D^{di}$ 表示变量 di 的定义域。因此，一个赋值变量概念的定义形式为 $\langle$变量名称，变量值$\rangle$，例如，$\langle di, v^{di} \rangle \in \overline{DI}$。在后续定义中，我们将使用 $\overline{[\sim]}$ 的符号用于表征变量及其取值的所有二元组合的集合，例如，对于变量 DI, $[\overline{DI}]$ = $\prod_{di \in DI}(\{di\} \times D^{di})$。

定义 5-6（系统配置模型） 针对 IEC 61499 标准中存在的应用模型部署机制缺乏明确的形式化定义这一不足，我们提出多层次配置模型的扩展定义，首先将顶层的系统配置模型简单定义为设备配置模型的集合：

$$K = \bigcup_{i \in \text{Dev}} \text{Conf}_i$$

定义 5-7（设备配置模型） 对于特定设备模型 dev，其对应的设备配置模型 Conf_{dev} 定义为：

$$\text{Conf}_{\text{dev}} = \bigcup_{j \in \text{Res}_{\text{dev}}} \text{conf}_j, \text{conf}_j : \mathcal{T}_j' \to A_j'$$

式中，$\mathcal{T}_j'$ 对应一组被部署至资源模型 j 的任务模型集合，A_j' 表示被部署至资源模型 j 的应用模型。

根据定义 5-4，可得 $A_{\text{sys}} = \langle \text{FBI}_{\text{sys}}, \text{EC}_{\text{sys}}, \text{DC}_{\text{sys}} \rangle$，$A_i' = \langle \text{FBI}_i', \text{EC}_i', \text{DC}_i' \rangle$，$\text{FBI}_i' = \text{FBI}_i \cup \text{FBI}_{\text{CI}}$，$\text{EC}_i' = \text{EC}_i \cup \text{EC}_{\text{CI}}$（CI 表示平台特定），$\text{DC}_i' = \text{DC}_i \cup \text{DC}_{\text{CI}}$。式中，$\text{FBI}_i \subseteq \text{FBI}_{\text{sys}}$ 表示系统层应用模型经过配置之后部署至索引为 i 的资源模型的子应用部分，同时，$\text{EC}_i \subseteq \text{EC}_{\text{sys}}, \text{DC}_i \subseteq \text{DC}_{\text{sys}}$ 为相关联的事件连接以及数据连接集合；FBI_{CI} 表示部署过程额外添加的平台特定功能块，通常用于任务间通信以及跨平台信息交互，$\text{EC}_{\text{CI}}/\text{DC}_{\text{CI}}$ 表示新增加的事件与数据连接集合。

5.3.2 基于 IEC 61499 标准的语法定义

定义 5-8（功能块实例） 根据 IEC 61499 标准，功能块实例模型 f 可定义为一个二元组：$f = \langle n, T \rangle$，其中 n 代表 f 的名称；T 表示 f 的类型定义，并且 $T \in T_B \cup T_C \cup T_S$，$T_B$ 为基本功能块类型定义，T_C 为复合功能块定义，T_S 为服务接口功能块定义。

定义 5-9（基本功能块类型） 根据 IEC 61499 标准，基本功能块类型 T_B 可定义为一组四元组：

$$T_B = \langle \text{inf}, \text{ECC}, \text{IV}, \text{Alg} \rangle$$

式中：

- inf = $\langle \text{EI}, \text{EO}, \text{DI}, \text{DO}, \text{WI}, \text{WO} \rangle$ 代表基本功能块的输入输出端口列项，EI = $\{ei_1, ei_2, \cdots, ei_{|EI|}\}$ 为输入事件端口的有限集合，$|EI|$ 表示集合元素个数，EI 的定义域为 $D^{EI} = \{\text{true}, \text{false}\} \times N^+$，$N^+$ 为正整数集合，用于标记事件的优先级。类似地，EO = $\{eo_1, eo_2, \cdots, eo_{|EO|}\}$，$D^{EO} = \{\text{true}, \text{false}\} \times N^+$；DI = $\{di_1, di_2, \cdots, di_{|DI|}\}$，DO = $\{do_1, do_2, \cdots, do_{|DO|}\}$，并且，DI 与 DO 的定义域为自然数；WI $\subseteq$ EI $\times$ DI，WO $\subseteq$ EO $\times$ DO，分别代表标准内定义的输入/输出事件与输入/输出变量间的"WITH"函数。
- ECC 为基本功能块模型的执行控制表（Execution Control Chart），是基本功能块类型的核心模块。
- IV = $\{iv_1, iv_2, \cdots, iv_{|IV|}\}$ 代表基本功能块类型的内部变量，本章规定其自然

定义域为整数集合。
- Alg = {alg_1, alg_2, …, $alg_{|Alg|}$} 表示一组算法集合的有限非空集合，alg:VV → VVO, VV=[$\overline{DI}$] × [$\overline{IV}$] × [$\overline{DO}$], VVO = [$\overline{IV}$] × [$\overline{DO}$]。

定义 5-10（执行控制表） 根据 IEC 61499 标准定义，基本功能块类型定义中的执行控制表用于规定状态变化规则与相应的算法调用和输出事件，其形式化定义为：

$$ECC = \langle ES, ECT, G, K, es_0, CA \rangle$$

式中：
- ES = {es_0, es_1, es_2, …, $es_{|ES|}$} 为一组有限非空集合，集合元素为执行控制表的所有状态，es_0 代表初始状态。
- ECT = $\langle ET, \prec \rangle$ 表示有序状态迁移规则的集合，ET ⊆ ES × (EI ∪ {1}) × G × ES 表示基于事件评估和守护条件的状态迁移规则，$\prec$ 表示迁移规则的顺序关系，在 IEC 61499 标准中根据其在基于 XML 的功能块类型定义文件中的先后顺序确定。
- G 表示执行控制表内的守护条件 g 的集合，g:[$\overline{DI}$] → {true, false}，g(∅) = true。
- K 表示状态迁移完成时执行控制表的执行动作集合，K ⊆ (Alg ∪ {ε}) × (EO ∪ {ε})。
- CA ⊆ ES × K 表示执行控制表状态和控制表状态迁移触发动作集合的关联关系。

对于另外两种 IEC 61499 标准中规定的功能块类型，即复合功能块类型和服务接口功能块类型，本节对其进行简化考虑。对于复合功能块类型，IEC 61499 标准定义其包含接口列表以及与应用模型结构一致的内部功能块网络。在大部分相关工作中均将其视为一种设计时阶段功能块网络封装的手段，而在运行时阶段将其内部结构展开视为平面化的功能块网络进行调度执行。因此，不失一般性，我们提出的制造设备控制系统建模语言同样将复合功能块这一概念定义为包含基本功能块组成元素 inf 的应用模型 A；另一方面，针对服务接口功能块，由于其实现依赖于具体应用与底层平台相关技术，IEC 61499 标准中也没有针对其执行机制进行定义，因此我们将其视为一种单输入单输出黑箱模型，并通过将输入事件端口和输出事件端口的优先级属性定义为激活时刻的时间戳，从而刻画服务接口功能块在单次调用中所消耗的时间。

定义 5-11（任务模型） 针对 IEC 61499 标准中存在的应用模型执行机制缺乏明确的应用对象这一不足，我们提出基于功能块链的任务模型扩展定义，将任务模型 tsk 定义为一个六元组：

$$tsk = \langle TPara, I_e, O_e, C_I, C_O, \Psi \rangle$$

式中：

- TPara 表示一系列用于实时任务调度的参数，包括优先级、截止时间、最差执行时间、周期等。
- I_e 表示 tsk 的外部输入对象 i_e 的一组非空有限集合，在具体实现中，i_e 表示用于任务间同步的系统对象，例如信号量、事件体、临界区等。
- O_e 表示 tsk 的外部输入对象 o_e 的一组非空有限集合，具体实现中，o_e 与 i_e 相同，均用于任务间同步。
- C_I 表示外部输入连接函数。根据前述定义，对于任意一个任务模型 tsk，将其分配至资源模型 j 内执行，则该任务模型所包含的子应用模型为 $A' = \text{con} f_j(\text{tsk})$。在此前提下，设 f_s 为一个包含在 A' 内的功能块实例，且 ei 为 f_s 输入事件端口列项中的任意一项，本章由此将外部输入连接函数定义为 $C_I: I_e \to \{\langle f_s, \text{ei} \rangle \mid f_s \in \text{FBI}^{A'} \wedge \text{ei} \in \text{EI}^{f_s}\}$。
- C_O 表示外部输出连接函数，与 C_I 的定义类似，$C_O: \{\langle f_e, \text{eo} \rangle \mid f_e \in \text{FBI}^{A'} \wedge \text{eo} \in \text{EO}^{f_e}\} \to O_e$，其中，eo 为 f_s 输出事件端口列项中的任意一项。
- $\Psi = \{\psi_1, \psi_2, \cdots, \psi_{|\Psi|}\}$ 为一系列非功能需求规约声明。

5.4 设备控制系统的形式化建模语言的语义定义

5.3 节的语法定义仅给出了设备控制系统形式化建模语言概念集合的符号定义及其映射关系，从可信建模的角度出发，还需要进一步解释建模语言概念执行过程中的状态迁移，从而规范化所构建的领域模型的具体行为，保证其精确性和可信度。本节给出设备控制系统建模语言的执行语义定义，包括操作语义定义及转换语义定义。其中，采用输入/输出标记变迁系统（Input/Output Labelled Transition System, IOLTS）[16] 统一定义设备控制系统不同层级的执行单元在每一次执行步骤中的状态迁移及其对应的输入/输出动作，所涉及的层级从底向上包括了功能块、功能块网络及执行任务。以此操作语义为依据，定义本章提出的领域模型向时间自动机模型的模型转换语义，采用时间自动机描述相应的模型执行行为，并同时集成时间约束声明。由于时间自动机同样可以使用状态迁移系统进行语义定义，因此在相同形式的语义定义基础上，本章进一步提出的转换语义及其模型转换方案能够将无法直接验证的领域模型语义域映射至可验证的时间自动机语义域。

5.4.1 基于标记变迁系统的操作语义

IOLTS 属于标记变迁系统（Labelled Transition System，LTS）的一种扩展，

而 LTS 本身是一种广泛应用于描述实时系统状态变化规则的形式化模型。LTS 将一个反应式的软件系统的动态行为描述为一组状态集合以及状态间带动作标签的转移规则。一个 LTS 模型可定义为一个四元组 $L = \langle Q, q_0, L, \rightarrow \rangle$，其中 Q 表示状态的非空集合，$q_0 \in Q$ 表示初始状态，L 是系统所能执行的行为集合，$\rightarrow \subseteq Q \times (L \cup \{\tau\}) \times Q$ 则表示状态之间带动作标签的迁移，τ 被定义为 LTS 的内部不可观察动作，其对于最终输出没有影响，$\tau \notin L$。$\langle q, a, q' \rangle \in \rightarrow$ 通常简化为 $q \xrightarrow{a} q'$ 的形式。

IOLTS 将 LTS 中的动作集合进一步划分为输入与输出动作集合，用于描述其与外部环境的交互行为，将其定义为一组五元组 $\langle Q, q_0, L_\mathrm{I}, L_\mathrm{O}, \rightarrow \rangle$，其中 L_I 为输入动作集合，而 L_O 则为输出动作集合，$L_\mathrm{I} \cap L_\mathrm{O} = \varnothing$。以 IOLTS 作为描述本章的建模语言的操作语义工具，能够为验证功能块、应用模型以及执行任务的功能与非功能性需求提供形式化理论基础。

定义 5-12（基本功能块的操作语义） 对于给定的基本类型功能块实例 $B = \langle n_B, \mathrm{TP}_B \rangle$，其中 $\mathrm{TP}_B = \langle \inf, \mathrm{ECC}, \mathrm{IV}, \mathrm{Alg} \rangle$，$\inf = \langle \mathrm{EI}, \mathrm{EO}, \mathrm{DI}, \mathrm{DO}, \mathrm{WI}, \mathrm{WO} \rangle$，定义其语义域为：

$$S_{\mathrm{BFB}} = \langle Q^B, q_0^B, L_\mathrm{I}^B, L_\mathrm{O}^B, \rightarrow^B \rangle$$

式中：

- Q^B 代表功能块实例 B 的状态空间，$Q^B = \{\langle l^B, v^B \rangle \mid l^B \in \mathrm{ES}, v^B \in [\overline{\mathrm{DI}}] \times [\overline{\mathrm{IV}}] \times [\overline{\mathrm{DO}}]\}$，$l^B \in \mathrm{ES}$ 代表执行过程中执行控制表的当前活跃状态，在任意时刻仅有一个活跃状态，v^B 则代表当前所有数据变量的取值。
- $q_0^B = \langle l_0^B, v_0^B \rangle$，$q_0^B \in Q^B$ 表示功能块实例 B 的初始状态。
- $L_\mathrm{I}^B = \{\langle \mathrm{ei}^B, \mathrm{di}^B \rangle \mid \mathrm{ei}^B \in \mathrm{EI} \cup \{1\}, \mathrm{di}^B \in [2^{\overline{\mathrm{DI}}}]\}$ 代表非空有限的输入动作集合。
- $L_\mathrm{O}^B = \{\langle z, x \rangle \mid z \in (\{B\} \times \mathrm{EO})^*, x \in \mathrm{VVO}\} \cup \varnothing$，代表了有限的输出动作集合，此处 z 代表功能块实例与输出事件的二元组合的任意长度的序列。$\mathrm{VVO} = [2^{\overline{\mathrm{IV}}}] \times [2^{\overline{\mathrm{DO}}}]$，代表内部数据和输出数据变量及其当前赋值的组合的非空有限集合。
- $\rightarrow^B \subseteq Q^B \times (L_\mathrm{I}^B \cup L_\mathrm{O}^B \cup \{\tau^B\}) \times Q^B$ 表示状态的迁移关系。

本章归纳了单次状态迁移中基本功能块实例的操作语义如下：

$$\begin{cases} \langle l^B, v^B \rangle \xrightarrow{\langle \varepsilon, \mathrm{di}^B \rangle} \langle l^B, v^B \rangle & (1) \\ \dfrac{\exists t \in \mathrm{ET}, \mathrm{EnableTrans}^{t(l^B, \mathrm{ei}^B, \mathrm{di}^B, l^{B'})} = \mathrm{true}}{\langle l^B, v^B \rangle \xrightarrow[\langle z, x \rangle]{\langle \mathrm{ei}^B, \mathrm{di}^B \rangle} \langle l^{B'}, v^{B'} \rangle} & (2) \\ \langle l^B, v^B \rangle \xrightarrow{\tau^B} \langle l^B, v^B \rangle & (3) \end{cases}$$

规则(1)表示在没有输入事件变量的前提下，即使单次状态迁移中有新的输入数据，基本功能块实例的状态空间也不会产生变化，此处 ε 表示空事件；规则(3)则表示在内部动作 τ^B 作用下，状态空间也同样不会产生变化。在本章所用建模语言上下文中 τ^B 表示 IEC 61499 标准内规定的 ECC 操作状态机（Operation State Machine, OSM）的默认行为。规则(2)定义了在前置条件"存在 $t \in ET$，满足 EnableTrans^t (l^B, ei^B, di^B, $l^{B'}$) 为真"的前提下基本功能块的状态由 $\langle l^B, v^B \rangle$ 迁移至 $\langle l^{B'}, v^{B'} \rangle$，并输出动作序列 $\langle z, x \rangle$。此处，首先定义在 ECC 的特定事件输入下状态迁移过程中，事件 $k \in EI^B \cup \{1\}$ 的激活策略：

$$\text{selectEI}(k, l^B) \triangleq \text{Val}(k) \wedge \overline{\bigvee_{et^k[l^B] < et^j[l^B]} \text{Val}(j)}$$

式中，Val:EO $\cup$ EI $\cup$ {1} $\rightarrow$ {true, false} 代表事件的布尔取值运算，et^k[l^B] 表示从 l^B 状态出发且带有标签 k 的 ECC 状态迁移规则，et^k[l^B] < et^j[l^B] 表示比 et^k[l^B] 优先级更高的迁移规则。据此，针对执行控制表内任意一项迁移条件 $t = \langle l^B$, ei^B, g^B, $l^{B'} \rangle \in ET$，给出以下定义：

$$\text{EnableTrans}^t (l^B, ei^B, di^B, l^{B'}) \triangleq \text{selectEI}(ei^B, l^B) \wedge g^B_{[l^B, l^{B'}]}(di^B)$$

这里，ei$^B \in EI \cup \{1\}$，$g^B_{[l^B, l^{B'}]}$ 表示从 l^B 到 $l^{B'}$ 之间的状态迁移条件所关联的特定守卫条件，其本质为面向输入数据变量的布尔表达式。

基于所归纳的操作语义，本章将基本功能块 B 在给定输入动作下的执行过程定义为不可中断的"运行至完成（Run-to-Complete，RTC_Step^B）"的行为，终止行为即为输出动作。RTC_Step^B 的定义为：

$$\text{RTC\_Step}^B: EI \times VV \rightarrow (\{B\} \times EO)^*$$

其具体实现逻辑由算法 5-1 给出。

基于前述的 SIFB 类型的简化设定，本章将 IEC 61499 标准中的服务接口功能块（Service Interface Function Block，SIFB）实例的执行定义为一种具备特定含义的输入事件（称为服务原语）和输入数据变量作用下的 RTC_Step 操作。同时，输出事件端口将记录单次 RTC_Step 操作的执行时长。IEC 61499 标准中，SIFB 可分为两类：服务提供方 SIFB 以及服务调用方 SIFB。服务调用方 SIFB 在执行过程中与其他基本功能块一致，由资源模型规定的调度机制触发执行，用于向底层请求特定服务。服务提供方 SIFB 则通常由设备模型所维护的后台运行任务所触发，用于将底层信息传递给功能块、应用、任务等执行单元，因此在基于功能块网络的应用层执行单元的内部调度过程中，服务提供方 SIFB 通常为首个被后台任务激活并执行的对象。

算法 5-1：基本功能块 RTC_Step 定义

```
1   begin
2   │  l^B ← l_0^B;  v^B ← v_0^B;  z ← ε  // 初始化状态空间和输出动作序列，l_0^B 为当前状态，v_0^B 为当
   │     前所有数据变量及其取值
3   │  if ∃⟨l^B, ei^B, g^B, l^{B+}⟩∈ET: EnableTrans(l^B, ei^B, di^B, l^{B+}) then
4   │  │  Val(ei^B) ← false  // 重置已被激活的输入事件
5   │  │  repeat
6   │  │  │  l^B ← l^{B+}  // 更新当前 ECC 状态
7   │  │  │  foreach ⟨l^B, k_{l^B}⟩ ∈ CA do
8   │  │  │  │  if alg^{k_{l^B}} ≠ ε then x ← alg^{k_{l^B}}(v^B);
9   │  │  │  │  if eo^{k_{l^B}} ≠ ε then
10  │  │  │  │  │  Val(eo^{k_{l^B}}) ← true;  // 激活输出事件
11  │  │  │  │  └  z ← z + ⟨B, eo^{k_{l^B}}⟩;  // 新增输出事件
12  │  │  until ∃⟨l^{B-}, 1, g^B, l^{B+}⟩ ∈ ET: EnableTrans(l^{B-}, 1, di^B, l^{B+});
13  │  └  return z
14  └  else return ε;
```

基于基本功能块的操作语义定义，进一步地可以定义由功能块网络形成的应用模型（包括复合功能块以及子应用模型）的操作语义。本章采用了顺序执行的行为语义来描述功能块网络的状态迁移，在此之前，需要首先定义功能块网络执行队列的概念。

定义 5-13（功能块网络执行队列） 给定一个应用模型 $A = \langle \text{FBI}, \text{EC}, \text{DC} \rangle$，在采用顺序执行的行为模型前提下，定义功能块网络的执行顺序由其在执行队列内的位置所决定，执行队列基本元素为：

$$QE = \bigcup_{j \in \text{FBI}} (j \times (EO^j \cup EI^j))$$

式中，$EO^j \cup EI^j$ 是功能块实例 j 的输出／输入事件集合。因此，功能块网络执行队列定义为 QE^*。由此可得，基本功能块单次执行所返回的结果即为执行队列基本元素。定义 $eq = e_1 e_2 \cdots e_n$ ($n \geqslant 0$)，$eq' = e_1 e_2 \cdots e_k$ ($k \geqslant 0$) 分别为 QE^* 的子串，并规定以下操作：

- Dequeue: $QE^* \to QE \times QE^*$，该操作将返回队列内第一个元素。
- Enqueue: $QE^* \times QE^* \to QE^*$，该操作将新的队列元素添加至原队列末尾，并在有不同队列元素优先级的前提下，进行队列元素的排序。
- Empty: $QE^* \to \{\text{true}, \text{false}\}$，该操作用于判断队列是否为空：

$$\begin{cases} \text{Empty}(eq) = \text{true}, & \text{if } n = 0 \\ \text{Empty}(eq) = \text{false}, & \text{if } n > 0 \end{cases}$$

- SelectActiveFB: $QE^* \to \{\varepsilon\} \cup \text{FBI} \times \text{EI} \times [\overline{\text{DI}}]$，该操作用于确定当前队

列首元素中的功能块实例所连接的目标功能块及其相应的输入端口参数赋值，从而确定下一个待执行的功能块实例，其实现过程由算法 5-2 定义。

算法 5-2：SelectActiveFB 操作定义

```
1   begin
2     if ¬ Empty (eq) then
3       ⟨e, eq'⟩ ← Dequeue (eq), e = ⟨i, ee⟩, e∈QE   // 获取执行队列首元素，通常为 Responder Type SIFB
4       ⟨k, ei^k⟩ ← EC(i, ee)   // 获取与队列首元素相连接的第一个功能块和输入事件，此处忽略队首元素为输入事件和功能块的特殊情况
5       if k = ε then return ε;
6       di^k ← WI(ei^k)   //WI : EI → 2^DI，获取与 ei^k 相关联的所有输入变量
7       D ← ∅   //D 代表与 ei^k 通过"WITH"标识符关联的所有输入数据变量及其当前取值的集合
8       foreach d^k∈di^k do
9         ⟨f, do^f⟩ ← DC(k, d^k)   // 获取与 d^k 相连接的输出数据端口及其功能块
10        D ← D + ⟨d^k, v^{do^f}⟩   //v^{do^f} 是 do^f 的取值
11      return ⟨k, ei^k, D⟩
12    else return ε;
```

定义 5-14（功能块网络的操作语义） 以功能块网络执行队列的定义为基础，定义基于功能块网络结构的应用／子应用，以及复合功能块实例模型的语义为：

$$S_A = \langle Q^A, q_0^A, L_I^A, L_O^A, \rightarrow^A \rangle$$

式中：

- Q^A 表示 A 的状态空间，$Q^A = \{\langle k^A, eq^A\rangle \mid k^A \in \text{FBI} \cup \{\varepsilon\}, eq^A \in \text{QE}^*\}$，$k^A$ 是最近一次运行的功能块实例，任意时刻最多仅有一个功能块实例处于运行状态。
- $q_0^A = \langle \varepsilon, \varepsilon \rangle \in Q^A$ 为 A 的初始状态。
- $L_I^A = \{\langle k^A, ei^k, di^k\rangle \mid k^A \in \text{FBI}, ei^k \in \text{EI}^k, di^k \in [\overline{\text{DI}^k}]\}$ 代表非空有限的输入动作集合。
- L_O^A:eq 表示有限的输出动作集合，可由单次执行功能块实例的 RTC_Step 得到。
- $\rightarrow^A \subseteq Q^A \times (L_I^A \cup L_O^A \cup \{\tau^A\}) \times Q^A$ 表示状态的迁移关系，本章归纳了单次状态迁移中 A 的操作语义如下：

$$\begin{cases} q_0^A \xrightarrow[\text{eq}]{\langle k^A, \text{ei}^k, \text{di}^k \rangle} \langle k^A, \text{eq}^A \rangle & (1) \\ \dfrac{l^A \leftarrow \text{SelectActiveFB}(\text{eq}^A), l^A = \langle k^{A'}, \text{ei}^{k'}, \text{di}^{k'} \rangle, l^A \neq \varepsilon}{\langle k^A, \text{eq}^A \rangle \xrightarrow[\text{eq}]{l^A} \langle k^{A'}, \text{eq}^{A'} \rangle} & (2) \\ \dfrac{l^A \leftarrow \text{SelectActiveFB}(\text{eq}^A), l^A = \varepsilon}{\langle k^A, \text{eq}^A \rangle \xrightarrow[\text{eq}]{l^A} \langle k^A, \text{eq}^A \rangle} & (3) \\ \langle k^A, \text{eq}^A \rangle \xrightarrow{\tau^A} \langle k^A, \text{eq}^A \rangle & (4) \end{cases}$$

规则 (1) 代表初始状态迁移。规则 (2) 定义了在执行队列存在着可执行的功能块实例的前提下，状态空间由 $\langle k^A, \text{eq}^A \rangle$ 迁移至 $\langle k^{A'}, \text{eq}^{A'} \rangle$。而规则 (3) 则定义执行队列为空或者执行队列的首元素没有相连接的功能块的情况下，状态空间保持不变，但仍然输出 eq，该序列将用于进一步定义任务模型的操作语义。规则 (4) 表示功能块网络运行过程中在不可观察的内部动作 τ^A 作用下不产生状态迁移。

在所归纳的功能块网络操作语义的基础上，将功能块网络 A 在初始输入动作 $\langle f_s, \text{ei}^{f_s}, \text{di}^{f_s} \rangle$ 作用下的执行过程 AppExec 定义为：$q_0^A \xRightarrow[\text{ee}]{\langle f_s, \text{ei}^{f_s}, \text{di}^{f_s} \rangle} q^A$，由一组有限的 RTC_Step^i, $i \in \text{FBI}^A$ 组成，即

$$q_0^A \xRightarrow[\text{ee}]{\langle f_s, \text{ei}^{f_s}, \text{di}^{f_s} \rangle} q^A : q_0^A \xrightarrow[\text{eq}_0]{\langle f_s, \text{ei}^{f_s}, \text{di}^{f_s} \rangle} q_1^A \xrightarrow[\text{eq}_1]{\langle f_1, \text{ei}^{f_1}, \text{di}^{f_1} \rangle} \cdots \xrightarrow[\text{eq}_i]{\langle f_i, \text{ei}^{f_i}, \text{di}^{f_i} \rangle} q_i^A \xrightarrow[\text{ee}]{\langle f_e, \text{ei}^{f_e}, \text{di}^{f_e} \rangle} q^A$$

式中，ee 是功能块网络执行结束时最后一个处于运行状态的实例所输出的序列。

功能块网络的执行过程 AppExec 的实现逻辑由算法 5-3 给出。

在完成功能块实例和功能块网络的操作语义定义的基础上，可进一步地定义任务模型的操作语义，从而建立本章所提装备运动控制系统建模语言的完整行为定义。

算法 5-3：AppExec 操作定义

1   **begin**
2   eq^A ← RTC_Step^{f_s}(ei^{f_s}, v^{f_s})
3   l^A = SelectActiveFB(eq^A), l^A = $\langle k^{A'}, \text{ei}^{k^{A'}}, \text{di}^{k^{A'}} \rangle$
4   **while** $l^A \neq \varepsilon$ **do** // 当队列元素中没有相连接的功能块时结束执行
5   ee ← RTC_Step$^{k^{A'}}$(ei$^{k^{A'}}$, $v^{k^{A'}}$)
6   eq^A ← Enqueue(ee, eq^A)
7   l^A = SelectActiveFB(eq^A)
8   **return** ee

定义 5-15（任务的操作语义） 面向实时操作系统中任务的执行过程的通用要素，结合本章所提特定领域建模语言概念，将给定任务模型 $t = \langle \text{TPara}, I_e, O_e, C_I, C_O, \text{NFR} \rangle$ 的语义定义为：

$$S_t = \langle Q^t, q_0^t, L_I^t, L_O^t, \rightarrow^t \rangle$$

式中：

- $Q^t = S \times Q_A^t$，代表 t 的状态空间，$S = \{\text{idle, ready, executing, finished, error}\}$，表示任务模型本身在系统调度过程中的状态，$Q_A^t$ 则代表了任务模型关联的应用模型 A_τ 的状态空间。
- $q_0^t = \langle \text{idle}, q_{A0}^t \rangle \in Q^t$ 代表任务模型 t 的初始状态，$q_{A0}^t \in Q_A^t$。
- $L_I^t = \{\delta\} \cup I_e \cup L_I^A$，代表任务模型非空有限的输入动作集合，其中 L_I^A 是 A_τ 的输入动作集合，δ 代表用于激活任务使其进入就绪态的系统内核操作。
- $L_O^t = L_O^A \cup O_e$，代表元素有限的输出动作集合，其中 L_O^A 是 A_τ 的输出动作集合。
- $\rightarrow^t \subseteq Q^t \times (L_I^t \cup L_O^t \cup \{\tau^t\}) \times Q^t$ 表示任务模型在特定输入动作下的状态迁移规则，总共包括五种可能规则：

$$\begin{cases} \langle \text{idle}, q_A^t \rangle \xrightarrow{\delta} \langle \text{ready}, q_A^t \rangle, & (1) \\ \langle \text{ready}, q_A^t \rangle \xrightarrow[L_O^A]{i_e} \langle \text{executing}, q_A^{t'} \rangle, & (2) \\ \dfrac{l^A \leftarrow \text{SelectActiveFB}(\text{eq}^{A_\tau}), l^A = \varepsilon}{\langle \text{executing}, q_A^t \rangle \xrightarrow{o_e} \langle \text{finished}, q_A^t \rangle}, o_e \in O_e, & (3) \\ \dfrac{l^A \leftarrow \text{SelectActiveFB}(\text{eq}^{A_\tau}), l^A = \langle k^{A'}, \text{ei}^{k'}, \text{di}^{k'} \rangle}{\langle \text{executing}, q_A^t \rangle \xrightarrow[L_O^A]{i_e} \langle \text{executing}, q_A^{t'} \rangle}, & (4) \\ \langle s, q_A^t \rangle \xrightarrow{\tau^t} \langle s, q_A^t \rangle, s \in S, & (5) \end{cases}$$

以上所归纳的操作语义，除了表示不可观察的内部动作作用下的迁移规则(5)，其实现过程均包含在 TskExec 操作定义中，任务的执行过程 TskExec 的实现逻辑由算法 5-4 给出。

至此，我们构建了"功能块实例 – 功能块网络 – 任务模型"的多层嵌套操作语义，用于规范化相应的运行时环境实现规则，保证运行时和设计时模型的功能行为一致性。然而，为了在设计时阶段保证模型能够满足非功能需求，需要引入相应的形式化仿真与验证工具。因此，有必要定义本章建模语言与具备工业级别成熟度的形式化模型之间的映射关系。以此为目标，我们选取时间自动机模型作为转换目标，面向基于时间自动机的形式化验证工具 UPPAAL，构建了领域模型与 UPPAAL 模型之间的转换语义，从而将时间自动机的语义映射至本章所提领域模型的语义域。

算法 5-4：TskExec 操作定义

```
1   begin
2       s ← idle, q_A ← q^t_{A0}  // 初始化状态空间
3       while P(δ) && s! = error do  // PV 操作，P：等待调用是否到达，V：释放调用完成消息
4           s ← ready  // 任务被系统调度器激活，进入就绪状态，对应迁移规则 (1)
5           foreach i_e ∈ I_e do
6               P(i_e)  // 挂起等待外部输入事件
7               ⟨f_s, ei^{f_s}⟩ = C_I(i_e)  // 获取外部输入事件所关联的功能块与输入事件
8           s ← executing  // 对应迁移规则 (2)
9           Z ← AppExec(f_s, ei^{f_s}, ε)  // 对应迁移规则 (4)
10          foreach z of Z, z = ⟨f^z_e, eo^{f^z_e}⟩ do
11              o_e = C_O(f^z_e, eo^{f^z_e}), V(o_e)  // 获取并释放外部输出事件
12          s ← finished  // 对应迁移规则 (3)
13      // 等待下一次调度
```

5.4.2　面向时间自动机的转换语义

1. 时间自动机与 UPPAAL 工具

时间自动机（Timed Automata，TA）是一种被广泛运用于实时系统的建模与验证问题的计算模型，具备严格的形式化语法定义和语义定义。可定义一个时间自动机模型为一个七元组：$\mathcal{M} = \langle L, l_0, C, V, A, E, I \rangle$，式中：

- L 为自动机状态集合，l_0 为初始状态。
- C 代表时钟集合，集合元素为一个取值为非负实数的变量，其取值会在执行过程中连续增长或者被复位为 0。
- V 为一组变量集合，变量定义为 ⟨name, value⟩ 的形式，$V = V_{bool} \cup V_{chan} \cup V_{int}$。
- A 表示动作集合，$A = A_{sync} \cup A_{update}$，$A_{sync} = A_{in} \cup A_{out}$ 表示基于 V_{chan} 的信号同步动作，包括输入（以 ? 标识）和输出动作（以 ! 标识），A_{update} 表示对 $V_{bool} \cup V_{int}$ 的赋值操作或者对时钟变量的复位操作。
- I 表示状态与状态不变条件的映射：$I: L \to \Psi(C)$，状态不变条件 $\Psi(C)$ 为时钟变量的布尔表达式，其表达形式被限制为如下形式 $\varphi := \{x \Diamond \mid \varphi_1 \wedge \varphi_2, x \in C, n \in N, \Diamond \in \{<, \leq, \geq, >\}\}$。
- $E \subseteq L \times 2^A \times F \times \Psi(C) \times L$ 表示状态之间的迁移，F 为迁移条件函数集合，

迁移条件函数为面向 $V_{\text{bool}} \cup V_{\text{int}}$ 的布尔表达式。

TA 模型的状态空间包含 TA 当前位置（$l \in L$）和时钟集合当前取值，其操作语义同样可由 LTS 定义而得，主要包含两种状态迁移规则：延迟迁移和位置迁移。延迟迁移指满足状态不变条件下模型状态位置不发生迁移，仅有时钟变量值的增长；而位置迁移则是满足迁移条件函数下系统状态位置发生迁移并且时钟集合的值发生变更。

TA 模型作为一种计算模型，在实际应用中需要借助相应的工具进行模型可视化以及形式化验证。UPPAAL 是一款由瑞典 Uppsala 大学和丹麦 Aalborg 大学联合开发的基于时间自动机的模型检验工具。同时，UPPAAL 亦提供了简单的模拟器用于仿真时间自动机网络的演化过程。UPPAAL 在时间自动机的基础上进行了多种概念的扩展，例如有界整型变量、紧急通道（Urgent Channel）、约束状态（Committed Location）、数组以及用户自定义函数等。UPPAAL 的系统模型由一组并发执行的 TA 组成，可定义为 UM = $\langle GV, \mathcal{M}, I \rangle$，GV 代表全局变量类型集合，$\mathcal{M}$ = {$\text{ta}_1, \text{ta}_2, \cdots, \text{ta}_n$} 代表有限的时间自动机集合，$I$ = $\langle PI, \prec \rangle$ 是时间自动机实例 PI 的有序集合，自动机实例的顺序代表了其执行过程中的优先级。UPPAAL 提供了模型检查引擎用于对所构建的模型进行非功能属性的验证，属性声明通过简化的时间计算树逻辑（Time Compute Tree Logic，TCTL）进行定义。在 UPPAAL 环境内基于 TCTL 能够验证诸如可达性、安全性以及活性等性质。

UPPAAL 模型可被保存为基于 XML 格式的文件，其内部主要组成如图 5-2 所示。在模型转换过程中，领域模型被转换为对应的概念，其对应规则及其转换逻辑将在后续展开详细说明。转换后的 UPPAAL 模型的逻辑执行行为遵循前述基于 LTS 的功能块、应用、任务等不同层级模型的操作语义，并通过在 UPPAAL 执行过程中引入时间变量和实现时间属性约束的验证。

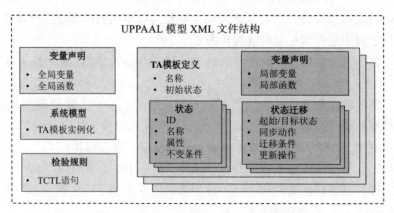

图 5-2 UPPAAL 模型 XML 文件结构

2. 转换规则定义

由于本章所提出的形式化领域建模语言自底向上包含了"功能块 – 应用模型 – 任务模型"的层次化执行单元，相应地，本节所需要转换生成得到的 TA 模型也包含了三个层次，模型转换流程如图 5-3 所示。

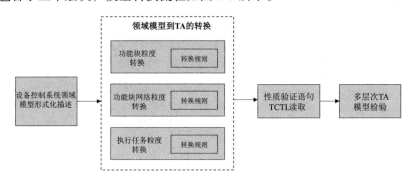

图 5-3　控制系统领域模型转换为 UPPAAL 模型的流程

在具体模型转换器实施过程中，首先，需要遍历每一个设备模型 dev 内的任务模型，生成包含若干个相应的任务 TA 模型以及任务集合的调度模型。由定义 5-15 可知，任务模型的状态空间的状态位置不因应用模型的不同而改变。因此，对于任务粒度的 TA 模型转换，本章提出基于"固定模板 + 可变任务参数"的转换方法，首先构造如图 5-4 所示的任务调度器 TA 模型和任务 TA 模型，并在转换过程中读取任务集合元素个数以及每一个任务模型的调度参数，自动生成 TA 模型模板的参数声明部分。

图 5-4a 展示了任务调度器 TA 模型，实现单处理器平台下基于单调速率算法（周期越短优先级越高）的可抢占式调度器，总共包含五个固定状态位置。由 Idle → Scheduling 过程的更新动作实现单调速率算法，由 Executing_0 → Executing_2 的更新动作实现抢占式调度。同时，request[CPU0][tId]? 这一标签表示由序号为 tId 的任务 TA 模型发出同步动作，申请 CPU0 使用权；而 grant[CPU0][task]! 表示调度器将 CPU0 使用权分配至序号为 task 的任务 TA 模型。

图 5-4b 展示了任务 TA 模型，相比定义 5-15 增加了初始状态 Init 用于设置任务 TA 模型的局部时钟变量 p（代表周期），该状态仅在初始化时访问一次，因此所给出的任务 TA 模型依旧遵循定义 5-15。对于任务模型的自动转换，仅需要读取相应的调度参数，包括优先级、周期、最好 / 最差执行时间（BCET/WCET）、执行截止时间（Deadline），然后生成相应的全局变量声明。通过调度器 TA 以及任务 TA 的结合，能够验证特定任务调度参数设置下的可调度性问题。

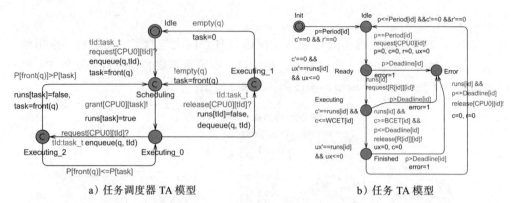

a) 任务调度器 TA 模型　　　　　　　b) 任务 TA 模型

图 5-4　任务调度器 TA 模型和任务 TA 模型

在完成任务模型转换的基础上，进一步地实现与其关联的应用模型及其内部基本功能块的转换。算法 5-5 定义了将任务模型 τ 所关联的应用模型 A_τ 转换为相

算法 5-5：任务模型内部功能块网络执行过程转换为 UPPAAL 模型的流程

  inputs：任务模型 τ 与其关联的应用模型 A_τ，关联关系由设备配置模型确定
  output：UPPAAL 模型 UM = $\langle GV, \mathcal{M}, \mathcal{I} \rangle$。

1　**procedure** T2TA (τ, A_τ)
2　 **foreach** $f \in \mathrm{FBI}^{A_\tau}$ **do**
3　 创建功能块对应的 TA ta_f，$ta_f \leftarrow$ FB2TA(f)；
4　 $\mathcal{M} \leftarrow \mathcal{M} \cup \{ta_f\}$；
5　 $\mathcal{I} \leftarrow \mathcal{I} \cup \{I^{ta_f}\}$；// 将创建的实例添加到集合 $\mathcal{I}$
6　 创建功能块网络调度模块 TA ta_e，$ta_e := \langle L, l_0, \{c_0\}, \{v_0\}, A^{ta_e}, E^{ta_e} \rangle$，
  $L = \{l_0\}$, $l_0 =$ idle, $A^{ta_e} = \{a_{sync0}, a_{update0}\}$，
  $E^{ta_e} = \{e_0\}$, e_0 : idle $\xrightarrow{a_{sync0}, a_{update0}}$ idle；
7　 $\mathcal{T} \leftarrow \mathcal{T} \cup \{ta_e\}$, $\mathcal{I} \leftarrow \mathcal{I} \cup \{I^{ta_e}\}$；// 将创建的实例添加到集合 $\mathcal{I}$
8　 **foreach** $ec \in \mathrm{EC}^{A_\tau}$ **do**
9　 创建信号型变量 cv 用于同步操作，以及整型变量 nIdx 用于标识 ec，
   $GV \leftarrow GV \cup \{cv, nIdx\}$；
10　 创建状态位置 l，$L^{ta_e} \leftarrow L^{ta_e} \cup \{l\}$；
11　 创建同步操作动作 a_{sync} 用于等待 cv 信号，以及更新操作函数 a_{update} 用于 nIdx 所关联的队列元素的入队操作；
12　 $A^{ta_e} \leftarrow A^{ta_e} \cup \{a_{sync}, a_{update}\}$；
13　 创建状态迁移 e : idle $\xrightarrow{a_{sync}, a_{update}} l$，及其反向迁移 e' : $l \rightarrow$ idle；
14　 $E^{ta_e} \leftarrow E^{ta_e} \cup \{e, e'\}$；
15　 **foreach** $dc \in \mathrm{DC}^{A_\tau}$ **do**
16　 创建变量 v，$GV \leftarrow GV \cup \{v\}$，$v$ 是与 dc 相关联的输入端口；
17　 **foreach** $i_e \in I_e^\tau$ and $o_e \in O_e^\tau$ **do**
18　 更新 ta_e，逻辑与 $ec \in \mathrm{EC}^{A_\tau}$ 的转换规则一致；
19　 **return** UM

应的 TA 模型的实现流程。转换过程可描述为针对每一个事件连接（包括外部事件输入与输出连接）创建相应的 TA 状态。在此基础上在初始状态和每一个事件连接对应的状态之间创建双向的状态迁移及其同步动作和更新动作，同步操作为等待事件信号变量，更新操作为事件入队操作，都通过自定义函数实现。

在应用模型转换成 TA 模型的过程中，同时生成与内部包含的功能块相对应的 TA 模型，主要用于估算功能块在事件输入时的最差响应时间，以及验证基本功能块实例 ECC 建模中是否存在状态死锁等问题。其中，针对基本功能块类型的实例，其具体模型转换流程由算法 5-6 实现。算法 5-6 为功能块实例中的每一个 ECC 状态都创建相应的 TA 状态，并创建相应的状态迁移。同时，对于每一个状态的输出动作，创建一个过渡状态。ECC 状态对应的 TA 状态为约束状态，与过渡状态结合用于精确描述 ECC 状态迁移之后先执行算法再输出事件的行为。在 UPPAAL 内，当模型处于约束状态时，时钟变量不会改变，当 TA 模型内下一个状态迁移发生且有多种迁移可选项时，将首先执行从当前约束状态迁出的规则，若没有定义从约束状态迁出的规则将造成死锁。

算法 5-6：BFB 类型功能块转换为 UPPAAL 模型流程

    inputs：基本功能块实例 f.
    output：功能块相对应的 TA 模型 ta = $\langle L, l_0, C, V, A, E \rangle$.
1   **procedure** FB2TA(f)
2   **foreach** es $\in$ ES^f **do**   // ES 代表 f 的 ECC 状态
3   创建与 ECC 状态对应的 TA 状态位置 l, $L \leftarrow L \cup \{l\}$;
4   **foreach** ea $\in K^{es}$ **do**   // K 表示 es 所关联的输出动作
5   创建状态位置 l', $L \leftarrow L \cup \{l'\}$;
6   创建 l, l' 之间的状态迁移 e 以及同步和更新操作 a_0, a_1，同步操作为输出事件信号，更新操作为执行对应的功能块算法：$E \leftarrow E \cup \{e\}; A \leftarrow A \cup \{a_0, a_1\}$;
7   **foreach** et $\in$ ET^f **do**   // ET 表示 ECC 状态迁移
8   根据 et 创建相对应的 TA 状态迁移 e，以及相关联的同步与更新操作 a_0, a_1;
9            $E \leftarrow E \cup \{e\}; A \leftarrow A \cup \{a_0, a_1\}$;
10   **foreach** fbv $\in$ DI$^f \cup$ DO$^f \cup$ IV^f **do**
11   创建 fbv 相对应的变量 v, $V \leftarrow V \cup \{v\}$;
12   **return** ta

另一方面，针对服务接口功能块实例的转换规则较为特殊。由于 SIFB 的实现并没有标准化方法，其内部执行过程也没有通用规则可以遵循，因此本章仅仅针对服务器/客户端模式（C/S）的通信功能块、发布者/订阅者模式（Pub/Sub）的通信功能块，以及 IEC 61499-1 标准事件功能块制定了相应的转换规则。通信接口功能块将执行过程抽象为单输入单输出模型并通过执行时间这一参数对形式化验证结果进行刻画，设定执行时间 st 范围为 $0 < st \leq$ WCRT。对于通信接口功

能块，WCRT 代表最差响应时间通过在实际运行平台多次执行该功能块进行测试统计得到。对于 IEC 61499-1 标准事件功能块的模型转换，则需要手动实现相应的 TA 模型模板，并在模型转换过程中自动导入。

最后，在模型转换过程中，通过读取任务模型以及功能块模型的非功能需求描述属性集合 Ψ，取 Ψ 并保存为独立的查询文件，从而完成 UPPAAL 环境下 TA 模型及其检验规则的自动生成。UPPAAL 作为一种模型检测工具，同时提供了基于符号的和基于统计的模型检测算法及其相应的查询语句以用于验证非功能属性。非功能性质查询语句采用时间计算树逻辑（TCTL）进行描述，本章涉及的主要语法元素为：

$$\text{Query} := A \square \varphi \mid A \Diamond \varphi \mid E \Diamond \varphi \mid E \square \varphi \mid P_M (\Diamond_{(x \le c)} \varphi) \mid E_M (\Diamond_{(x \le c)} (\max \mid \min(\varphi)))$$

式中，φ 表示状态的谓词表达式；$A \square \varphi$ 表示对于所有状态演化路径 φ 都为真，其文本表示形式为 A[]expr；$E \Diamond \varphi$ 表示存在某条状态演化路径中的某些状态可使 φ 为真，其文本表示形式为 E<>expr；$A \Diamond \varphi$ 表示对于所有状态演化路径中均存在某些状态可使 φ 都为真，其文本表示形式为 A<>expr；$E \square \varphi$ 表示存在某条状态演化路径中的所有状态可使 φ 为真，其文本表示形式为 E[]expr；$P_M (\Diamond_{(x \le c)} \varphi)$ 表示基于统计的模型检测算法，在时间区间 $x \le c$ 中仿真 M 次 TA 模型状态演化过程的情况下，φ 为真的概率估计值，其文本表示为：Pr[Clock <= CONST] (<> expr)；$E_M (\Diamond_{(x \le c)} (\max \mid \min(\varphi)))$ 用于估计 φ 的最大值或者最小值，φ 限定为时钟变量或者整型变量，其文本表示为：E[Clock <= CONST:M] (min|max: expr)。

5.5 实例

本节以图 5-5 所示的用于实现 PID 计算任务的 IEC 61499 标准应用模型为例，验证所提出的形式化建模与验证方法的有效性。其中，SUBS 以及 PUB 为通信接口服务功能块，用于读取和发送 PID 计算过程的输入值和输出值。CALC 为负责 PID 计算的基本功能块，DEV 为微分计算基本功能块，INT 为积分计算基本功能块，其各自的内部 ECC 定义分别列于图 5-5 中的下半部分。此外，CYCLE0 为标准事件功能块，用于产生周期为 1ms 的事件用于触发 PID 计算任务的周期性执行。INIT, EXT_PRE, INITO, POSTO 分别为外部输入 / 输出事件。

图 5-6 展示了基于算法 5-6，由图 5-5 所示的应用模型转换得到的部分功能块网络调度 TA 模型。其中，与 SIFB 实例有关的事件连接在图中被简化不做展示。

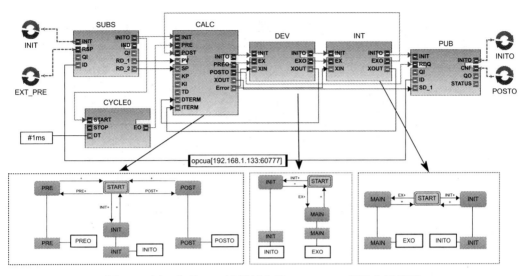

图 5-5 用于实现 PID 计算任务的 IEC 61499 标准应用模型

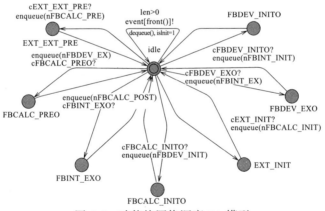

图 5-6 功能块网络调度 TA 模型

图 5-7 展示了由图 5-5 所示的应用模型中的功能块实例集合转换得到的所有功能块 TA 模型。其中，图 5-7a、图 5-7b 和图 5-7c 分别代表 PID 计算过程中的积分、微分以及迭代计算部分的功能块（均为基本类型功能块）所对应的 TA 模型；图 5-7d 和图 5-7e 则分别代表过程测量值/目标值的订阅功能块和控制值的发布功能块（均为服务接口功能块）所对应的 TA 模型；图 5-7f 代表标准事件功能块类型 E_CYCLE 相对应的 TA 模型，用于周期性产生输出事件。

基于以上规则，表 5-1 给出了与图 5-7 所展示的例子相关的部分形式化验证规则。此外，对于如图 5-6 所示的任务模型的可调度性验证，可通过 E[]not TSK_TA.Error 规则进行验证，表示时间自动机实例 TSK_TA 不会迁移到 Error 状态。

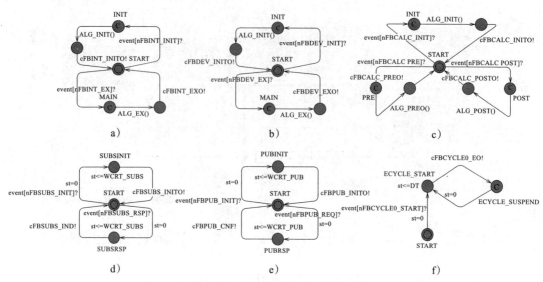

图 5-7 所有功能块 TA 模型

表 5-1 部分形式化验证规则

验证规则	含义	验证性质
A[] not deadlock	所有状态机不存在死锁	安全性
E<>TA_FB_CALC.POST	功能块 CALC 的 POST 状态是否能到达	可达性
A[]TA_FB_INT.MAIN+TA_FB_DEV.MAIN+TA_FB_CALC.POST <= 1	应用模型每次运行过程仅有一个功能块处于执行状态	安全性
E[<=2000;100](max:TA_FB_DEV.ct)	在时间区间 $x \leqslant 2000$ 内仿真 100 次,根据所得到统计值估算功能块 DEV 的最差响应时间	WCRT
E[<=2000;100](max:TA_Dispatcher.et)	在时间区间 $x \leqslant 2000$ 内仿真 100 次,根据所得到统计值估算功能块调度器的最差执行时间	WCET

5.6 结论

本章采用模型集成计算的相关理论方法,在基于 IEC 61499 标准对设备控制系统进行架构层次和组件粒度划分的前提下,构建了特定领域形式化建模语言的语法定义和语义定义。一方面,语法定义分别包括形式化的语法定义以及元模型定义,用以保证所提建模语言的语法元素及其组合关系的精确无歧义性。在形式化语法定义过程中,结合设备控制系统作为硬实时系统的特定需求,对 IEC

61499 标准进行了以任务模型为主的相关概念和属性的扩展。另一方面，基于标记变迁系统定义形式化操作语义，用于精确描述设备控制系统模型的执行行为。同时，构建与时间自动机理论模型的模型转换规则，实现面向非功能属性约束声明所需要的转换语义声明。在论述过程中，以具体的 PID 计算过程所对应的功能块网络程序为例，验证了面向执行语义的 UPPAAL 时间自动机自动生成与形式化验证功能，验证结果表明所提出的形式化建模方法和工具能够有效地保证基于 IEC 61499 标准的设备控制系统模型开发过程的可信度。

参考文献

[1] VOGEL-HEUSER B, SCHÜTZ D, FRANK T, et al. Modeldriven engineering of manufacturing automation software projects-a SysMLbased approach[J]. Mechatronics, 2014, 24(7): 883-897.

[2] FERNÁNDEZ ADIEGO B, DARVAS D, VIÑUELA E B, et al. Applying model checking to industrial-sized PLC programs[J]. IEEE Transactions on Industrial Informatics, 2015, 11(6): 1400-1410.

[3] ALVAREZ M L, SARACHAGA I, BURGOS A, et al. A methodological approach to modeldriven design and development of automation systems[J]. IEEE Transactions on Automation Science and Engineering, 2018, 15(1): 67-79.

[4] MINHAT M, VYATKIN V, XU X, et al. A novel open CNC architecture based on STEPNC data model and IEC 61499 function blocks[J]. Robotics and ComputerIntegrated Manufacturing, 2009, 25(3): 560-569.

[5] 王瑞. PLC 软件构件化建模方法研究 [D]. 北京：清华大学, 2012.

[6] WANG R, SONG X, ZHU J, et al. Formal modeling and synthesis of programmable logic controllers[J]. Computers in Industry, 2011, 62(1):23-31.

[7] CAO Y, LIU Y, WANG H, et al. Ontologybased modeldriven design of distributed control applications in manufacturing systems[J]. Journal of Engineering Design, 2019, 30(1012):523-562.

[8] 曹悦. 基于 SysML 的多域复杂机电产品系统层建模与仿真集成研究 [D]. 杭州：浙江大学，2011.

[9] CAO Y, LIU Y, FAN H, et al. SysMLbased uniform behavior modeling and automated mapping of design and simulation model for complex mechatronics[J]. ComputerAided Design, 2013, 45(3):764-776.

[10] WIESMAYR B, ZOITL A. Requirements for a dynamic interface model of IEC 61499 function blocks[C]. 2020 25th IEEE International Conference on Emerging Technologies and Factory Automation (ETFA), 2020, 1069-1072.

[11] SZTIPANOVITS J, KARSAI G. Model-integrated computing[J]. Computer, 1997, 30(4): 110-111.

[12] DOUKAS G, THRAMBOULIDIS K. A real-time-linux-based framework for model-driven engineering in control and automation[J]. IEEE transactions on industrial electronics, 2009, 58(3): 914-924.

[13] ZHOU N, LI D, VYATKIN V, et al. Toward dependable model-driven design of low-level industrial automation control systems[J]. IEEE Transactions on Automation Science and Engineering, 2022, 19(1):425-440.

[14] YOONG L H, ROOP P S, SALCIC Z. Implementing constrained cyber-physical systems with IEC 61499[J]. ACM Transactions on Embedded Computing Systems (TECS), 2013, 11(4): 1-22.

[15] LI D, ZHAI Z, PANG Z, et al. Synchronous-reactive semantic modeling and verification for function block networks[J]. IEEE Transactions on Industrial Informatics, 2017, 13(6): 3389-3398.

[16] TRETMANS J. Model based testing with labelled transition systems[J]// Formal Methods and Testing. Berlin: Springer, 2008,4949: 1-38.

‖ 第 6 章

个性化定制智能生产线的设计工具

6.1 引言

信息物理融合生产线（CPPS 生产线）即智能生产线的设计涉及"机 – 电 – 液 – 气"系统布局、应用编程、控制编程、产品工艺规划、加工任务调度等开发任务。基于 CPPS 组件的多粒度、多视角设计，需要在不同的问题域内从不同视角描述并采用设计工具进行协同设计开发。不同领域的开发人员采用的技术、工具、术语等方面存在差异，协同设计开发需要进行信息转换和集成；目前这些工作通常依赖设计开发者的经验，存在易出错、效率低等问题，这给 CPPS 生产线的设计带来挑战。

模型驱动[1]是软件工程领域中以模型为中心进行软件系统开发的方法，通过模型对系统进行抽象，可降低系统开发的复杂性；通过模型转换的方式进行信息自动化集成，可减少开发过程中的错误，可提高设计开发效率。

6.1.1 智能生产线的模型驱动设计

现有的设计和分析工具通常只针对某个领域的设计内容，CPPS 生产线的设计通常涉及多个不同的领域，包含不同领域的工具集成和协同设计，可实现对生产线的功能验证和性能预测。CPPS 生产线设计各个环节的不同设计工具需要不同领域的开发人员使用，存在不同设计工具的输入/输出数据格式不兼容的问题，信息交互依赖于设计人员自身领域知识的理解，手工转换也存在着工具间信息交互定义不明确、不一致等问题，从而影响仿真结果的有效性和可信度，同时也存在开发过程工具集成自动化程度低带来的设计效率低下等问题。模型驱动工程以统一信息交互为目标，通过模型构建为 CPPS 生产线工具集成和协同设计提供精确、高效的解决方法。模型驱动开发方法在软件工程领域经过多年的发展，已经有了较为成熟的技术和工具，可用于 CPPS 系统建模、基于形式化理论的系统验证与性能预测、机电一体虚拟仿真。CPPS 的研究尚处于起步阶段，其模型驱动开发方法相关研究还比较有限。由于 CPPS 是面向制造的 CPS 系统，本节将针对 CPS 模型驱动开发方法进行总结回顾。

　　CPS 模型驱动开发是对 CPS 及其子系统的功能与性能描述、所提供的服务定义、信息交互过程等进行建模，这一过程面临的主要挑战是满足异构子系统模型之间的互操作性需求。自 2006 年 CPS 提出以来，国内外研究人员对面向 CPS 的模型驱动开发方法进行了广泛的研究。Liu 等人 [2] 主要关注 CPS 开发过程中使用的方法、技术和工具，从不同角度对相关的技术和工具进行比较分析。AADL[3] 是用于实时嵌入式系统的体系结构建模和分析的架构描述语言，为处理 CPS 的异构性提供良好的支持，但不能指定 CPS 中的动态行为。Banerjee 等人 [4] 提出了用 BAND-AiDe 来支持 CPS 的物理过程（如微分方程）建模，通过开发 BAN-CPS 实现对 AADL 的扩展，但仅限于支持 CPS 物理属性，不支持与时间相关的属性。Liu 等人 [5] 提出了 AADL+，用于对 CPS 的离散和连续行为以及信息组件和物理组件之间的交互建模，他们还开发了用于 CPS 建模的 OSATE 插件，该插件通过与 Modelica 的链接支持系统模型的语法检查和仿真。Derler 等人 [6] 指出 CPS 系统建模面临的主要挑战是 CPS 的异构性、并发性和时间敏感性，提出采用混合系统建模和仿真、并发和异构计算模型以及领域特定本体等技术可有效应对挑战。UML、SysML、MARTE 等建模语言被用于系统建模。SysML[7] 是 UML 的扩展，以易于转换、操作和维护的方式表示系统组件及其交互，用于支持 CPS 等复杂和大规模系统的实现。MARTE[8] 是一种针对实时嵌入式系统的领域特定建模语言，提供精确的、全面的和灵活的时间模型，可用于实现硬件和软件资源的精确建模。Mallet 等人 [9] 从异构性、平台感知和资源约束、时间敏感性等方面总结了 CPS 的主要特性，使用 MARTE 进行 CPS 建模，通过时钟约束规范语言描述的逻辑时钟来统一和集成不同的建模元素。Gomez 等人 [10] 针对实时系统不同的非功能属性域提出一种多视图系统模型，该模型使用 MARTE 和 SysML 实现。Liu 等人 [11] 针对 CPS 开发中连续变量和离散变量的统一建模问题，提出了基于 MARTE 和混合自动机的 STUML 状态图并定义其形式化语法和语义，以智能交通系统为例说明如何使用 STUML 状态图对系统行为进行建模。

综上所述，现有的大部分关于 CPS 模型驱动开发的研究集中于 CPS 的通用功能或者非功能视角的建模，缺乏对于制造系统在不同层级的 CPPS 领域特定问题的关注，比如 CPPS 系统开发实现环节中不同领域间混合异构工程工具和运行软件之间的信息集成以及交换等问题，除此之外，还缺乏系统性的模型驱动开发解决方案。

6.1.2 智能生产线组件的信息集成

为了消除异构 CPPS 组件在交互过程中由于接口、通信方式、数据格式等方面存在的差异，避免信息孤岛的产生，需要对标准化的组件间数据和信息的交互行为进行定义。面向对象范式是广为人知的数据建模和存储方法[12]，但其数据交换是通过点对点连接方式进行的，存在着一定的局限性。本体论可作为 CPPS 数据建模的通用语义基础，是消除 CPPS 信息孤岛的有效途径。Young 等人[13]使用本体语言 PSL 获取制造工序语义，实现制造过程数据共享。Patil 等人[14]使用开发产品语义表示语言 PSRL，提出了一种基于本体的框架，使得制造系统中产品的数据具有语义互操作性。Terkaj 和 Urgo[15]提出了基于本体的信息模型，用于支持生产系统的开发和评估。

XML 是一种标记语言，定义了一组人和机器可读的格式编码文档的规则，能够描述不同类型的数据。Choi 等人[16]使用 XML 作为定义 PPR 信息的标准数据格式，开发产品生命周期管理（PLM）集成软件，支持商业异构 PLM 系统和其他系统之间的 PPR 信息交换。

产品模型数据交换标准（STEP）[17]是由 ISO 10303 管理的、描述产品生命周期内产品信息的一系列标准。STEP 广泛应用于计算机辅助设计（CAD）和产品数据/生命周期管理（PDM/PLM）系统[18]。

计算机辅助工程交换（CAEX）提供一种基于 XML 的面向对象的数据格式，该格式支持以数据对象形式描述工程对象。CAEX 适用于企业层以及更高层级之间信息交换[19]。AutomationML（AML）基于 CAEX 用于存储和交换工程模型的元模型，可实现生产系统不同领域的数据交换[20]。AML 已成功集成其他标准，如 COLLADA 和 PLCopenXML，能够通过引用外部 COLLADA 文档集成几何和运动学信息，用于实现生产系统的可视化或虚拟仿真[21]。AML 还可以通过引用外部 PLCopenXML 文档集成生产系统的行为信息[22]。

OPC UA 作为信息技术、操作技术和 SOA 模式之间的桥梁，可在企业自动化金字塔内实现垂直和水平通信。AML 与 OPC UA 旨在实现整个工业网络中基于 AML 模型的通信，CAEX 元模型与 AML 标准库已完成了与 OPC UA 信息模型互相映射的规范[23]。此外，面向设备底层控制的 PLCopen 程序信息也可以转换为 OPC UA 信息模型[24]。在这种情况下，两个不同但相互交织的领域模型都可以单独转换为 OPC UA 信息模型。Monostori 等人[25]提出了使用 AML 和 OPC UA 作为 CPPS 中的信息交换格式。Sabou 等人[26]提出将 AML 模型转换为基于资源描述框架（RDF）的本体模型，通过在该本体域内实现语义相关实体的链接，以及模型和模型内关系的推理，最终将其转换为 OPC UA 信息模型。

综上所述，采用 AML 作为 CPPS 信息集成的标准数据格式，将 AML 模型转换为 RDF 本体模型实现模型语义互操作，再通过 AML 向 OPC UA 信息模型的转换支持 CPPS 通信，可以实现 CPPS 的信息集成与交换。

6.1.3　智能生产线的设计工具链

为实现 CPPS 生产线模型驱动开发过程中软件工具的有效配置，提高开发的自动化程度，进行面向 CPPS 的工具链开发非常重要。Berardinelli 等人[27]提出了一种自动化工程工具链，用于支持 CPPS 开发，包括基于 SysML 及其工具对 CPPS 结构和行为进行建模、基于 AutomationML 和对应的编辑环境进行 CPPS 工具间数据交换、基于 PMIF 及其工具对 CPPS 性能进行建模。不同工程活动之间的信息交互通过模型转换实现自动化。Sztipanovits 等人[28]描述了复杂 CPPS 设计工具套件的构建所面临的挑战和解决方法，重点关注工具异构性对 CPPS 的影响，并提出 OpenMETA 工具链。OpenMETA 集成架构包括模型集成层、工具集成层以及执行集成层。Larsen 等人[29]提出了基于模型的 CPPS 集成工具链，以基于 FMI 的协同仿真为中心，将现有工具集成到统一框架之中，并具有支持 CPPS 多学科协同建模、模型检查、硬件/软件在环仿真和代码生成等功能。Wang 等人[30]提出了 HybridSim 工具链，用于实现 CPPS 建模和协同仿真的集成。HybridSim 提供 SysML 模型，可自动生成特定域的配置脚本和仿真模块，还能基于 FMI 进行协同仿真，为子系统之间的数据同步和交换提供了强大而灵活的机制。

综上所述，CPPS 工具链的开发关键在于将开发工具集成到统一的框架之下，实现工具间数据和信息交互过程的自动化。

6.2　智能生产线的模型驱动设计方法

为实现智能生产线系统混合异构的开发工具间的信息交互，以及模型驱动工具链的开发，需要建立统一的模型集成架构。本节首先分析智能生产线模型驱动工具链的需求，建立生产线模型驱动设计流程，在此基础上设计智能生产线模型集成架构。

6.2.1 模型驱动设计流程

传统生产线针对单一品种产品进行大批量生产，产品加工工序相对固定，生产线硬件资源的连接和布局的调整频率较低，对加工过程中产品、资源和软件间实时信息交互的要求不高。个性化定制生产需满足生产过程中产品、资源等动态变化的需求，通过信息物理融合、生产要素跨层次的时空交互，使得个性化定制生产过程具备灵活性和敏捷性。智能生产线涉及机械、电气、通信等多个领域，在不同的问题域内需从不同角度使用不同工具进行设计，并在此基础上进行多领域的协同设计。然而，目前的生产线难以完成不同格式数据和信息的有效集成，这给生产线的协同设计带来困难。

我们可以运用模型驱动方法可实现系统设计开发工具的信息模型化，为混合异构的开发工具间信息交互提供保障，有效地降低系统复杂性，提高开发效率和质量。智能生产线模型驱动设计可建立复杂异构系统的统一信息模型，从而保证生产线设计开发和运行管控阶段信息的一致性，流程包括模型构建、规划调度、模型验证、虚拟调试阶段，涉及众多模型及相应的开发工具，如图 6-1 所示，其模型驱动工具链的开发具有以下要求。

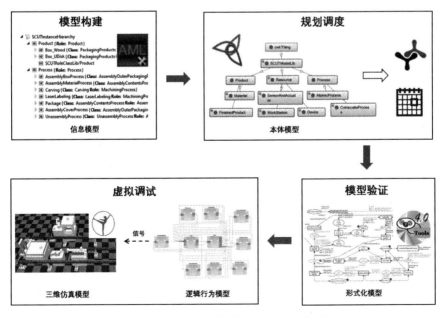

图 6-1　智能生产线模型驱动设计流程

（1）标准化信息模型构建

开发工具间所采用的数据格式不同是实现智能生产线互操作性的关键阻碍因素，因此在模型构建阶段需基于统一的数据格式建立智能生产线标准化信息模型。为此，我们采用了旨在解决工程工具间数据交换难题的 AutomationML 标准进行信息模型定义，信息模型是生产线物理空间生产要素在信息领域的真实反映。

（2）面向不同问题域的模型描述

本部分所涉及的问题域包括但不限于以下部分：

1）规划调度。针对模型所描述的生产线系统，生成资源规划调度方案。本书采用本体模型作为实现语义推理及规划调度的基础，该过程在 Apache Jena 和自研的规划调度软件中进行。本体模型通过语义信息丰富数据，为信息集成提供语义桥梁。基于本体模型进行语义推理，可实现对智能生产线多源异构数据的语义化集成与知识驱动分析。

2）模型验证。在模型验证阶段，我们通过所构建的形式化模型实现生产线功能与性能验证，该过程在面向有色 Petri 网模型的相应工具 CPN tools 中进行。基于形式化模型进行模型验证，一方面可以以仿真的方式模拟生产线行为，另一方面可以发现生产线设计过程中出现的问题和错误。数字化的分析与修正将设计缺陷及错误对生产线开发进度的影响降到最低。

3）虚拟调试。建立资源的三维仿真模型（组件的结构视角模型）和逻辑行为模型（组件的行为视角模型）的集成，通过两种模型的交互实现机电一体化联合仿真，以及物理生产线的数字化模拟及功能测试。其中，三维仿真模型会对生产过程中资源的运动进行可视化，逻辑行为模型能模拟连接到真实控制器的生产线系统的行为。该过程在 CoppeliaSim 仿真环境和基于 IEC 61499 标准的自动化任务运行环境中进行。

（3）端到端开发工具的自动化集成

为保证信息的一致性，这些面向不同问题域的模型描述必须与标准化信息模型统一。为此，需要端到端开发工具的集成。另一方面，为实现个性化定制生产线的即插即生产的管控运行，设计开发工具既要用于设计，也要用于性能预测，因此工具之间的自动化集成是必要的。面向不同阶段的开发工具都基于其各自的模型，模型间的转换是实现端到端工具集成的关键。除此之外，工具集成的实现还需要强大的工具集成平台。工具集成平台通过模型转换将基于模型的智能生产线开发流程进行集成，形成模型驱动工具链，实现自动化的端到端工具集成。

在以上 3 点需求中，智能生产线标准化信息模型的构建是实现面向不同问题域的模型描述和端到端开发工具集成的基础与前提。

6.2.2 模型集成架构设计

为保证智能生产线模型驱动工具链的精确性和可信度,我们遵循模型驱动架构下模型定义的分层架构,提出信息物理融合生产线模型集成架构,分为 4 层,如图 6-2 所示。

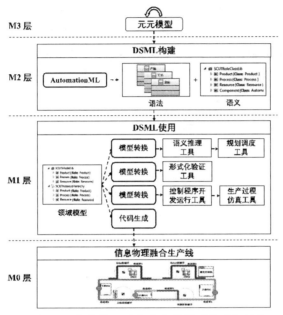

图 6-2　信息物理融合生产线模型集成架构

在 M0 层,通过使用 M1 层中提供的领域模型来描述智能生产线。领域模型应符合在 M2 层中定义的领域特定建模语言(Domain-Specific Modeling Language,DSML)的语法和语义。在语法和语义定义之前,应进行领域概念分析以确定所要定义的 DSML 的适用范围。以 AutomationML 通用核心概念为指导展开元模型层的构建,所建立的元模型需要遵循 M3 层中定义的元元模型,并采用 UML 类图的表达方式,在具体实施过程中采用模型集成计算理论提供的相关领域建模工具链。

在具体应用中,开发人员可直接使用 M1 层的领域特定建模概念对系统进行直接描述。为了将基于 AutomationML 概念定义的领域特定建模语言应用于智能生产线的设计,我们将领域模型分别转换为语义推理工具定义的本体模型(以便进行规划调度)和形式化验证工具定义的形式化模型(以进行功能验证和性能仿真)。模型转换的实现遵循 M1 层中的语法定义,以领域模型实例作为输入,通过建立领域模型与本体模型及形式化模型之间的映射规则实现模型转换。最后,将领域模型转换为逻辑行为模型并将其部署至控制程序开发运行工具,通过与生产过程仿真工具的交互实现生产线虚拟调试。

6.2.3　模型构建与转换

在智能生产线模型集成架构的基础上进行生产线系统建模，可将组件模型按抽象程度划分为元模型和领域模型。组件元模型刻画了生产线中关键的建模元素，定义了涉及的概念及概念间的关系，建立了完整的生产线领域模型的描述。通过将元模型实例化，可建立面向生产线系统的不同种类、不同粒度组件的可重用模型模板，并形成模型库。在此基础上针对特定应用场景实例化模型库中模型，通过模型组装完成面向应用的智能生产线的实例领域模型构建。模型转换的场景分别为：领域模型到本体模型的转换、领域模型到形式化模型的转换、领域模型到逻辑行为模型的转换。

1. 领域模型到本体模型转换

针对生产线工艺任务规划层面领域模型的知识驱动分析，需要将其自动转换为基于本体概念的模型。本体模型关注生产线中产品、工艺、资源的关联关系并形成结构化知识网络。语义推理工具依据本体模型进行规则推理，再将推理信息提供给规划调度工具，实现将产品所需的加工内容合理地分配给资源。

本书采用 OWL 语言构建本体模型。本体模型构建基于实体（Object），分为实体的类层次和关系层次。实体关系又称为属性（Property），对象属性（Object Property）定义实体与实体关系，数据属性（Data Property）定义实体与数据关系。构建本体模型时，先进行本体类和属性的定义，再根据特定应用场景定义本体实例。

定义领域模型到本体模型的映射规则时，领域模型内的模型模板部分对应本体模型的类层次；领域模型内的应用模型部分对应本体模型的实例，其具体映射规则如表 6-1 所示。本体模型的属性由应用模型中产品、工艺、资源间的关系定义，如表 6-2 所示。

表 6-1　应用模型与本体模型实例映射规则

应用模型	本体模型实例
产品（包含其特征）	Object
工艺	
资源	

表 6-2　本体模型属性

属性类别	属性名称	属性含义
Object Property	hasfeature	产品具有特征
	Priority	产品特征加工优先级
Data Property	FeatureDescription	产品特征描述
	Object_I	产品组成部分输入
	Object_O	产品组成部分输出

（续）

属性类别	属性名称	属性含义
Data Property	generate_feature	工艺匹配产品特征
	generate_capability	工艺匹配资源能力
	hascapability	资源能力描述

2. 领域模型到形式化模型转换

针对生产线工艺任务规划层面领域模型的功能和性能验证，需要将其自动转换为相应的形式化模型。本书基于有色 Petri 网（Coloured Petri Net，CPN）构建生产线的形式化模型，用于模拟系统的动态运行过程，反映系统的动态特性；检验执行规划调度命令的生产线系统逻辑的正确性，验证其功能是否满足需求并进行性能分析。CPN 建模主要基于以下概念：1）库所（Place），用于定义生产线系统的状态。2）变迁（Transition），用于定义使生产线系统状态发生改变的事件。3）有向弧（Arc），连接库所和变迁，表示变迁方向。有向弧从库所指向变迁，表明要从相应的库所中迁移出令牌，反映了变迁发生的前提；有向弧从变迁指向库所，表明要对指向的库所添加令牌，反映了变迁发生的结果。4）令牌标记（Token），用于表示处于某个库所的对象，令牌标记的颜色代表该对象的属性值；5）颜色集（Coloured Set），用于定义属性值的类型，以区分不同类对象。使用 CPN 进行生产系统建模，用库所代表资源，相应的令牌表示该资源的容量，没有令牌标记表示该资源不可用，通过这种方式获取系统信息的分布状态。

进行生产线领域模型到形式化模型的转换时，主要关注领域模型内的应用模型部分，包括工作站级别的资源模型、复合工艺级别的工艺模型及成品级别的产品模型。由此定义应用模型到形式化模型的概念映射规则，如表 6-3 所示。

表 6-3 应用模型到形式化模型的概念映射规则

应用模型	形式化模型
资源	Place
工艺	Transition
产品	Token
资源与工艺的关联关系	Arc

3. 领域模型到逻辑行为模型转换

针对生产线逻辑控制层面的实现，基于 IEC 61499 标准进行生产线逻辑行为模型的构建。IEC 61499 标准由 IEC 61131 标准发展而来，支持分布式工业控制系统的建模，使用功能块（Function Block，FB）封装系统中级别较低设备或外部实体提供的功能。IEC 61499 标准通过连接功能块形成功能块网络，表示系统逻辑行为，以形成的应用程序（Application）为中心进行工程设计。功能块网络的执行由基于 IEC 61499 标准的自动化任务运行环境实现。此外，IEC 61499 标准定义了系统中的设备（Device）及其连接。如需将应用程序拆分为多个设备，可通过将应用程序中的功能块映射到其各自对应的设备上实现。IEC 61499 标准使系统级设计简单化，提高了控制程序在分布式硬件和整个网络中分发的可能性。

进行生产线领域模型到逻辑行为模型的转换时，主要关注领域模型内的应用模型部分中的资源模型。由此定义应用模型到逻辑行为模型的映射规则，如表 6-4 所示。

表 6-4　应用模型到逻辑行为模型的映射规则

应用模型	逻辑行为模型
资源（工作站级）	复合功能块
资源（传感器和执行器，设备级）	基本功能块
资源间关联关系	功能块事件接口间连接

6.3　智能生产线的模型驱动工具链的设计与实现

在智能生产线模型驱动开发中，端到端工具的集成是关键。工具集成将基于模型的开发流程集成起来，提高生产线开发的自动化程度和效率，降低人工集成造成的语义歧义，提高设计过程的可信度。本节首先介绍工具集成平台的选用，然后对模型驱动工具链进行定义，并从模型构建、规划调度、模型验证、虚拟调试等阶段进行工具集成的实现，从而实现完整的模型驱动工具链。

6.3.1　工具集成平台的选用

在智能生产线模型驱动开发中，通过使用不同的领域特定工具完成面向不同问题域的模型构建。然而，面向多领域的模型和工具的异构性严重限制了生产线开发效率。为了提高模型驱动开发的效率和稳定性，需要整合各种基于模型的软件工具，实现模型集成和工具集成。将端到端工具集成到基于模型的自动化开发流程非常复杂，需要强大的工具集成平台，模型转换则是实现工具集成的关键技术。

GME[31] 具有模块化、可拓展的开放式架构，提供用于模型解释器实现的接口，可满足模型间转换及模型到代码自动生成的需求。模型解释器将构建的模型解释为用于 GME 同其他工具交互的程序、代码、文件，生成最终的系统。因此，采用 GME 作为工具集成平台，可以整合不同软件工具的模型并形成软件工具链，实现生产线模型驱动开发过程的工具集成,保证开发过程中的稳定性,从而更高效、灵活地开发生产线系统。在软件工具链中,采用模型描述系统可以提高系统的抽象层次,实现系统实施前的功能验证及性能仿真,降低系统实施过程中的错误,加快系统的设计开发。

6.3.2 模型驱动工具链的定义

根据 6.2.1 节定义的模型驱动开发流程,智能生产线模型驱动开发工具集成的实现涉及以下模型及信息:描述智能生产线的信息模型(领域模型)、用于语义推理及规划调度的本体模型、用于模型验证的形式化模型、用于虚拟调试的三维仿真模型和逻辑行为模型。

在此基础上,本节提出集建模工具 AutomationML Editor、语义推理工具 Apache Jena、规划调度工具、形式化验证工具 CPN tools、自动控制程序开发与运行工具 Eclipse 4diac FORTE、生产过程仿真工具 CoppeliaSim、工具集成平台 GME 于一体的智能生产线模型驱动工具链,如图 6-3 所示。

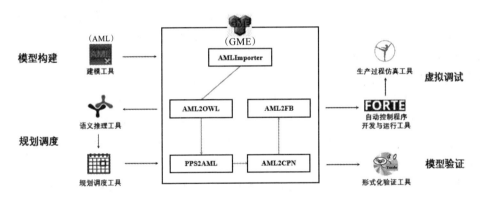

图 6-3　智能生产线模型驱动工具链

应用该工具链时,遵循模型构建、规划调度、模型验证、虚拟调试的基本流程,不同阶段之间的信息交互通过 GME 环境下的模型解释器实现。

1)模型构建阶段。首先在生产线系统组件模型的基础上,构建特定应用场景下的领域模型,此过程在建模工具 AML Editor 中进行;其次将构建完成的领域模型导入工具集成平台 GME。

2)规划调度阶段。首先进行领域模型到本体模型的转换;然后根据本体模型进行语义推理和规划调度工作,将规划调度信息存于数据库,此过程由语义推理工具 Apache Jena 和规划调度软件执行;最后,将规划调度信息更新至领域模型。

3）模型验证阶段。进行领域模型到形式化模型的转换，然后根据转换得到的 CPN 模型在工具 CPN tools 中进行形式化验证，检验系统的动态特性是否得到满足。

4）虚拟调试阶段。首先进行领域模型到逻辑行为模型的转换和部署，通过实现三维仿真模型和逻辑行为模型的交互完成生产线自动化逻辑的提前验证，此过程由自动控制程序开发与运行工具 Eclipse 4diac FORTE 和生产过程仿真工具 CoppeliaSim 实现。

6.3.3 模型驱动工具链的实现

1. 模型解释器开发关键技术

模型解释器用于实现源模型到目标模型的自动转换。模型转换过程需要解析源模型的文本文件或生成目标模型的文本文件，使用规则化、标准化定义的文本文法规则有助于建立自动化的模型转换算法。大部分主流软件工程领域模型文件的存储格式基于 XML，并采用 DTD（Document Type Definition，文档类型定义）或 XSD（XML Schemas Definition，XML Schemas 定义）作为定义模板，DTD 能够转换为 XSD。XSD 定义了 XML 文档的合法构建模块，在抽象层次上与元模型同级。因此，可基于源模型或目标模型的 XSD 文件生成其代码定义，规范模型转换规则生成过程，提高模型转换过程的效率和准确性。

此外，若要从文本形式的 XML 文档里提取数据和结构信息，必须要先对 XML 文档进行解析，将其转化为树形结构数据，进而为应用程序的开发提供操作数据对象的接口。通过这些接口，应用程序存取并操作 XML 文档中的数据元素，完成信息处理。XML 的解析方式有 DOM（Document Object Model，文档对象模型）解析、SAX（Simple Api for XML，XML 的简单应用程序接口）解析等。DOM 解析方式采用节点树的形式表示 XML 文档，文档中的每一部分都是树的一个节点；通过节点树可访问文档的内容，并根据需要可修改文档。本节采用基于 DOM 解析 XML 文件的模型转换方法进行模型解释器的开发。

根据源模型类型不同，本节将模型解释器开发流程分为导入类和导出类两类，如图 6-4 所示。

导入类模型解释器和导出类模型解释器的开发均依据 GME 定义的元模型，使用元模型解释器生成领域特定的模型转换框架、头文件（DSMLBON.h）和实现文件（DSMLBON.cpp），在此基础上根据目标环境和需求改写程序以实现模型解释器功能。它们的不同在于：导入类的输入为非 GME 环境下的源模型或文本信息，其目标在于生成 GME 环境下的目标模型；导出类的输入为 GME 环境下的源模型，其目标在于生成非 GME 环境下的目标模型或文本信息。

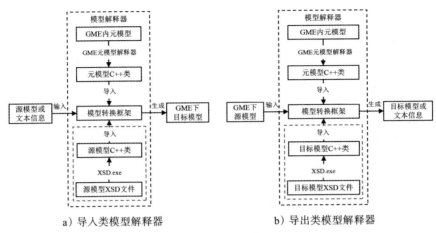

图 6-4 模型解释器开发流程

两类模型解释器的开发流程具有可变性。对于导入类模型解释器，当输入为非规则化的文本信息时，模型解释器根据输入信息对 GME 环境下的模型进行相应操作，故源模型的 XSD 文件和生成的 C++ 类无须参与模型转换过程，对应于图 6-4a 的虚线框内容。同理，对于导出类模型解释器，当输出为非规则化的文本信息时，模型解释器根据开发需求提取 GME 环境下的模型信息并生成相关文件，故目标模型的 XSD 文件和生成的 C++ 类无须参与模型转换过程，对应于图 6-4b 的虚线框内容。

2. 模型构建阶段工具集成

在 AML Editor 中完成领域模型构建后，通过在 GME 环境下开发模型解释器 AML Importer，实现基于 AML 的领域模型到 GME 环境下领域模型的转换。模型解释器 AML Importer 的开发参考导入类模型解释器开发流程，其源模型为 AML 模型。进行模型解释器开发时，首先需在 GME 的元建模环境中构建 AML 元模型（见图 6-5），对 AML 模型层次进行完整表达。AML 元模型元素信息如表 6-5 所示。

表 6-5 AML 元模型元素信息

元素名称	含义	对应 GME 模型元素
CAEXBasicObjectType	AML 模型基本对象类型	FCO
CAEXFileType	AML 模型库类型	Model
CAEXObjectType	AML 模型对象类型	FCO
ExternalInterface	接口，为系统单元类、角色类、内部元素的组成元素	Atom

（续）

元素名称	含 义	对应 GME 模型元素
SupportedRoleClass	非必要角色类，为系统单元类、内部元素的组成元素	Atom
RoleRequirements	必要角色类，为内部元素的组成元素	
AMLInstanceHierarchies/	AML 模型的实例层次及组成元素	Model
InstanceHierarchy/		
AMLInternalElement		
AMLSystemUnitClassLibs/	AML 模型的系统单元类库及组成元素	
SystemUnitClassLib/		
AMLSystemUnitClass		
AMLRoleClassLibs/	AML 模型的角色类库及组成元素	
RoleClassLib/		
AMLRoleClass		
AMLInterfaceClassLibs/	AML 模型的接口类库及组成元素	
InterfaceClassLib/		
AMLInterfaceClass		
AMLExternalInterface		
AMLAttributeLibs/	AML 模型的属性库及组成元素	
AttributeLib/		
AMLAttributeType		
InternalLink	连接，为内部元素和实例层次的组成元素	Connection

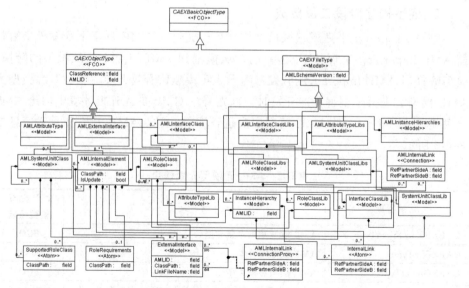

图 6-5　GME 环境下 AML 元模型

在 GME 元建模环境下完成元模型构建后，向 AML Importer 模型转换框架中导入由该元模型和 AML 模型的 XSD 文件生成的 C++ 类，进行一对一模型解释，实现从 AML 模型到 GME 环境下领域模型的转换。

3. 规划调度阶段工具集成

基于 GME 提供的接口开发模型解释器 AML2OWL，可实现 GME 领域模型到本体模型的转换，以便实现语义推理；基于开发模型解释器 PPS2AML，可实现规划调度信息到领域模型的更新。模型解释器 AML2OWL 的开发参考导出类模型解释器开发流程，其源模型为 GME 环境下领域模型。首先，需确定 GME 环境下领域模型相关信息对应到本体模型的组织形式，即确定要生成的本体模型的类、对象属性、数据属性及实例等信息。然后，向 AML2OWL 模型转换框架中导入由 GME 元模型生成的 C++ 类，并编写程序获取 GME 环境下领域模型相关信息，通过实现模型转换生成 OWL 文件、SPARQL 语句及完成产品加工所需信息，以用于后续的规划调度过程。

AML2OWL 模型解释器执行模型转换过程后，生成 SPARQL 语句格式如图 6-6a 所示，包括产品 GUID（Globally Unique Identifer，全局唯一标识符）、产品特征信息、资源 GUID、资源能力信息以及工艺信息；生成产品加工所需信息格式如图 6-6b 所示。其中，第一行信息表示待加工产品 m 个，可进行加工资源 n 个，1 为常量；第二行信息表示产品 m_1 加工所需工序数为 p，工序 p_1 可由 n' 个资源进行加工，资源 n'_1 编号为 a，所需加工工时为 t_1，以此类推到资源 n'_n 编号为 d，所需加工工时为 t_n。除此之外，产品加工所需信息还包括产品名称和 GUID 信息列表、资源类型名称和 GUID 信息列表。

```
PREFIX rdfs: <http://www.w3.org/2000/01/rdf-schema#>
PREFIX rdf: <http://www.w3.org/1999/02/22-rdf-syntax-ns#>
PREFIX : <http://www.ppr.scut.com#>

INSERT DATA{
:Product :Guid "__".
:Product :hasfeature :(ProductFeature).
:ProductFeature :priority "__".
:ProductFeature :FeatureDescription "__".
:ProductFeature :Object_I "__".
:ProductFeature :Object_O "__".
:Resource :Guid "__".
:Resource :hascapability "__".
:Process :Object_O "__".
:Process :generate_capability "__".
:Process :Object_I "__".
:Process :generate_feature "__".
}
```
a)

```
m n 1
m₁ p p₁ n' a t₁ ... d tₙ p₂ ...
...
mₙ ...
Product GUID List:
Product_1_Name    Product_1_GUID
...
Product_m_Name    Product_m_GUID
...
Resource GUID List:
ResourceType_1_Name  Resource_1_GUID
...
ResourceType_n_Name  Resource_n_GUID
```
b)

图 6-6 SPARQL 语句格式及产品加工所需信息格式

模型解释器 PPS2AML 的开发参考导入类模型解释器开发流程，其输入为数据库中计划执行表信息。首先，向 PPS2AML 模型转换框架中导入由 GME 元模型生成的 C++ 类。然后，读取数据库计划执行表中的信息，包括产品 GUID、产品名称、工艺名称、资源名称、资源 GUID 等，并为 GME 模型中相应元素创建连接关系，完成领域模型的更新。

4. 模型验证阶段工具集成

在模型验证阶段，需实现领域模型到 CPN 模型的转换，并在 CPN tools 中进行仿真验证。若仿真验证结果理想，则可依据规划调度结果进行代码生成，安排生产；若仿真验证结果不理想，则证明规划调度结果不合理，需将仿真验证结果返回给规划调度工具，重新触发规划调度，并执行后续流程，直到仿真验证结果满足需求。基于 GME 提供的接口开发模型解释器 AML2CPN，可完成领域模型到 CPN 模型的转换。模型解释器 AML2CPN 的开发参考导出类模型解释器开发流程。首先，向 AML2CPN 模型转换框架中导入依据 GME 环境下 AML 元模型和 CPN 模型的 XSD 文件生成的 C++ 类并进行一对一模型解释。然后，将 GME 环境下的领域模型里的规划调度信息更新至 GME 环境下 CPN 模型并进行导出。

5. 虚拟调试阶段工具集成

为实现虚拟调试，首先需要基于 GME 提供的接口开发模型解释器 AML2FB，创建与领域模型对应的逻辑行为模型，即 IEC 61499 标准功能块网络，并将其部署到 Eclipse 4diac FORTE。运行时生产线功能块网络的触发条件为数据库中规划调度信息（如执行订单的设备 GUID）到达，其执行结果（设备加工状态）被存入数据库。CoppeliaSim 根据访问数据库获取的逻辑行为模型执行结果进行仿真，完成虚拟调试，实现流程如图 6-7 所示。

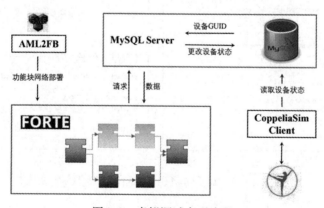

图 6-7　虚拟调试实现流程

模型解释器 AML2FB 的开发参考导入类模型解释器开发流程，其源模型为 AML 模型。首先需在 GME 的元建模环境中构建 IEC 61499 标准元模型，对逻辑行为模型层次进行完整表达，如图 6-8 所示。IEC 61499 标准元模型元素信息如表 6-6 所示。

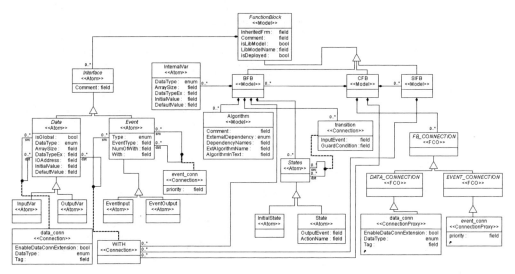

图 6-8　GME 的 IEC 61499 标准元模型

基于 GME 元建模环境下完成的 IEC 61499 标准元模型，向 AML2FB 模型转换框架中导入由该元模型和 AML 模型的 XSD 文件生成的 C++ 类并进行一对一模型翻译，生成 GME 环境下生产线的逻辑行为模型，以功能块网络形式表示。

表 6-6　IEC 61499 标准元模型元素信息

元素名称	含义	对应 GME 模型元素
FunctionBlock	功能块	Model
BFB/CFB/SIFB	基本/复合/服务接口功能块	Model
Interface	接口	Atom
Data/InputVar/OutputVar	数据接口	Atom
Event/EventInput/EventOutput	事件接口	Atom
data_conn/event_conn/WITH	接口间连接	Connection
Algorithm	功能块算法	Model
States/InitialState/State	状态	Atom
transition	状态间转换	Connection

6.4 智能生产线的模型驱动工具链集成平台

在智能生产线系统的设计时阶段，难以对个性化定制智能生产线的功能保证和性能进行预测，如果在开发过程中可以通过模型来实现一定程度的功能验证和性能计算，可大大缩短系统的开发时间。本节采取模型驱动工具链集成的方式，联合多种工具在设计过程中对智能生产线进行功能验证和性能仿真。这种开发方式允许设计者在系统实施之前进行优化，通过基于模型的计算、仿真和虚拟调试，可在生产线部署之前发现问题，缩短现场调试时间，降低系统开发成本。在这个过程中，对生产线性能预测可降低设计方案给制造系统带来的潜在风险，为决策提供指导。本章采用的模型驱动工具集成平台界面（即 GME 平台界面）如图 6-9 所示。

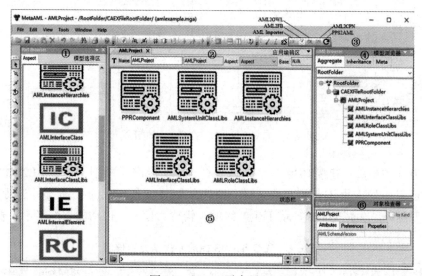

图 6-9　GME 平台界面

图 6-9 中区域①为模型选择区，可手动添加建模所需模型；区域②为应用编辑区，可调整、添加参数化模型的布局；区域③为工具栏中的插件区，对应模型解释器的实现，从左到右依次为 AML Importer、AML2FB、AML2OWL、AML2CPN 和 PPS2AML，通过对插件区的操作实现对工具集成平台的功能展示；区域④为模型浏览器，显示模型的层次结构；区域⑤为状态栏，显示状态与错误信息；区域⑥为对象检查器，显示模型对象的属性及相关参数。

采用 GME 平台进行开发时，模型解释器的使用顺序依次为：

1）对在模型构建阶段构建的 AML 模型，使用 AML Importer 导入 GME 形成领域模型；

2）在规划调度阶段将 GME 环境下的领域模型使用 AML2OWL 转换成本体模型，供基于本体的规划调度工具使用；

3）得到规划调度结果后，使用 PPS2AML 将规划调度信息更新至领域模型；

4）在模型验证阶段，将更新后的领域模型使用 AML2CPN 转化成 CPN 模型，供 CPN tools 使用并进行形式化验证；

5）在虚拟调试阶段，将领域模型使用 AML2FB 转化为基于 IEC 61499 的功能块网络，供运行工具 Eclipse 4diac FORTE 与生产过程仿真工具 CoppeliaSim 使用，实现机电一体化虚拟调试。

上述设计工具在模型驱动工具链部署过程中用到的软硬件版本信息如表 6-7 所示。

表 6-7 软硬件版本信息

名　称	版本信息
硬件配置	12GB 内存、256GBSSD、主频 3.20GHz、Win10
建模软件	AML Editor-5.1.2
语义推理软件	Apache-Jena-3.14.0
规划调度软件	自主研发
形式化验证软件	CPN tools-4.0.1
生产过程仿真软件	CoppeliaSim Edu-4.0.0
自动控制程序开发与运行软件	Eclipse 4diac FORTE-1.13.0
工具集成平台	GME-18.10.22
数据库	MySQL Server-5.5.27
开发平台	Visual Studio 2015
开发语言	C++11

下面从模型构建、规划调度、模型验证、虚拟调试四个过程介绍模型驱动工具链集成的具体实现。

6.4.1 模型构建

本实例为 2.5 节 UGBP 的实例。在 AML Editor 的实例层次中定义 2.5 节所述的三类产品加工、包装过程的生产线领域模型，如图 6-10 所示。生产线领域模型分为产品、工艺、资源三部分，分别对应 UGBP 加工的三类产品，提供的所有工艺及实现加工的各个工位。生产线领域模型构建完成后，通过 GME 中的 AML Importer 模型解释器，实现基于 AML 定义的生产线领域模型到 GME 环境下的领域模型的转换。图 6-11 展示了转换后 GME 环境下的领域模型包含的所有产品、工艺、资源。

图 6-10　生产线领域模型

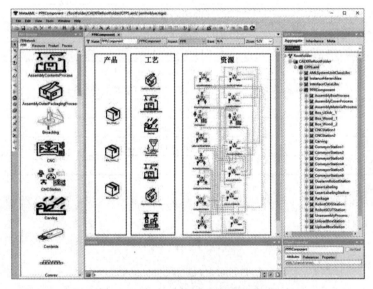

图 6-11　GME 环境下的领域模型

6.4.2　规划调度

基于 GME 环境下的领域模型，通过 AML2OWL 模型解释器将其转换为本体模型及语义推理和规划调度所需信息，如图 6-12 所示。采用 Protégé 加载生成的 OWL 文件，可生成如图 6-12a 的本体模型。图 6-12b 展示了采用 Protégé 加载生成的以 SPARQL 语句形式保存的语义推理信息，包含产品名称、产品 GUID、产品特征等。图 6-12c 展示了采用 Protégé 加载生成的规划调度所需的产品加工信息，如待加工的产品有 3 个，提供加工能力的资源有 8 台。

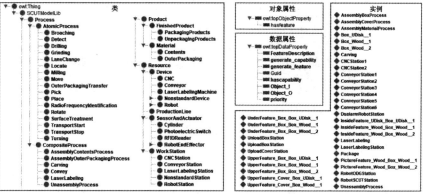

a）本体模型

b）语义推理信息（部分）　　　　c）产品加工信息（部分）

图 6-12　AML2OWL 模型转换结果

在 Apache Jena Fuseki 中输入生成的 SPARQL 语句，数据插入成功，证明转换结果的正确性及可用性，如图 6-13 所示。在此基础上，规划调度工具根据生成的产品加工信息进行规划调度，生成甘特图和计划执行表，如图 6-14 所示。甘特图展示了 3 个待加工产品的加工工序及加工时间信息，用于 KPI 计算；计划执行表展示了 3 个待加工产品的 GUID 及名称、所需加工工艺名称、执行加工资源 GUID 及名称等信息。

生成规划调度信息后，通过 GME 中的 PPS2AML 模型解释器读取数据库中规划调度信息，对 GME 环境下的领域模型进行更新，更新结果如图 6-15 所示。与更新之前（见图 6-11）对比可知，规划调度信息可视化保存为 PPR 组件之间的连接。

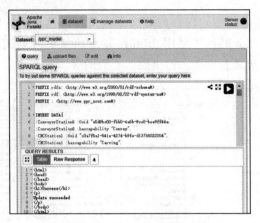

图 6-13　Apache Jena Fuseki 界面

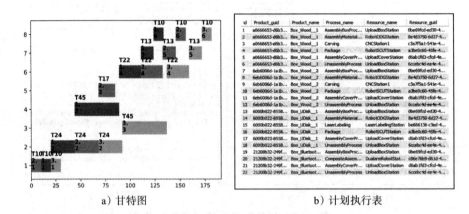

a）甘特图　　　　　　　　　　　　　　b）计划执行表

图 6-14　规划调度结果

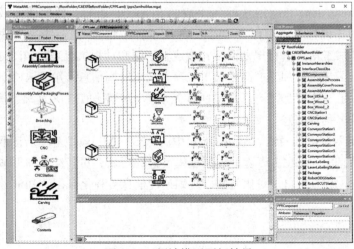

图 6-15　领域模型更新结果

6.4.3 模型验证

定义如图 6-16 所示的 CPN 模板文件。鉴于从产品成品至礼品完成需要连续完成包装工艺和上盖工艺，故将包装工艺和上盖工艺合并为组装工艺（Assembly），所对应的资源包装机器人工作站和上盖工作站合并为组装工作站（AssemblyStation）；将领域模型中的 6 台传送带工作站合并为缓冲区（buffer），从而简化模型并提高模型的合理性。表 6-8 展示了 CPN 模板使用的参数声明及含义。

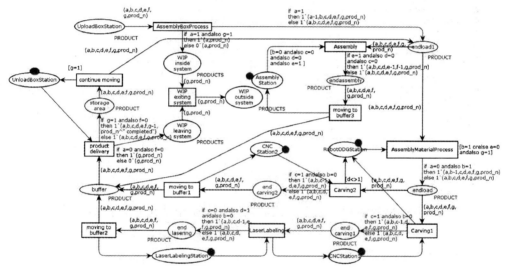

图 6-16　CPN 模板文件

表 6-8　CPN 模板使用的参数声明及含义

参数声明	参数含义
colset NO = int; colset products= string;	两种颜色集类型
colset a = int;	上盒工艺
colset b = int;	上料工艺
colset c = int;	CNC 精雕工艺
colset d = int;	激光打标工艺
colset e = int;	包装工艺
colset f = int;	上盖工艺
colset g = int;	回收工艺
colset PRODUCT = product a*b*c*d*e*f*g*products;	待加工产品的加工顺序
var a,b,c,d,e,f,g:a; var prod_n:products;	颜色集变量定义
val Prod_1 = "wood"; val Prod_2 = "u disk";	字符串常量定义

完成 CPN 模板文件定义后，通过 CPN Importer 模型解释器加载 CPN 模板文件进行模型转换，创建 GME 环境下的 CPN 模型，如图 6-17a 所示。通过为 CPN 模型元素添加与之对应的领域模型元素的 GUID 作为其属性，为 CPN 模型元素和领域模型元素定义映射关系。通过 CPNExporter 模型解释器获取领域模型中规划调度信息并更新 CPN 模型，如图 6-17b 所示。

a）CPN 模型　　　　　　　　　　b）更新后的 CPN 模型

图 6-17　GME 环境下的 CPN 模型和更新后的 CPN 模型

该规划调度信息表示有两个工艺品挂件和一个个性化 U 盘待加工，并以规定格式字符串保存产品的加工工艺信息。将更新后的 CPN 模型（见图 6-18）导出并在 CPN tools 中进行验证。

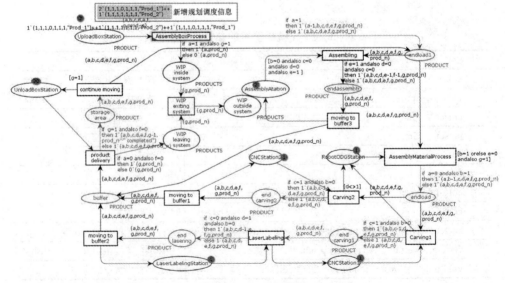

图 6-18　CPN 模型

模型仿真执行时，若没有发生死锁现象及冲突情况，则说明生成的规划调度信息及 CPN 模板是合理的、可执行的。模型仿真执行完成后，所有的产品集中在存储区域（storage area），在 WIP outside system 处出现下料产品标记，如图 6-19 所示。

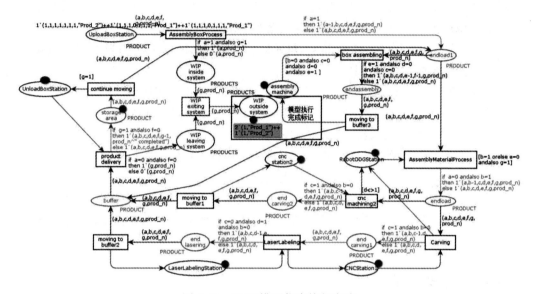

图 6-19　CPN 模型仿真执行完成

对 CPN 模型的状态空间进行计算，得到的状态空间分析报告，如图 6-20 所示。

Statistics

State Space
Nodes: 1007
Arcs: 2692
Secs: 1
Status: Full

Scc Graph
Nodes: 1007
Arcs: 2692
Secs: 0

Home Properties

Home Markings
[1007]

Liveness Properties

Dead Markings
[1007]

Dead Transition Instances
None

Live Transition Instances
None

Boundedness Properties

Best Integer Bounds

	Upper	Lower
timeless'AssemblyStation 1	2	0
timeless'CNCStation1 1	1	0
timeless'CNCStation2 1	1	0
timeless'LaserLabelingStation 1	1	0
timeless'RobotODGStation 1	1	0
timeless'UnloadBoxStation 1	30	27
timeless'UploadBoxStation 1	3	0
timeless'WIP_inside_system 1	3	0
timeless'WIP_leaving_system 1	3	0
timeless'WIP_outside_system 1	3	0
timeless'buffer 1	3	0
timeless'end_carving1 1	1	0
timeless'end_carving2 1	1	0
timeless'end_lasering 1	1	0
timeless'endassembly 1	2	0
timeless'endload 1	1	0
timeless'endload1 1	3	0
timeless'storage_area 1	3	0

Fairness Properties

No infinite occurrence sequences.

图 6-20　CPN 模型状态空间分析报告

1）状态空间信息（State Space）。图 6-20 中共有 1007 个可达标识，即 UGBP 具有 1007 个可能的生产状态，状态之间可能的跳转路线有 2692 种，构建状态空间使用的时间为 1s，具备完全的状态空间。

2）有界性（Boundedness Properties）。图 6-20 给出了 CPN 模型中各个库所的有界性信息，可知该 CPN 模型中所有库所都是有界的，说明模型执行过程中无新资源产生，其对应程序中的变量无缓存溢出风险。

3）主标识（Home Markings）与死标识（Dead Markings）均为 1007，表明 UGBP 能够完成预期的产品加工目标。

4）活性（Liveness Properties）。无死标识和死变迁，表明生产线系统生产过程中无死锁，没有遇到不合理的资源循环、互斥、抢占或资源耗尽情况。

5）公平性（Fairness Properties）。No infinite occurrence sequences（没有无限发生序列）表明模型执行过程无饥饿现象发生，表示生产线系统在执行加工任务时不会出现得不到所需资源而一直无法执行的现象。

综上所述，该 CPN 模型能够在规划调度背景下对系统行为特性进行验证，其仿真的正确执行及状态空间计算结果的有效性表明 UGBP 的整体结构合理，不会出现死锁等逻辑错误，能够完成本章实例的产品加工任务。

6.4.4 虚拟调试

为了便于用户直观地监视生产资源在执行任务过程中的响应情况，针对 UGBP 设计了与其相对应的数字孪生仿真平台。该仿真平台采用 CoppeliaSim 进行搭建。按照 1:1 的尺寸比例所设计的个性化定制智能生产线 CoppeliaSim 仿真模型如图 6-21 所示。当产品到达生产资源的某一决策点时，仿真模型通过脚本以消息触发的方式请求数据库中的工艺执行状态，实时更新产品和资源的行为动作，实现个性化产品与各生产资源之间的交互逻辑，从而将物理空间中的实体生产环境和加工对象实时映射到信息空间。

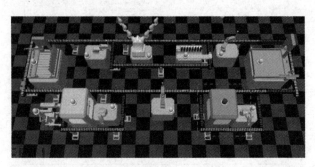

图 6-21　个性化定制智能生产线 CoppeliaSim 仿真模型

在虚拟调试阶段，首先在 CoppeliaSim 中通过插件导入个性化定制智能生产线的三维仿真模型。通过 GME 的 AML2FB 模型解释器生成生产线逻辑行为模型（功能块网络），如图 6-22 所示。将逻辑行为模型部署至 Eclipse 4diac FORTE 并运行。CoppeliaSim 通过读取数据库中工作站加工状态信息来控制三维仿真模型运行，如此进行周期性循环仿真，虚拟调试界面如图 6-23 所示。从模型运行结果来看，个性化定制智能生产线的实时行为在 CoppeliaSim 中得到了虚拟验证，接收到加工任务的 CNC 工作站外观颜色改变。仿真模型执行过程中，顺利完成产品加工，加工过程无冲突发生，证明了构建的生产线逻辑行为模型的正确性及合理性。

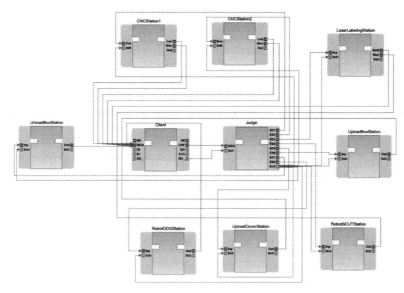

图 6-22 生产线逻辑行为模型

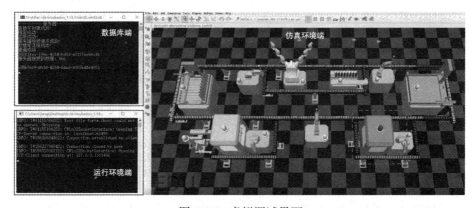

图 6-23 虚拟调试界面

6.5 结论

本章针对个性化定制智能生产线混合异构的开发工具间信息统一集成与交互的迫切需求，提出了个性化定制智能生产线模型集成架构，遵循该架构提出了个性化定制智能生产线模型驱动开发方法和工具集成方法，实现了模型驱动工具链。本章通过研究个性化定制智能生产线模型驱动工具链的实现方法及技术，实现了系统模型驱动开发的流程集成化与自动化。

参考文献

[1] DA SILVA A R. Model-driven engineering: a survey supported by the unified conceptual model[J]. Computer Languages, Systems & Structures, 2015, 43: 139-155.

[2] LIU B, ZHANG Y, CAO X, et al. A survey of model-driven techniques and tools for cyber-physical systems[J]. Frontiers of Information Technology & Electronic Engineering, 2020, 21(11): 1567-1590.

[3] FEILER P H, GLUCH D P, HUDAK J J. The Architecture Analysis & Design Language (AADL): an introduction[R]. Carnegie-Mellon Univ Pittsburgh PA Software Engineering Inst, 2006.

[4] BANERJEE A, KANDULA S, MUKHERJEE T, et al. BAND-AiDe: a tool for cyber-physical oriented analysis and design of body area networks and devices[J]. ACM Transactions on Embedded Computing Systems (TECS), 2012, 11(S2): 1-29.

[5] LIU J, LI T, DING Z, et al. AADL+: a simulation-based methodology for cyber-physical systems[J]. Frontiers of Computer Science, 2019, 13(3): 516-538.

[6] DERLER P, LEE E A, VINCENTELLI A S. Modeling cyber-physical systems[J]. Proceedings of the IEEE, 2011, 100(1): 13-28.

[7] FRIEDENTHAL S, MOORE A, STEINER R. A practical guide to SysML: the systems modeling language[M]. San Francisco: Morgan Kaufmann, 2014.

[8] AUGERE M, BOURBEAU T, DE SIMONE R, et al. Marte: also an uml profile for modeling aadl applications[C]//12th IEEE International Conference on Engineering Complex Computer Systems (ICECCS 2007). IEEE, 2007: 359-364.

[9] MALLET F. MARTE/CCSL for modeling cyber-physical systems[M]//Formal Modeling and Verification of Cyber-Physical Systems. Berlin: Springer, 2015: 26-49.

[10] GOMEZ C, DEANTONI J, MALLET F. Power consumption analysis using multi-view modeling[C]//2013 23rd International Workshop on Power and Timing Modeling, Optimization and Simulation (PATMOS). IEEE, 2013: 235-238.

[11] LIU Z, LIU J, HE J, et al. Spatio-temporal UML statechart for cyber-physical systems[C]//2012 IEEE 17th International Conference on Engineering of Complex Computer Systems. IEEE, 2012: 137-146.

[12] PAPAKONSTANTINOU Y, GARCIA-MOLINA H, WIDOM J. Object exchange across heterogeneous information sources[C]//Proceedings of the eleventh international conference on data engineering. IEEE, 1995: 251-260.

[13] YOUNG R I M, GUNENDRAN A G, CUTTING-DECELLE A F, et al. Manufacturing knowledge sharing in PLM: a progression towards the use of heavy weight ontologies[J]. International Journal of Production Research, 2007, 45(7): 1505-1519.

[14] PATIL L, DUTTA D, SRIRAM R. Ontology-based exchange of product data semantics[J]. IEEE Transactions on automation science and engineering, 2005, 2(3): 213-225.

[15] TERKAJ W, URGO M. Ontology-based modeling of production systems for design and performance evaluation[C]//2014 12th IEEE International Conference on Industrial Informatics (INDIN). IEEE, 2014: 748-753.

[16] CHOI S S, YOON T H, NOH S D. XML-based neutral file and PLM integrator for PPR information exchange between heterogeneous PLM systems[J]. International Journal of Computer Integrated Manufacturing, 2010, 23(3): 216-228.

[17] PRATT M J. Introduction to ISO 10303—the STEP standard for product data exchange[J]. Journal of Computing and Information Science in Engineering, 2001, 1(1): 102-103.

[18] XIAO S, XUDONG C, LI Z, et al. Modeling framework for product lifecycle information[J]. Simulation Modelling Practice and Theory, 2010, 18(8): 1080-1091.

[19] SCHLEIPEN M, DRATH R, SAUER O. The system-independent data exchange format CAEX for supporting an automatic configuration of a production monitoring and control system[C]//2008 IEEE International Symposium on Industrial Electronics. IEEE, 2008: 1786-1791.

[20] SCHLEIPEN M, DRATH R. Three-view-concept for modeling process or manufacturing plants with AutomationML[C]//2009 IEEE Conference on Emerging Technologies & Factory Automation. IEEE, 2009: 1-4.

[21] AutomationML Consortium. AutomationML whitepaper part 3-geometry and kinematics[J]. 2015.

[22] AutomationML Consortium. AutomationML whitepaper part 4-AutomationML logic description [J]. 2010.

[23] HENSSEN R, SCHLEIPEN M. Interoperability between OPC UA and AutomationML[J]. Procedia Cirp, 2014, 25: 297-304.

[24] MIYAZAWA I, MURAKAMI M, MATSUKUMA T, et al. OPC UA information model, data exchange, safety and security for IEC 61131-3[C]//SICE Annual Conference 2011. IEEE, 2011: 1556-1559.

[25] MONOSTORI L, KÁDÁR B, BAUERNHANSL T, et al. Cyber-physical systems in manufacturing[J]. Cirp Annals, 2016, 65(2): 621-641.

[26] SABOU M, EKAPUTRA F, KOVALENKO O, et al. Supporting the engineering of cyber-physical production systems with the AutomationML analyzer[C]//2016 1st International Workshop on Cyber-Physical Production Systems (CPPS). IEEE, 2016: 1-8.

[27] BERARDINELLI L, MAZAK A, ALT O, et al. Model-driven systems engineering: principles and application in the CPPS domain[M]//Multi-Disciplinary Engineering for Cyber-Physical Production Systems. Cham: Springer, 2017: 261-299.

[28] SZTIPANOVITS J, BAPTY T, NEEMA S, et al. OpenMETA: a model-and component-based design tool chain for cyber-physical systems[C]. Berlin: Springer, 2014: 235-248.

[29] LARSEN P G, FITZGERALD J, WOODCOCK J, et al. Integrated tool chain for model-based design of cyber-physical systems: The INTO-CPS project[C]//2016 2nd International Workshop on Modelling, Analysis, and Control of Complex CPS (CPS Data). IEEE, 2016: 1-6.

[30] WANG B, BARAS J S. Hybridsim: A modeling and co-simulation toolchain for cyber-physical systems[C]//2013 IEEE/ACM 17th International Symposium on Distributed Simulation and Real Time Applications. IEEE, 2013: 33-40.

[31] Vanderbilt University. GME: Generic Modeling Environment | Institute for Software Integrated Systems[EB/OL]. (2008-06-04) [2021-11-14]. https://www.isis.vanderbilt.edu/Projects/gme/.

第7章
即插即生产信息物理融合框架及智能适配器

7.1 引言

随着通信和信息网络技术的发展，工业物联网[1]、面向服务架构（SOA）[2]、人工智能[3]等技术一一出现，信息物理融合生产系统（CPPS）[4]也随之诞生。它是将信息物理融合系统（CPS）扩展到制造领域的产物，对以个性化产品制造为目的的制造系统进行管控。信息物理融合生产系统需要具有无缝连接异构系统的能力，还要具有客户订单到制造实施过程的自动转换能力，并进一步实现用户级的产品定制。个性化定制智能生产线是信息物理融合生产系统最直接的实现，具有产品与物理资源动态变化、信息空间与物理空间交互频繁、通信协议高度异构等特点。为实现高效运行，个性化定制智能生产线亟需构建信息物理融合的运行框架，以此实现生产线 CPPS 组件更敏捷的部署和集成。为此，个性化定制智能生产线的运行需要构建类似于嵌入式系统平台的架构，不同点在于嵌入式系统平台针对的对象更加微观，是由嵌入式操作系统和嵌入式硬件组成。而生产线系统所涵盖的内容更加宏观和复杂，包含了产品、资源、软件等支持生产线运行的所有资产。为了管控这些资产需要建立一个针对生产线相关资产的软件框架，以实现信息空间和物理空间的协同，以及个性化定制的即插即生产制造模式。

在计算机领域,即插即用是自动将外接设备快速地适配到底层计算机中的板卡,以实现无需手动配置的连接。借鉴这个概念,在制造领域的即插即生产概念被提出[5],其内涵在于可以在不需要调试和手动设置的情况下向生产线添加新的资源、产品和软件。即插即生产的制造模式要求在构建制造系统时尽量减少资产配置时间,在向系统动态添加新的资源、产品和软件工具时能够自动实现重新配置。文献 [6] 为工业物联网系统建立了开放式即插即生产(OpenPnP)参考体系结构,它通过使用 OPC UA 的信息建模、标准通信和服务发现机制,对生产资源自动进行参数化配置和集成工作,从而有效减少系统调试难度。文献 [7] 提出了一个模块化生产系统即插即生产实现方式,它通过使用具有统一软硬件接口的资源适配器,实现运行过程中资源能力的动态组合和调用。文献 [8] 所述的资源适配器通过资源的 AutomationML 描述信息生成对应的 OPC UA 服务器,并将资源信息注册到制造服务总线(Manufacturing Service Bus, MSB)上。随后,MSB 通过浏览 OPC UA 地址空间的方式,获取资源适配器所封装的生产资源加工能力,从而允许不同自动化系统之间的快速注册和无缝通信。

因此,为了满足信息物理融合制造系统对个性化产品工艺需求的快速配置和调整,制造企业需要对制造系统过程数据进行实时获取并加以分析[9]。然而,参与生产过程的资产种类繁多,它们往往具有不同的通信协议和接口形式,这将给实时数据的获取带来困难。为了解决这一难题,制造企业通常在生产资源边缘端部署资源适配器来对资源数据进行近端采集和处理。例如,文献 [10] 提出一种将制造现场的异构设备兼容到物联网环境的方法,即通过设计一个适配器,实现上层业务流程远程调用服务的功能。文献 [11] 开发了适配器,并作为数据转换和数据预处理的节点单元,提取数据的关键特征,并以可扩展标记语言的数据描述格式对其进行封装,实现了制造过程原始数据的统一采集和传输。文献 [12] 基于"软件定义"的思想,采用硬件平台化、软件模块化的方式,合理设计了适合工业互联场景的适配器。它能将工业现场众多的异构通信协议统一映射到 OPC UA 和 MQTT 协议上,从而实现资源数据采集、处理和传输的标准化过程。文献 [13] 开发了以 OPC UA 通信技术为基础的资源适配器,并将其视为资产管理壳的具体实现方式。它能通过标准服务接口对外广播,进而对动态接入制造系统的生产资源进行注册,使得制造系统能够及时发现环境资源的变化,并对其生产能力进行参数化调用。通过这些研究现状可以发现,在实现个性化制造场景中,对于生产资源的互联互通和产品工艺动态重构等方面,资源适配器均起到了关键的作用。

7.2 即插即生产信息物理融合框架

7.2.1 异构组件的集成方式

不同于传统的大批量单一产品制造模式较为固定的组件连接方式和加工工艺参数，小批量个性化定制智能生产线为了适应生产需求多变的产品，需要为 CPPS 组件提供互操作的能力。传统制造系统通常需要针对异构组件之间通信单独开发特定接口（见图 7-1a），难以适应动态重构的要求。如何处理 CPPS 组件的通信异构是组件互操作要解决的首要问题。

基于中间件的异构通信方式如图 7-1b 所示，通常有以下两种方法：

1）异构组件接入中间件之后，组件数据在中间件中通过通信协议适配的方法转化为统一的信息描述格式，并通过标准通信接口供其他组件调用，进而实现组件相互通信；

2）异构组件在本地适配器中转化为统一的信息描述方式，并通过标准服务接口接入中间件实现交互。

a) 无中间件通信方式

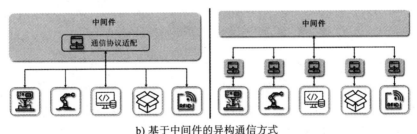

b) 基于中间件的异构通信方式

图 7-1 无中间件通信方式和基于中间件的异构通信方式

上述 2 种方法的不同点在于，方法 1 以集中式的集成方式统一所有异构组件的通信方式，以解决"信息孤岛"问题，该方法的系统自适应能力较差，紧耦合的集成模式也不利于组件之间的业务流程调整与重组，缺乏可扩展性和灵活性；方法 2 通常以 SOA 的方式对异构组件进行服务封装，为实现组件的分布式、松耦合的集成提供了途径，实现了异构组件跨平台的互操作，并通过所有服务的组合形成组织内或跨组织的复杂业务流程，以适应不断变化的生产需求。

7.2.2 基于中间件的信息物理融合运行框架

针对 7.2.1 节所述异构通信方式的特点，本节采用方法 2）的异构通信方式进行异构组件通信。如图 7-2 所示，基于中间件的信息物理融合运行框架以中间件作为统一信息集成平台（中间件的设计见第 10 章），将 CPPS 组件的通用信息转换为组件服务，并通过标准服务接口集成到中间件，使所有接入中间件的 CPPS 组件能够以服务的方式进行交互。运行框架通过在组件端部署具有通信协议适配能力的适配器，为来自不同厂商的异构组件提供统一接入的通信方式，并在此基础上形成标准服务接口。同时，适配器作为分布式边缘智能节点，还可扩展数据清洗、数据本地处理等功能，以降低在生产环境中动态添加新组件的难度。

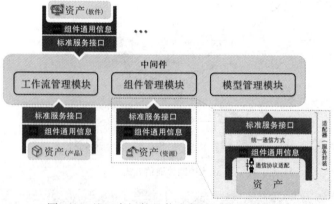

图 7-2 基于中间件的信息物理融合运行框架

这种基于 SOA 的运行框架的优点在于，用户不需要关心 CPPS 组件之间交互的内部实现技术，而只需要关心组件服务的调用方法和调用结果[14]。因此，服务调用可以直接获取不同种类、不同粒度组件的信息，从而将以往具有严格层次关系的系统交互架构扁平化。在组件交互过程中，适配器可以视为不同粒度组件在信息空间的数字化表达，它遵循信息物理融合系统的范式并向外提供服务调用接口，并与资产共同组成了 CPPS 组件。

为此，运行框架中的中间件需要通过适配器在每个 CPPS 组件内构建统一的通信层，从而获得通用的通信基础结构，以确保不同的 CPPS 组件以正确的方式解析得到的传输信息。此外，中间件还可以使用多粒度和松耦合的服务来构建满足个性化需求的应用场景，并通过不同种类 CPPS 组件的服务化集成，实现以敏捷方式动态部署制造系统。由此可统一集成生产线设计和运行生命周期内的大量异构组件，构建不同种类和不同粒度的组件服务，部署中间件的各功能模块，以验证智能生产线在设计时的数字仿真、运行时的数字模型同步、资源动态变化时的资源重构的效果。

7.2.3 基于服务的中间件与组件交互过程

基于上述中间件的需求，本节提出了组件集成制造中间件（Component Integrated Manufacturing Middleware，CIMM），CIMM 包括工作流管理模块、组件管理模块和模型管理模块。工作流管理模块的功能是通过工作流对组件服务的执行顺序进行定义、监控和调用；组件管理模块的功能是实现车间调度系统中组件的即插即生产，负责组件的动态注册与删除；模型管理模块负责领域模型、语义模型和应用模型的存储。图 7-3 为中间件与组件交互过程。在组件接入产线时，适配器分别向模型管理模块、组件管理模块发送信息模型和组件的基本服务信息。信息模型以 AML 领域模型的形式存储在模型管理模块中，在服务注册之前，适配器需要向组件管理模块提供组件的基本服务信息，包括服务 GUID、服务名称、服务 IP 和端口、服务粒度等。当组件的服务注册开始时，适配器会将信息模型转换为适应组件通信协议的信息实例。在生产执行过程中，CIMM 还可通过组件管理模块对组件服务进行周期性的健康检查，以获取组件的在线/离线状态。当工作流管理模块需要进行服务调用时，组件管理模块会将健康服务列表推送至工作流管理模块。工作流管理模块根据生产需求对服务进行匹配与编排，最终根据服务的基本信息创建 OPC UA 的客户端对服务进行调用，并触发适配器中 OPC UA 服务器的变量节点和方法节点，以响应服务功能需求。

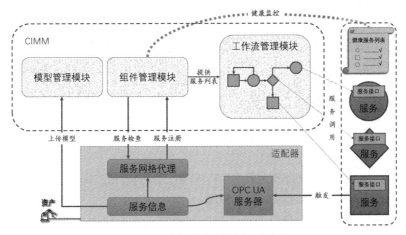

图 7-3 中间件与组件交互过程

除组件间的交互外，组件内部物理组分和信息组分的融合，也是实现即插即生产的基础，因此需要设计适配器来对CPPS组件的服务进行封装。根据生产要素的形式类型，适配器分为硬件适配器和软件适配器。硬件适配器的功能是将制造资源（如设备、工作站等）或产品等物理生产要素连接到中间件，典型的硬件适配器包括资源适配器和产品适配器。软件适配器的功能是将生产工具或软件形式的工艺规则库连接到中间件。

可将各类不同类型组件兼容到中间件抽象为以下几个适配问题：

1）兼容各类异构生产要素，以统一服务接口满足不同生产要素之间的互操作性；

2）动态发现和注册生产环境中的资源和产品，实现生产参数自适应配置；

3）兼容即插即生产智能生产线，满足由产品驱动的自组织生产的条件。

综上所述，从运行时的角度出发，针对2.2节所述的组件状态动态反馈和加工过程动态执行的需求，依次从设备、产品、软件这三类要素出发，分别提出相关适配器的设计和实现方法，从而在不停机生产的前提下实现生产要素动态接入、动态交互、动态优化和动态执行的目的。

7.3 资源适配器

个性化定制智能生产线的运行需要按照个性化产品的定制需求和生产系统的性能要求来实施对制造资源的动态调配。资源组件在运行状态下，信息组分和物理组分相互作用，信息组分将系统产生的调度以命令形式下达给物理组分，物理组分将运行过程中的实时数据和资源状态反馈给信息组分，为系统的决策提供基础数据；同时，由于个性化产品生产有系统柔性的要求，资源组件动态接入或动态退出制造系统时，CIMM需要以服务的方式实现对资源组件的自动感知。本节提出基于模型驱动的资源适配器实施框架，它服务于CIMM对不同层级资源组件的动态感知，为个性化定制智能生产线自组织、自适应生产提供基础性保障。

7.3.1 资源适配器运行机制

基于CIMM的SOA框架，围绕着资源组件即插即生产的目标，设备适配器应具有以下功能：

1）建立CIMM与资源组件的连接，屏蔽资源内部的差异性；

2）支持资源组件的动态注册和删除；

3）具有向CIMM提供资源组件模型和资源实时运行状态的能力，为资源动态调度决策提供信息和数据。

资源适配器和资源资产（Assets）共同组成了资源 CPPS 组件。资源适配器包含了资源资产的信息组分，是涵盖多领域的软硬件统一集成单元。资源适配器作为适配异构资源的边缘智能节点，在硬件设计上要提供工业常见的多种通信接口，以兼容来自不同制造商的多源异构资源。在软件实现上，资源适配器承担着实时处理动态变化的资源信息的功能。根据第 3 章的 CPPS 组件定义，这些资源信息在生产线设计时阶段已经通过 AML 加以描述。基于资源组件的 AML 描述，本节提出资源适配器运行框架，如图 7-4 所示。此框架可赋予资源组件即插即生产的能力。这些软件功能均以资源组件的 AML 信息模型为基础，采用模块化的方式开发和部署，功能模块之间具有较低的耦合程度，保障了资源适配器的软件系统具有较强的稳定性和可维护性。

资源适配器的运行框架如图 7-4 所示，其中的模块分为 AMLtoOPC-UA 模型转换器、模型同步模块、服务注册模块、协议映射模块和逻辑映射模块。其中，AMLtoOPC-UA 模型转换器负责读取资源 AML 模型，并将所有信息节点映射至 OPC UA 信息模型上，建立 OPC UA 服务器；模型同步模块负责提取资源 AML 模型及描述资源结构和能力的外部文件，并上传到 CIMM 的模型仓库中；服务注册模块负责根据资源 AML 模型的信息将服务注册到 CIMM 的服务目录上；协议映射模块负责不同通信协议的适配；逻辑映射模块负责异构资源的适配。

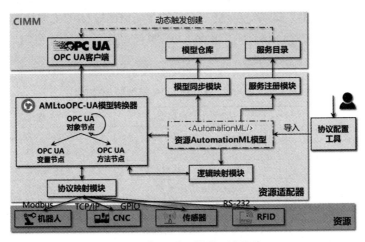

图 7-4　资源适配器的运行框架

CIMM 在调用资源组件服务前，需要在服务注册时动态创建 OPC UA 客户端，以 OPC UA 对象节点的形式访问资源适配器中的 OPC UA 服务器。此外，在新资源加入生产线时，用户需要利用协议配置工具将协议转换的信息导入 AML 模型，供 AMLtoOPC-UA 模型转换器读取资源原始数据时进行原通信协议到 OPC UA 的协议映射。协议配置工具可通过配置使资源适配器适应不同协议的资源资产。

7.3.2 资源适配器实现方案

1. 模型转换器

智能生产线资源组件信息模型采用 AML 标准进行描述，但它只是集成了不同工程领域的相关概念，定义了资源组件的拓扑结构、对外提供的能力、接口信息、内部组件的状态转移等内容，缺少从资源资产异构通信协议到 OPC UA 的协议映射信息。为解决这一问题，我们需要在设计 AML 信息模型时，提供 OPC UA 协议的映射信息。模型转换器需要将 OPC UA 信息模型中与实际生产运行相关的变量节点或方法节点与资源的能力相关联，并在此基础上建立起资源组件的 OPC UA 服务器。

本节借鉴文献 [15] 提出的 AML 与 OPC UA 的模型映射规则，通过类比的方式将 AML 中定义的所有数据元素映射为 OPC UA 地址空间中的各类节点，同时将资源组件 AML 模型中定义的 PLCopen XML 接口映射为 OPC UA 地址空间中的方法节点，从而实现 CIMM 对资源组件的动态调用。由于 OPC UA 和 AML 语言均采用了面向对象的定义方法，因此，在对二者进行映射的过程中，仍然需要遵循"类型–实例"的概念。表 7-1 总结了 AML 与 OPC UA 模型映射规则。根据这些映射规则，可以将资源组件 AML 模型映射为符合 OPC UA 标准的以 XML 格式表达的信息模型节点集。

表 7-1　AML 与 OPC UA 模型映射规则

AML 元素	OPC UA 节点类型	描述
AML 文件夹	FolderType 类型对象	用于在 OPC UA 信息模型中存储多个 AML 文件
类结构根节点	CAEXObjectType 类型对象	用于描述 AML 类结构根节点
类的组成结构	HasAMLChild 引用类型	用于描述类结构的组成关系
角色类及角色实例	AMLRoleClass 类型及其实例对象节点	用于表征模型元素的语义角色
接口类及接口实例（不包括 PLCopen XML 及 IEC 61499 XML）	AMLInterfaceClass 类型及其实例对象节点	用于表征建模元素的外部接口
PLCopen XML 及 IEC 61499 XML 接口实例	方法节点	用于提供建模元素的能力描述接口
系统单元类 SystemUnitClass	AMLSystemUnitClass 对象类型	用于将可重用模型模板映射为 OPC UA 对象类型

(续)

AML 元素	OPC UA 节点类型	描　述
内部元素 InternalElement	AMLSystemUnitClass 类型对象	用于描述系统单元类的实例化模型元素
属性 Attributes	AMLAttributeType 类型及其实例对象节点	用于表征建模元素的某一方面特性，它可由方法节点或变量节点组成
属性变量 Values	AMLVariableType 类型及其实例变量节点	用于将数据量属性映射为 OPC UA 变量节点
RoleRequirement 及 SupportedRoleClass	HasAMLRoleRequirement / HasAMLSupportedRoleClass 引用类型	用于描述建模对象与其角色实例的引用关系
AML 元素间的包含关系	HasComponent 引用类型	用于表征建模元素所包含的对象节点和方法节点
AML 元素的属性关系	HasProperty 引用类型	用于表征建模元素所包含的变量节点
类的继承关系	HasSubtype 引用类型	用于描述角色类、接口类、系统单元类中的继承关系

模型转换器的运行流程如图 7-5 所示。模型转换器对信息模型中所有与生产过程相关的方法节点和变量节点创建回调函数。由于这些与底层资源数据交互和工艺执行相关联的节点在 AML 中分别表达为具有数据源属性的输入/输出节点以及 PLCopen XML 接口实例或 IEC 61499 接口实例，因此，在模型映射过程中，模型转换器分别提取这两类节点的全局唯一标识符 GUID，并为其自动生成回调函数代码，使其在被外界访问的时候，能够自动运行本地调用服务，实现对资源能力的操作。通过采用基于 C99 标准（ISO/IEC 9899:1999）开发的 open62541 开源库，模型转换器根据模型映射后的 OPC UA 信息模型，生成相应的节点集源代码，并与上述自动生成的回调函数代码共同编译生成可执行的 OPC UA 服务器。

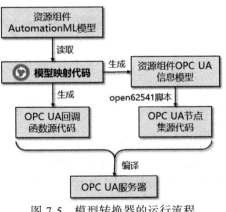

图 7-5　模型转换器的运行流程

2. 协议映射模块与逻辑映射模块

OPC UA 服务器中配置了与资源交互的回调函数，资源适配器中的协议映射模块和逻辑映射模块能以标准的 OPC UA 服务接口对多源异构资源的数据源和操作逻辑进行统一封装和处理，这两个模块涵盖了 OPC UA 数据模型操作的基本方法。

协议映射模块可下载资源组件的配置参数和反馈运行状态，并按照异构数据源的绑定规则映射到对应的 OPC UA 变量节点。协议映射模块集成了当前工业制造现场中多种主流的通信协议和接口（如 TCP/IP、Modbus、I/O、串口通信等），能够在智能生产线运行时阶段通过解析资源组件 AML 模型中定义的数据元素的数据源属性，动态切换至相应的底层通信协议，并将数据实时映射到 OPC UA 地址空间，从而实现不同通信协议的自动适配。以机器人的 TCP/IP 协议映射为例（见图 7-6），当外部服务通过 OPC UA 协议访问资源组件并对 IntInput 节点赋予工艺参数时，资源适配器首先会按照 protocol 和 config 属性建立与底层资源的通信信道，随后将工艺参数按照 expression 所给出的数据格式进行封装，并下发至底层资源上。这里"%s"数据格式意为底层资源能够直接接收并解析在 IntInput 节点给出的工艺参数的原始字符串。

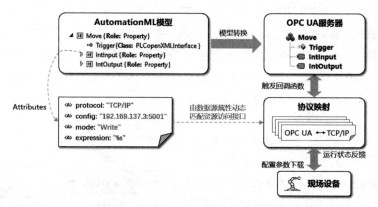

图 7-6 机器人的 TCP/IP 协议映射

逻辑映射模块主要负责在产品加工过程中对异构资源组件工艺能力的具体调用和执行，对外暴露的是 OPC UA 的方法节点。由于在资源组件 AML 模型的设计过程中，分别采用 PLCopen XML 和 IEC 61499 标准功能块网络来描述不同粒度资源组件的行为模型（控制模型），因此，在生产线运行时阶段通过资源适配器对异构资源组件的行为逻辑进行适配时也要分别实现不同的逻辑映射模块。

面向设备层级、传感器和执行器层级的逻辑映射模块基于 PLCopen XML 来描述工艺执行逻辑，如图 7-7 所示。当外部其他组件或上层业务流程通过标准 OPC UA 服务接口触发 Trigger 方法节点时，逻辑映射模块能够及时读取 ExtInput 输入节点的数据，将其赋值给 PLCopen 运行环境，运行符合 IEC 61131-3 标准的 PLC 语言所描述的程序片段，并将输出的 IntInput 结果变量映射到 OPC UA 服务器上。随后，OPC UA 服务器将会按照类似于异构数据源的映射方法，通过协议映射模块将 IntInput 参数下发到底层生产资源，再将资源实时运行数据通过 IntOutput 节点反馈至 PLCopen 运行环境，从而达到自动适配异构资源的目的。

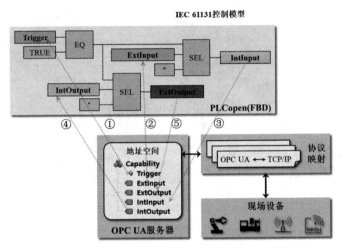

图 7-7 基于 PLCopen XML 的逻辑映射模块

面向工作站层级和生产线层级的逻辑映射模块基于 IEC 61499 标准的功能块网络来描述工艺执行逻辑，如图 7-8 所示。因此，在资源适配器中需要部署 IEC 61499 标准的运行环境。当外部服务通过 OPC UA 标准接口触发工作站或生产线层级的工艺能力时，IEC 61499 标准的运行环境将会接收到工艺执行事件，并根据实时读取到的 ExtInput 输入参数，动态执行功能块网络所描述的功能行为。然而，大粒度的资源组件在功能块网络中可动态创建 OPC UA 客户端，并访问和调用其下级资源组件的加工工艺。当 IEC 61499 标准的运行环境接收到来自低层级资源的执行完成事件通知时，将会触发一个新的事件，并将按照上述步骤继续执行下一个功能块。

3. 服务注册模块

由于资源组件在个性化定制智能生产线上存在着无法预知的动态接入和移除情况，因此，为了满足即插即生产需求，赋予 CIMM 动态监视和管理可用资源的能力，资源适配器中需要配置服务注册模块。服务注册模块可实现在资源组件接入生产线时，自动发现环境中的服务目录并向其注册资源的关键信息，从而使 CIMM 能够实时获知当前可用资源并调用相关的资源。

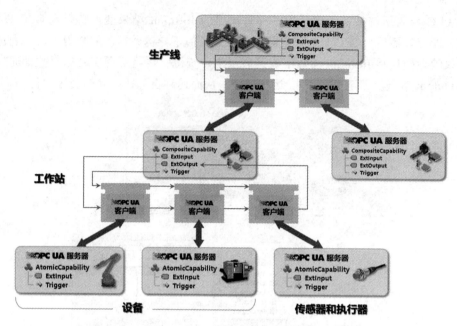

图 7-8　基于 IEC 61499 标准功能块的逻辑映射模块

在个性化定制智能生产线环境中使用服务注册功能时，首先需要将生产线上所有提供服务的节点（包括 CIMM 和资源组件）都纳入服务网格中。因此，需要实现在 CIMM 上部署服务目录，并在资源适配器中部署相应的服务注册的代理客户端。除此之外，在生产环境网络内部署自定义的 DNS 服务器，将服务查询的请求转发到服务目录。通过这种方式，当有新的资源组件动态接入生产线时，资源适配器将向局域网 DNS 服务器请求服务目录的本地地址，而后向服务目录注册资源组件关键信息。

服务目录中存储的资源组件信息主要是为了持续性维护个性化定制智能生产线上的所有资源组件，并为组件间的信息交互提供支持，资源组件服务注册流程如图 7-9 所示，注册的信息通常包括资源 GUID、资源名称、资源类型、资源 IP 地址及访问端口，以及资源所能提供的工艺能力等，这些关键信息是资源组件 AML 模型中定义的数据元素的一个子集。此外，资源适配器在服务注册代理客户端还可配置服务的健康检查，用于监视服务运行状态。它将定期向服务目录反馈资源组件服务运行状态，保证服务目录中的所有

图 7-9　资源组件服务注册流程

服务均为健康状态。若在超过轮询周期未得到健康状态反馈，则认为该服务已下线，即资源组件无法继续提供服务。

4. 硬件方案

个性化定制智能生产线上所涉及的物理资源种类繁多，它们的外部通信接口往往各不相同，资源适配器需要支持常见的工业通信接口，通过配置适配不同厂家、不同粒度资源的接口，实现对实时数据的采集和解析，并将解析后的数据以统一的数据描述方式提供给 CIMM，为系统决策提供支持。此外，资源适配器的硬件需要提供稳定的基础计算能力和便捷的软件开发部署能力。

资源适配器的硬件子模块如图 7-10 所示，包括树莓派 3B+、RJ45 千兆以太网接口、GPIO 接线端子、RS-232 接口、RS-485 接口等。其中，选用树莓派 3B+（主要硬件参数如表 7-2 所示）作为资源适配器的主控单元，树莓派 3B+ 自带的 GPIO 可满足与传感器和 I/O 执行器等最小粒度资源的连接，RJ45 接口及 USB 转接的 RS-232 和 RS-485 接口可满足与机器人、机床等大粒度资源的连接。同时，树莓派 3B+ 中基于 Linux 的 Raspbian 操作系统可以利用多种编程语言（Python、C、Java）和协议库可用于制造领域的所有应用层通信协议。

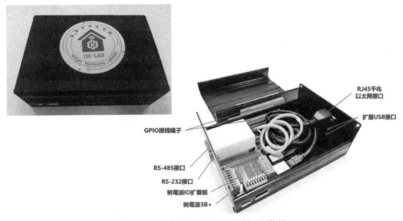

图 7-10 资源适配器硬件子模块

表 7-2 树莓派 3B+ 硬件参数

处理器	内存	硬盘空间	硬件通信接口
博通 BCM2837B0（主频 1.4GHz）	1GB	外部挂载 16GB MicroSD 内存卡	内置 Wi-Fi 模块，具有 40 路 GPIO 引脚、1 个 RJ45 千兆以太网接口、4 个 USB 2.0 接口

7.4 产品适配器

在个性化定制制造场景中，产品的种类和批量都处于动态变化之中，这对整个制造系统带来了极大的挑战，同时也对产品提出了更多的要求。这要求产品能够自我获取信息并提供信息[16]，能够自我追踪定位[17]，能够通过自我决策实现自我运营[18]，能够参与到库存物料的监控管理[19]，能够集成到CPPS系统中进行业务流程管理，甚至进行复杂供应链的运营管控[20]。

对于传统的工业控制循环，产品状态信息通常由设备间接收集。引入了智能产品概念后，产品状态的监控可由智能产品主动向CIMM推送。产品信息的及时、准确和可用性有助于减少延误，并降低原材料库存、生产操作和成品管理中发生错误的风险。另外，以产品为中心制定产品的业务流程，能大大提高产品的自主权，减少资源执行计划发布与产品实际计划不匹配的影响，减少因产品提前或延后到达而导致的资源计划滞后或失效，并将发布错误的资源执行计划的风险降至最低。

个性化定制智能生产线以产品需求拉动为导向，采用产品工作流来统筹规划与调度产品加工的过程，并且采用分布式的方式处理产品的信息和决策，实现产品整个生命周期中的自动化。个性化定制智能生产线的工业控制框架（见图7-11）将产品作为工艺规划、制造、物流、仓储、运营等的核心对象，并通过产品适配器将产品转化为产品服务，实现产品的服务化调用。

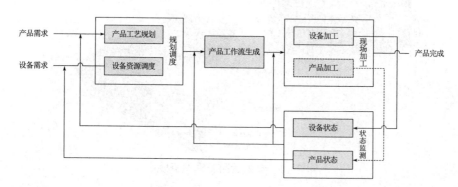

图7-11　个性化定制智能生产线的工业控制框架

7.4.1 产品适配器运行机制

产品适配器与产品资产共同组成产品CPPS组件。产品适配器是产品CPPS组件与其他CPPS组件协同的基础，同时也为产品CPPS组件的自主性、智能性提供使能技术。

为了保证即插即个性化定制智能生产线的运行,产品 CPPS 组件具有以下功能[21]:

1)拥有唯一的身份标识。产品能表示订单需求,比如产品的物料清单、产品的参数、产品的额定交货时间等。

2)具备识别、更新及存储自身状态的功能。具有根据自身的信息模型生成服务模型的能力,所生成的服务模型描述了产品的物料组成、产品能力等。当产品信息发生变化时,产品服务模型也能进行相应的更新。

3)与生产环境进行高效沟通。与资源组件、工艺组件及不同功能的软件组件进行协商,以支持个性化产品制造的柔性和时效性。

4)能够主动参与制造过程,且具有一定的决策能力。

如图 7-12 所示,产品适配器包括了产品服务生成器和产品智能托盘。产品服务生成器的主要作用是根据个性化产品的需求生成产品 CPPS 组件服务。与资源适配器类似,产品 CPPS 组件建模同样分成信息组分和物理组分,需要 CIMM 中的模型仓库支持;同时,由于个性化产品制造下即产生产的要求,智能产品进入制造系统时,需要获取当前各资源服务的状态,需要 CIMM 中组件管理模块的支持。

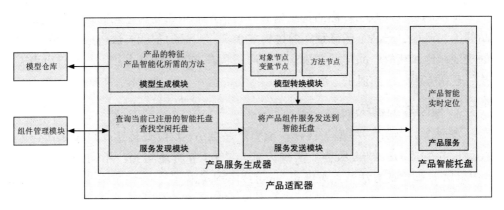

图 7-12　产品适配器设计框架

产品服务生成器由四个模块组成,分别为模型生成模块、模型转换模块、服务发现模块和服务发送模块。模型生成模块可根据订单需求,结合产品组件的 AML 模板,生成个性化产品的 AML 模型。模型转换模块根据产品的 AML 模型,自动转换成 OPC UA 模型,并生成 OPC UA 服务,其中 OPC UA 模型中的方法节点对应着产品的各智能化服务。服务发现模块可检测当前已注册的健康空闲的产品智能托盘,并将生成的 OPC UA 服务下载到对应的产品智能托盘中运行。

7.4.2 产品适配器实现方案

1. 模型生成模块

图 7-13 是模型生成模块示意图,由图可知,客户下单时仅对产品进行"模糊"描述,包括产品类型、颜色、个性化参数等。收到订单后,模型生成模块通过分析客户的需求,解析出产品的特征,包括产品的加工特征和装配特征,以及产品在制造中用到的方法,然后从模型仓库里下载产品的 AML 模型模板,结合产品的 AML 模板和生产线的实际情况,生成产品的 AML 模型,并将生成的产品 AML 模型上传到模型仓库。

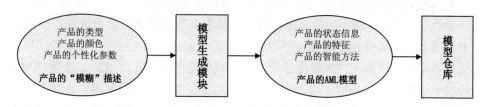

图 7-13 模型生成模块示意图

产品的特征反映了产品的详细信息,包括产品组成物料之间的逻辑关系、产品的工艺流程、产品工艺流程间的逻辑关系等。产品的智能方法包括了产品智能的实现,比如获取产品位置方法、获取产品状态方法、通知方法、产品自决策方法、显示方法、产品退出方法。

2. 模型转换模块

如图 7-14 所示,模型转换模块能将产品的 AML 模型转换成 OPC UA 信息模型,并生成 OPC UA 服务,实现方式与 7.3.2 节所述相同。不同的是,产品 OPC UA 模型中的方法节点对应着产品能力的实现。

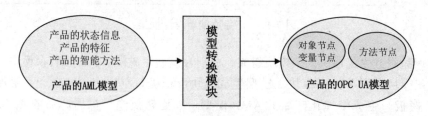

图 7-14 模型转换模块示意图

3. 服务发现模块

服务发现模块向组件管理模块查询当前已注册的产品智能托盘,并识别产品智能托盘状态。具体实现方式同 7.3.2 节所述。

图 7-15 为组件管理模块查询托盘状态的结果，由图可知，产品智能托盘以全局唯一标识 GUID 注册到组件管理模块，包含了产品智能托盘的名称、组件的类型以及通信连接所需的 IP 地址和端口等信息。此外，组件管理模块实时监测产品智能托盘的状态，若状态健康，则表明此时服务生成器可以访问该产品智能托盘。当产品智能托盘上没有分配产品时，产品智能托盘的状态为空闲；当产品智能托盘上已分配了产品服务，产品智能托盘的状态为忙碌。

图 7-15　组件管理模块查询产品智能托盘状态

4. 服务发送模块

服务发送模块可将生成的产品服务发送到产品智能托盘中，并开启运行。通过服务发送模块结合服务发现模块模型可实时监测产品智能托盘的状态，当产品智能托盘的状态为忙碌或者故障时，将不向该产品智能托盘分配产品服务。只有当产品智能托盘状态为空并且为健康状态时，才会将产品服务分配到产品智能托盘上。服务发送完成后，将产品智能托盘的状态改成忙碌，并把产品的 GUID 也注册到组件管理模块。

5. 产品智能托盘

产品智能托盘（见图 7-16）是产品智能实现的物理载体，包括托盘基体、电路板、RFID 标签、托盘盖子、产品槽和 UWB 标签。RFID 标签为识别的凭据，存储了托盘的全局唯一标识符（Globally Unique Identifier, GUID），以及当前产品的订单号、产品 GUID、产品名等产品基础信息。

电路板为产品智能托盘的核心部分，也是赋予产品智能的关键。产品智能托盘电路板的结构如图 7-17 所示，实物图如图 7-18 所示，包括树莓派 zero w 及与其相连的 UPS 电源模块、串口通信模块、无线信号通信模块、定位模块、光电感应模块、重量感应模块、复位模块、显示模块。电路板各模块的作用见表 7-3。

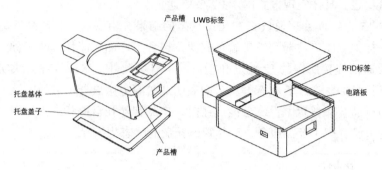

图 7-16 产品智能托盘

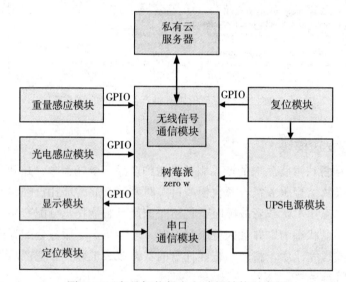

图 7-17 产品智能托盘电路板结构示意图

图 7-18 产品智能托盘电路板实物图

托盘基体如图 7-19a 所示，托盘基体中的产品槽用于存放生产过程中的产品，如图 7-19b 中所示的工艺品挂件、个性化 U 盘、蓝牙自拍器 3 类产品。

a) 托盘基体　　　　　　b) 加工产品

图 7-19　托盘基体及加工产品

表 7-3　电路板各模块的作用

模块	作用
UPS 电源模块	UPS 电源模块包含充电接口模块、充电微处理器模块、电源变压模块。充电微处理器模块能识别电源电压的变化，将电池状态通过串口通信模块传输给主芯片模块。电源变压模块能将电池输出的电压转化成各模块工作所需的电压
串口通信模块	串口通信模块能将 UPS 电源模块、定位模块的数据传输到主芯片模块
无线信号通信模块	无线信号通信模块能与私有云服务器进行无线网络连接，获取私有云服务器上的调度信息，并传输到主芯片模块进行处理，同时还能将自身产品的状态传输到云端服务器上
定位模块	定位模块包含定位标签，能与室内的定位基站通信。可实时计算三维定位数据，并将三维定位数据通过串口通信模块传输给主芯片模块
光电感应模块	光电感应模块识别产品是否在产品智能托盘上，将产品到位的信号通过 GPIO 传输到主芯片模块
重量感应模块	重量感应模块识别产品是否在产品智能托盘上，将产品到位的信号通过 GPIO 传输到主芯片模块
复位模块	复位模块用于整个电路板的快速重置
显示模块	显示模块采用数码管显示屏实现，能够显示当前的状态以及行为编码，包括发送通知、接收通知等信息

由于产品智能托盘的体积限制以及产品智能托盘要具备一定的运算能力，我们采用树莓派 zero w 作为电路板的核心，如图 7-20 所示。树莓派 zero w 硬件参数如表 7-4 所示。

图 7-20　树莓派 zero w

表 7-4　树莓派 zero w 硬件参数

处理器	内存	硬盘空间	硬件通信接口
博通 BCM2835（主频 700MHz）	512MB	外部挂载 16GB MicroSD 内存卡	内置 Wi-Fi 模块，具有 40 路 GPIO 引脚

UPS 电源模块。UPS 电源模块采用 UPSPack v3，集成了充电接口模块、充电微处理器模块、电源变压模块。充电微处理器模块能识别电源电压的变化，将电池状态通过串口通信模块传输给树莓派 zero w。

定位模块。定位模块采用 UWB（Ultra Wide Band，超宽带）技术，与生产环境内的定位基站通信，实时计算三维定位数据，将三维定位数据通过串口通信模块传输给树莓派，给产品适配器提供了定位能力。UWB 高精度定位系统支持定位、导航、授时与通信一体化功能的实时定位模式，分为标签、基站、控制台三种模式。标签实时测量并进行坐标解算，输出自身测距、坐标等信息，基站与控制台实时输出所有标签的定位信息。UWB 室内定位方法基于飞行时间测距法（Time Of Flight，TOF），属于双向测距技术，主要利用信号在两个异步收发机（Transceiver）之间往返的飞行时间来测量节点间的距离。

我们分别在室内布置了 8 个 UWB 基站，利用三边法原理定位在每个产品智能托盘的电路板都接入了 UWB 标签。理想情况下，三个 UWB 基站即可用三边法确定 UWB 标签的位置，如图 7-21b 所示。由于产品智能托盘在运输过程中，UWB 基站和 UWB 标签之间难免存在各种障碍物，阻碍了信号接收，从而影响定位。而 8 个 UWB 基站，可以综合信号强度及距离，加权求平均算出产品智能托盘所在位置。生产线的产品智能托盘仅在平面内移动，没有高度的变化，最终 2 维定位精度为 10cm，定位频率高达 200Hz。UWP 基站及标签如图 7-22 所示。

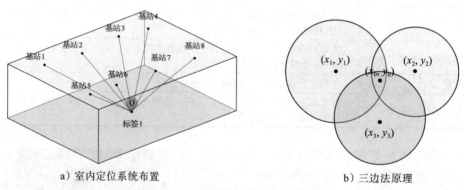

a) 室内定位系统布置　　　　　　　　b) 三边法原理

图 7-21　室内定位系统及三边法原理

a) UWB 基站　　b) UWB 标签

图 7-22　UWB 基站及标签

光电感应模块。光电感应模块采用微小型光电开关，能识别产品是否在产品槽上，将产品到位的信号通过 GPIO 传输到树莓派 zero w。

重量感应模块。重量感应模块采用薄膜型压力感应片，能识别产品是否在产品槽上，将产品到位的信号通过 GPIO 传输到树莓派 zero w。

复位模块。复位模块控制 UPS 电源模块以及树莓派 zero w，用于整个电路板的快速重置。

显示模块。显示模块采用数码管显示屏，能将显示当前的状态以及行为编码，包括发送通知和接收通知。

7.5 软件适配器

个性化定制智能生产线的物理信息融合及交互越来越紧密，支持 CPPS 生产线运行的不仅仅是资源组件、产品组件等物理实体对应的 CPPS 组件，还有多种软件模块如生产线建模软件、形式化验证软件、模型转换软件等。不同的软件由不同的公司或者个人独立开发，通常运行于不同操作系统的硬件平台。目前软件之间通信常用协议有 HTTP、MQTT 等。

HTTP 协议（HyperText Transfer Protocol）支持 B/S（浏览器/服务器）及 C/S（客户端/服务端）两种模式，因简单快速、灵活等特点，已成为当今因特网上应用最为广泛的一种网络传输协议，大部分业务软件都采用了 HTTP 通信协议进行信息交互[22]。

MQTT 协议（Message Queuing Telemetry Transport），是一种基于发布/订阅（Publish/Subscribe）模式的"轻量级"通信协议，能以极少的代码和有限的带宽，为连接远程设备提供实时可靠的消息服务。因其低开销、低带宽占用、即时通信的特点，在物联网、小型设备、移动应用等领域相较于一般通信协议（如 HTTP）则有较广泛的应用[23]。

软件 CPPS 组件需要与中间件、其他组件进行信息交互，以分布式方式支持生产线的资源重构与生产调度、主动维护，实现个性化定制智能生产线系统的柔性和快速响应性。与前文资源适配器和产品适配器原理相似，软件适配器的目的就是将 CPPS 系统中的各软件组件以统一的服务形式进行调用，并将软件 CPPS 组件的功能信息注册到服务注册管理中心，完成协议转换以适应基于服务的运行架构。

7.5.1 软件组件 AML 建模

支持 CPPS 生产线的运行的不仅仅是资源组件、产品组件等物理实体对应的

CPPS 组件，还需要多种软件组件。图 7-23 描述了在系统单元类库中构建的软件组件模型。由这些元素组成组件模型需要对其领域进行共有属性的表达，如一个 CompositeSoftware 组件模型由 CyberPart 和 PhysicalPart 组成，CyberPart 中包含 Structure、Function 和 Behaviour 三个视角的软件描述。其中，Structure 表示软件结构，包含了软件使用的通信方式（Communication）以及软件涉及的各子工具（ToolsInvolved）。Behaviour 表示软件行为，刻画了软件组件的行为逻辑以及软件提供的服务描述方法。Function 表示软件功能，提供了该软件组件各组成元素的通信接口（Manifest）、软件提供能力（Capability）和运行状态（Status）。

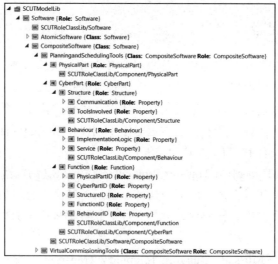

图 7-23　软件组件模型

软件 CPPS 组件模型描述的是一类具有共性的软件集合，而软件组件实例指实际 CPPS 中的软件实体。软件组件实例在包含软件组件模型的所有组成元素的基础上，还需要对其各属性进行配置，并相应地映射到具体的数据或文件。以 CPPS 中规划调度软件组件实例为例，如图 7-24 所示，PlanningandSchedulingTools 由 CompositeSoftware 组件模型实例化而得。对于结构视角的通信方式，规划调度工具采用 gRPC 接口方式与其他软件组件相连，除此之外，软件适配器还能将如 HTTP、MQTT 其他通信协议接口方式转换成 gRPC 接口方式与其他软件组件相连。对于结构视角的涉及的工具，规划调度软件还包含了模型构建工具、语义推理工具、产品调度工具等更小粒度的软件组件实例。PlanningandSchedulingTools 组件实例的功能视角包含了具体的可供外部访问的通信接口以及状态信息（Status），状态信息包含的若干基本属性数据可以描述一个状态节点的所有信息。

PlanningandSchedulingTools 组件实例的功能视角包含了可供外部访问的通信接口以及状态信息（Status），状态信息描述 Planningand-SchedulingTools 运行过程中返回的所有信息。PlanningandSchedulingTools 组件实例的行为视角包含了软件组件的行为逻辑以及软件提供的服务描述方法。软件组件的行为逻辑表示方法参照了产品工艺方法的表达，先进行模型构建，再进行语义推理，最后根据推理结果生成最终调度方案。软件的服务描述包含了四个方面的内容：服务的类型、服务的使用方法、服务的检测方法、服务的期望。服务的类型说明了服务的简单分类，比如软件服务中的调度软件。服务的使用方法说明了软件可以被调用的参数或方法、调用的接口（如 gRPC 或其他协议接口）、所需的模型，还有与其他软件中间件的连接关系。服务的检测方法说明了服务质量的评价方式，其通过数据库获取或 gRPC 回应。服务的期望说明了服务完成的预期状态，比如该服务完成后该达到的效果、服务的预期完成时间、能耗等。

图 7-24　软件组件实例

7.5.2 软件适配器运行机制

为了满足 CIMM 与各种软件工具交互的需求，软件适配器可使软件 CPPS 组件对应的软件工具与中间件中接入的其他组件进行交互和协同工作。软件适配器为 CPPS 组件的协同提供了基础，为即插即生产的生产线运行管控提供不可或缺的智能实现保障。

软件适配器实现的关键是适配各软件 CPPS 组件不同的通信协议接口，将异构接口转换成统一服务接口。gRPC 是一个高性能、通用的开源 RPC（Remote Procedure Call，远程过程调用）框架，其由 Google 开发，主要面向移动应用。它基于 HTTP/2 协议标准而设计，基于 ProtoBuf（Protocol Buffers）序列化协议开发，且支持众多开发语言[24]。与许多 RPC 系统一样，gRPC 基于定义服务的思想，能指定参数和返回类型进行远程调用，能快速地创建分布式应用程序和服务。在服务器端运行 gRPC 接口服务器来处理客户端调用，同时在客户端有一个桩（stub），提供与服务器相同的请求与回应方法。

在默认情况下，gRPC 使用谷歌协议缓冲区编码器（Google protocol buffers compiler）来对 gRPC 交换的数据进行序列化。通信协议转换模块根据 proto 文件的格式标准发送和接收指令。proto 文件包含着序列化的数据定义结构，在发送指令时，proto 缓冲区数据会被构造为包含一系列信息的键值对的指令。相应地，在接收指令时也需要按照 proto 格式标准对不同的指令进行解析。

由于 gPPC 快速、易于使用、带宽高效、支持多语言、自动生成 API 代码等特性，我们选择 gRPC 作为统一服务接口以实现软件适配器与 CIMM 的工作流管理模块的通信。

为了使来自不同平台的软件工具接入 CPPS 生产线，成为 CPPS 组件中的一部分，软件适配器应具有以下功能：

1）解析软件 CPPS 组件的 AML 模型，再根据 AML 模型解析出软件服务的描述。

2）适配 HTTP、MQTT 等常见通信协议的软件，并转变成以统一服务接口 gRPC 的形式连接到中间件 CIMM。

3）将软件服务注册到服务注册与管理中心，并通过组件管理中心获取当前已注册的服务，实现服务间的联动。

软件适配器组成及运行框架如图 7-25 所示。

1）当软件部署成功时，服务发现与注册模块从软件的 AML 模型解析出软件服务的描述，将软件服务注册到组件管理模块，然后把软件 AML 上传到模型仓库，如图 7-25 中的①②③。

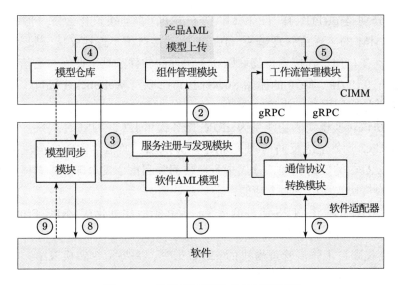

图 7-25 软件适配器组成及运行框架

2）当用户将产品 AML 模型上传到模型仓库时，会自动生成产品的业务流程并运行工作流实例，如图 7-25 中的④⑤。CIMM 中的工作流管理模块对各软件服务进行服务编排。

3）通信协议转换模块包含了指令接收和指令发送两部分。指令接收部分从工作流管理模块中接收到了 gRPC 指令，然后将 gRPC 指令转换成软件支持的协议，比如 HTTP、MQTT 等。随后，指令发送部分将转换后的指令发送给软件，如图 7-25 中的⑥⑦。

4）模型同步模块将产品 AML 模型提交给软件运行，软件解析产品 AML 模型并进行相应的处理工作，若涉及产品 AML 模型的转换，模型同步模块将转换后的其他模型上传到模型仓库，如图 7-25 中的⑧⑨。

5）软件处理工作完成后，通信协议转换模块将软件工作完成的指令发送到工作流管理模块，如图 7-25 中的⑩。

7.5.3 软件适配器实现方案

如上节所述，下面将具体介绍图 7-25 中的通信协议转换模块、模型同步模块和服务注册与发现模块。

1. 通信协议转换模块

通信协议转换模块作为软件适配器与软件中间件的接口，可以与支持不同网络协议的软件工具进行自适应通信。通信协议转换模块目前有 3 种通信协议驱动接口，分别是 gRPC、HTTP 和 MQTT。gRPC 驱动接口作为统一服务接口用于连接 CIMM 的工作流管理模块。HTTP 驱动接口用于连接支持云服务的软件。MQTT 驱动接口用于连接支持物联网相关协议的软件工具。此外，通信协议转换模块预留了 TCP/IP、UDP 的原始 Socket 接口，以及 WebSocket 接口，用于以后适配支持其他应用层通信协议的软件。

通信协议转换模块的功能是为 gRPC 服务提供 HTTP+JSON 接口、MQTT 接口，对 gRPC 服务生成反向代理，如图 7-26 所示。通信协议转换模块从本质上来说就是 gRPC 的反向代理，分成指令接收部分和指令发送部分。总体来说，通信协议转换模块实现以下两个功能：

1）接收来自软件 CPPS 组件的指令，并将指令序列化成 gRPC Proto 请求的形式发送至工作流管理模块。

2）接收来自工作流管理模块的 gRPC 指令，并将指令转换成第三方软件支持的协议形式回送到原请求方。

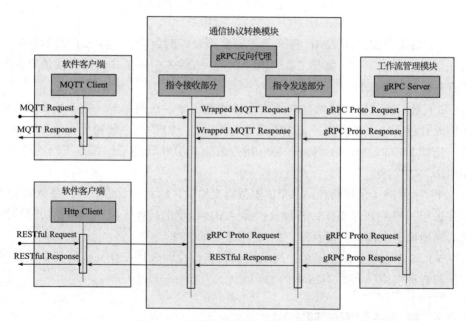

图 7-26　通信协议转换模块实现原理

一般情况下，gRPC 在收到消息后，会根据 protobuf 的缓冲区编码器来对消息进行编解码。然而，在通信协议转换模块的内部，其既需要作为 server 端接收指令，又需要作为 client 端发送指令。当接收到的指令为 gRPC 时，其指令在通信协议转换模块内部转发的时候，不需要对其进行任何形式的编解码，此时只需要一个对协议的无感知仅作转发的缓冲区编码器，对 gRPC 自带缓冲区编码器的解编码部分进行屏蔽即可；当接收到的指令为 HTTP、MQTT 时，其指令在通信协议转换模块内部转发的时候，则需要对指令重新解析成 Proto 请求，此时需要重新实现编码器。由于 HTTP 与 MQTT 协议实现原理及方式的不同，在进行重编解码时，也对应着不同的实现方法。

2. 模型同步模块

模型同步模块有以下两个功能：

1）持续监听 Minio 存储桶上的通知，当获取到用户上传产品 AML 的桶通知时，下载用户上传的产品 AML 提交到软件处。

2）在软件工作时，若涉及产品 AML 的转换，则把转换后的模型上传到模型仓库备份。如规划调度软件需要将产品 AML 模型转换成本体模型进行知识推理，模型同步模块则将转换后的本体模型上传到模型仓库备份。

3. 服务注册与发现模块

服务注册与发现模块主要有以下两个功能：

1）服务注册与发现模块从组件管理模块获取当前已注册的服务，为软件服务与其他服务的联动提供健康服务目录。

2）解析该软件的 AML 模型，从 AML 模型中获取软件的服务信息，并将服务信息注册到组件管理模块。

7.6 结论

本章从构成个性化定制智能生产线的三种关键生产要素出发，简要阐述了设备、产品和软件等 CPPS 组件在接入即插即生产智能生产线时的需求，并相应引入了设备适配器、产品适配器和软件适配器，使其具有边缘决策和统一服务接口通信的功能。对于这三类适配器，本章分别从各自的功能需求着手，并遵循模型驱动和即插即生产的理念，以各自的 AML 模型为基础，对其通信接口和功能模块进行了详细的设计和实现。对于与中间件 CIMM 的通信，本章分别采用 OPC UA 协议和 gRPC 协议作为物理资产与软件资产的统一通信接口，以满足异构物理资产 CPPS 组件的实时数据采集和状态反馈、软件资产 CPPS 组件的动态服务发现和生产线动态调度等需要。

参考文献

[1] TANG H, LI D, WAN J, et al. A reconfigurable method for intelligent

manufacturing based on industrial cloud and edge intelligence[J]. IEEE Internet of Things Journal, 2019, 7(5): 4248-4259.

[2] MORGAN J, O'DONNELL G E. Enabling a ubiquitous and cloud manufacturing foundation with field-level service-oriented architecture[J]. International Journal of Computer Integrated Manufacturing, 2017, 30(4/5): 442-458.

[3] WAN J, TANG S, LI D, et al. A manufacturing big data solution for active preventive maintenance[J]. IEEE Transactions on Industrial Informatics, 2017, 13(4): 2039-2047.

[4] BOCK C. Componentization in the systems modeling language[J]. Systems Engineering, 2014, 17(4): 392-406.

[5] ARAI T, AIYAMA Y, MAEDA Y, et al. Agile assembly system by "plug and produce"[J]. CIRP annals, 2000, 49(1): 1-4.

[6] KOZIOLEK H, BURGER A, PLATENIUS-MOHR M, et al. OpenPnP: a plug-and-produce architecture for the industrial internet of things[C]//2019 IEEE/ACM 41st International Conference on Software Engineering: Software Engineering in Practice (ICSE-SEIP). IEEE, 2019: 131-140.

[7] WOJTYNEK M, OESTREICH H, BEYER O, et al. Collaborative and robot-based plug & produce for rapid reconfiguration of modular production systems[C]//2017 IEEE/SICE International Symposium on System Integration (SII). IEEE, 2017: 1067-1073.

[8] MIRANDA F, MARTINS R, DOROFEEV K, et al. Towards a common manufacturing service bus to enable flexible plug-and-produce automation[C]// ISR 2018; 50th International Symposium on Robotics. VDE, 2018: 1-8.

[9] TANTIK E, ANDERL R. Potentials of the asset administration shell of Industrie 4.0 for service-oriented business models[J]. Procedia CIRP, 2017, 64: 363-368.

[10] 谢春秋，余淑荣，许正军，等. 基于 OPC UA 的数控机床远程监控系统研究[J]. 机械设计与制造工程，2017, 46(12): 3.

[11] ROSAS J A, BRITO V, BRITO PALMA L, et al. Approach to adapt a legacy manufacturing system into the IoT paradigm[J]. International Journal of Interactive Mobile Technologies, 2017, 11(5).

[12] SAEZ M, LENGIEZA S, MATURANA F, et al. A data transformation adapter for smart manufacturing systems with edge and cloud computing

capabilities[C]//2018 IEEE International Conference on Electro/Information Technology (EIT). IEEE, 2018: 0519-0524.

[13] JIANG Z, CHANG Y, LIU X. Design of software-defined gateway for industrial interconnection[J]. Journal of Industrial Information Integration, 2020, 18: 100130.

[14] GOSEWEHR F, WERMANN J, BORSYCH W, et al. Specification and design of an industrial manufacturing middleware[C]//2017 IEEE 15th International Conference on Industrial Informatics (INDIN). IEEE, 2017: 1160-1166.

[15] HENSSEN R, SCHLEIPEN M. Interoperability between OPC UA and AutomationML[J]. Procedia Cirp, 2014, 25: 297-304.

[16] HOLMQVIST M, STEFANSSON G. 'Smart goods'and mobile RFID a case with innovation from volvo[J]. Journal of Business Logistics, 2006, 27(2): 251-272.

[17] MCFARLANE D, SARMA S, CHIRN J L, et al. Auto ID systems and intelligent manufacturing control[J]. Engineering Applications of Artificial Intelligence, 2003, 16(4): 365-376.

[18] LANG W, JEDERMANN R, MRUGALA D, et al. The "intelligent container"— a cognitive sensor network for transport management[J]. IEEE Sensors Journal, 2010, 11(3): 688-698.

[19] ZHOU W, PIRAMUTHU S, CHU F, et al. RFID-enabled flexible warehousing[J]. Decision Support Systems, 2017, 98: 99-112.

[20] RÖNKKÖ M, KÄRKKÄINEN M, HOLMSTRÖM J. Benefits of an item-centric enterprise-data model in logistics services: a case study[J]. Computers in Industry, 2007, 58(8-9): 814-822.

[21] TRENTESAUX D, THOMAS A. Product-driven control: a state of the art and future trends[J]. IFAC Proceedings Volumes, 2012, 45(6): 716-721.

[22] PALLEN M. Guide to the Internet: the world wide web[J]. BMJ, 1995, 311(7019): 1552-1556.

[23] PEREIRA C, AGUIAR A. Towards efficient mobile M2M communications: survey and open challenges[J]. Sensors, 2014, 14(10): 19582-19608.

[24] WANG X, ZHAO H, ZHU J. GRPC: a communication cooperation mechanism in distributed systems[J]. ACM SIGOPS Operating Systems Review, 1993, 27(3): 75-86.

第 8 章

个性化定制智能生产线的资源重构与生产调度

8.1 引言

目前对个性化定制有两种主张,一方面主张通过大量运用高度柔性的通用工作站来满足个性化定制生产的多种工艺需求,另一方面主张通过组合不同小粒度资源重构工作站的制造能力来适应工艺需求的变化。随着数字化转型[1-2]、工业物联网[3]、多智能体系统[4]、人工智能[5]和语义网[6]等信息技术在制造领域的普遍运用,可实现个性化定制生产的新兴制造系统所需条件已基本具备。这种新型的制造系统被称为可重构制造系统,其目标是利用生产过程产生的大数据来分析和改善制造系统的资源配置,以适应生产需求的变更。个性化定制生产模式要求可重构制造系统兼备生产效率和柔性。柔性包括需求柔性和响应柔性:需求柔性指产品特征的差异造成的产品工艺多样性,即同一类产品可以有不同的工序路径,这种性质源于产品工序之间的约束以及同一个工序可被多种工作站处理;响应柔性指生产线或工作站柔性,其中工作站柔性表示工作站可以处理工艺种类的数量,生产线柔性是生产线内包含工作站的柔性并集[7-8],生产线内工作站类型和数量越多,生产线的柔性越大[9-10]。

个性化定制生产中,产品动态变化的特性会导致需求柔性的变化。为了适应需求柔性的变化,生产线应尽量提高响应柔性。在个性化产品生产需求到来时,对生产线整体制造能力进行评估并在满足最小需求柔性的前提下重构资源组织关系[11]。在此基础上，将资源重构生成的资源组织关系与调度算法的自适应机制相结合以提高生产线的响应柔性，从而实现可自适应生产线内部状态变化与外部产品生产需求变更的生产过程。

8.1.1 可重构制造系统的研究现状

个性化定制生产模式下，制造企业需要对市场变化和生产线生产异常做出高效且经济的响应，由此出现了可重构制造系统（Reconfigurable Manufacturing System, RMS）[12-13]。RMS 的概念在 20 世纪 90 年代被提出[14]，是智能制造领域的研究热点，是 21 世纪制造业的关键技术之一。RMS 的思想是以低成本和快速响应调整为基础，通过重新配置资源来调整制造能力，从而应对市场变化和车间生产异常[15]。

1996 年美国密歇根大学创立了"可重构加工系统工程研究中心"，致力于发展和完善 RMS 的理论体系，以可重构设备和可重构控制器为基础，对 RMS 进行了完整定义[16]。Yuan 等引入 EMbench 作为 RMS 的设计与仿真环境，该环境集成了 IEC 61499 标准功能块网络，可对车间进行设计配置以及模拟整合各种资源，实现了低成本的灵活重构[17]。Mehrabi 等将传统制造系统与 RMS 进行比较，并提出可重构的控制系统的原型框架和信息流模型[18-19]。Son 等针对不同需求阶段的产品构型相似性对比，提出了基于遗传算法的资源重构方法[20]。Kalita 等针对逻辑控制器的建模、规范、分析和设计，提出了分层架构，通过基于模块化和"面向对象"的技术实现控制器逻辑的快速重构[21]。Moon 针对传统数控技术柔性不足的问题，从功能、结构、模块优化和指标评价 4 个角度提出可重构加工机床的设计方法[22]。Abdi 等采用层次分析法描述制造系统构型的重构决策过程，以此优化制造系统的构型配置[23]。ElMaraghy 等对制造系统的重构因素进行讨论，将其分为硬（物理）重构和软（逻辑）重构。其中，硬重构包括设备模块的装/卸载和车间布局重构，软重构包括设备逻辑的重生成、产品工艺的重规划和生产计划的重调度等[24]。Tang 从零件族的设计与生产的角度，对 RMS 的布局设计和重构逻辑进行研究[25]。Deif 等提出基于重构能力扩展性的建模方法，以此开发一个基于遗传算法优化的重构工具，用于计算重构配置的参数[26]。Goyal 等提出一种基于模块交互的重构方法，用于计算设备的可重构性和制造能力，并结合非支配排序的遗传算法对单产品流水线的设备分配问题进行求解[27]。近年来，国内的 RMS 研究也取得了一定进展。罗振璧等讨论并介绍了 RMS 中快速重构工作站的原理、理论和方法[28]。张晓峰利用 Petri 网对 RMS 的工艺选择路线进行建模，并分别针对工艺方案搜索和工艺路线选择提出 2 种优化算法[29]。顾农等针对

RMS 的设备布局提出了基于模拟退火的优化搜索算法[30]。窦建平等针对 RMS 构型的选择问题,提出了基于图论的优化方法[31]。杨飞生基于重构闭环稳定性设计混合式的可重构控制器,可预防不满足静态可重构条件而导致的闭环失稳状况发生[32]。

8.1.2　资源重构方法的研究现状

　　自组织重构的行为可以让系统在生产环境和生产目标变更的情况下自发地调整直至系统重新达到一个稳定的状态。这要求可重构生产线能够将产品需求高效地匹配到具备相应制造能力的资源,并且所选的资源能够自发进行组合形成工作站。以下将对产品与资源的匹配方法的相关研究进行评述。

　　服务匹配是实现产品需求到制造资源匹配的手段之一。国内外前期的研究者对服务匹配大多通过关键字进行匹配[33-34],此类方法缺乏对服务信息各层级的属性的精准语义描述,存在匹配性能低下的问题[35]。近年来,学者们以本体论为理论基础,聚焦于基于语义的服务匹配方法,有效地解决了上述问题。Song 等提出一种基于图论的服务搜索算法,利用功能参数相似性实现用户需求与服务的匹配[36]。Yu 等针对不同组成结构的服务流程提出高效的启发式算法,对服务进行基于 QoS 的选择[37]。张佩云等提出一种基于语义匹配和 QoS 的服务混合选择算法,以解决组合服务的匹配问题[38]。Bai 等针对语义网络服务的匹配问题提出一种模糊匹配方法,以支持自动化的服务发现过程[39]。Wei 等提出一种名为"SAWSDL-iMatcher"的服务匹配器,支持 Qos、描述文本和语义注释等匹配策略[40]。Zhang 等结合多个服务匹配器与前馈神经网络,提出一种基于神经网络的模式匹配方法[41]。Oh 等提出服务发现与组合算法,实现大规模分布式应用的服务匹配[42]。Li 等提出基于网络服务组合的服务聚类方法,通过将制造资源抽象成服务的聚类网络,降低服务搜索的难度[43]。Jiao 等针对服务发现中语义描述的不足之处,提出基于本体网络语言的云制造服务发现方法,可根据服务信息的语义分析对服务进行过滤[44]。Li 等针对云制造服务中的组合优化问题,提出基于云熵增强的遗传算法,通过多目标优化的数学模型计算服务匹配度[45]。Li 等将资源的制造能力转化为制造云服务,通过提出的扩展服务模型描述服务的相关性,并设计基于 QoS 的匹配算法,用于制造资源需求和能力的匹配[46]。

8.1.3　生产调度优化方法的研究现状

　　生产调度是在评估当前资源状况和工序约束的基础上,生成调度计划并对资源发送执行指令的过程。近些年用于生产调度的主流优化方法分为启发式算法、元启发式算法和强化学习算法三类。一些研究集中在基于元启发式优化算法的重调度方法以应对调度中的不确定性问题。Li 等利用蚁群优化算法建立一个数学模型，在不确定因素下进行车间重调度[47]。Zhang 将多智能体系统和蚁群优化算法结合，对动态环境下柔性作业车间的重调度问题进行寻优求解[48]。Zakaria 提出了用于重调度的遗传算法，该算法具有适应新订单的不调整和重新调整两种策略[49]。在个性化定制生产中，由于新产品到达时间、处理时间和资源的异常情况都是随机的，难以在有限决策时间内计算出最佳调度方案。因此，一些基于强化学习的动态调度方法也已引起关注。Yih 将调度问题表述为半马尔可夫决策问题，并通过假设其状态空间是可观察的来求解动态调度问题[50]。Li 将个性化定制生产调度问题建模为马尔可夫决策过程（Markov Decision Process, MDP），并通过与本体知识库的交互来获得最优的调度方案[51]。在此基础上，出现了基于深度强化学习的调度方法，用来解决高维度复杂调度过程中的随机最优控制问题，以预防动态规划求解强化学习问题中"维数灾难"的发生。Luo 提出了深度 Q 网络（Deep Q Network, DQN），应用于车间连续生产状态，并在每个重调度的时间点学习最合适动作策略，以求解总拖期最小的调度目标下新工件插入的柔性作业车间调度问题[52]。Zhang 将实时作业车间调度问题建模为 SMDP 模型，利用基于仿真的 DQN 方法来求解该模型[53]。Waschneck 将 Google DeepMind 的 DQN 代理算法应用于车间调度，通过建立合作型的智能体，利用客户定义的调度目标训练深度神经网络（Deep Neural Network, DNN），从而生成优化调度方案[54]。

8.2 资源重构与生产调度的二元闭环结构

8.2.1 资源重构与生产调度的关系分析

生产线包括机器设备、传感器/执行器和人力资源等多种不同粒度的资源，每种资源具备的制造能力各有不同。在个性化定制生产模式下，由用户提交的订单使得进入生产线的产品种类或型号是随机的，因此产品生产工艺对应的制造能力需求也是随机的，这要求生产线中的资源具备动态可重构性。由于生产工艺通常由工作站完成，动态重构即需根据产品生产工艺需求，将资源组合成若干工作站。在无法满足新的加工需求之时可拆分工作站，并将拆分的资源重构形成新的工作站，由此完成生产线制造能力的自主调整。

可重构生产线是一种能适应多品种变批量个性化定制产品生产，按系统约束以重排、重复利用或更新子系统的方式快速调整生产功能和响应生产过程的生产线[7]。资源重构与生产调度应同时满足生产线系统的功能性和非功能性的需求。从功能需求的角度看，生产线应能够对个性化定制订单的生产需求进行处理。从非功能需求的角度来看，生产过程应具备高调度性和高可预测性，这要求生产调度方法可以适应生产过程中不同程度的产品生产需求变更与资源异常等干扰的影响。因此，资源重构与生产调度有两个关键问题亟待解决，一是如何针对个性化定制产品生产需求重构生产线的制造能力，二是如何针对已重构的资源组织关系进行优化调度。

现有的相关研究理论在解决以上两个关键问题上仍有不足之处。在资源重构方面，在个性化定制生产模式下可重构生产线应兼备柔性和动态性，现有的可重构制造理论主要关注设施布局规划的方法理论和应用研究，无法体现资源动态重构的理念和需求，导致工程应用的实际效果不理想。其次，工作站的形成是根据车间状态的动态改变，资源配置重新调整的过程应具有继承性，即新的资源配置结构需考虑减少改变量而又能满足新的生产需求。然而现有的资源重构方法常采用完全重新组合的方式，难以保证重构的平稳性，造成资源浪费。同时，现有的方案忽略产品工序特征与资源制造能力之间的内在关系，资源耦合度高，容易形成制造能力较为单一的工作站，无法有效满足定制生产需求。

在车间调度优化方法方面，个性化定制生产模式下产品订单可能随时下达，要求可重构生产线能够动态适应生产需求的随机性，并在有效的决策时间内计算出车间调度方案。一方面，现有的元启发式车间调度算法虽然可以找到性能最优的调度方案，但通常计算时间很长，无法在较短的决策时间内做出决策。如果根据决策时间要求设定了算法计算时间的阈值，使用元启发式车间调度算法就很难得到性能良好的车间调度方案。此外，元启发式车间调度算法在动态调度中触发的重调度过程是不包含任何决策记忆的重新计算，计算效率低。

根据上述问题，本节定义的资源重构和生产调度的二元闭环结构如图8-1所示。在生产开始时，生产线的初始状态通过资源的自诊断获得。随着时间推移，生产线会面临资源故障、新生产需求到达等生产事件。生产线以初始状态和当前状态作为判断依据，判断重构触发条件是否需要进行资源重构，若满足触发条件则对已有的工作站进行拆分再重组，以重组后的资源组织关系为基础生成优化调度方案。整个生产过程的资源重构与生产调度构成了闭环，资源重构和生产调度的关系既独立又部分耦合。这种二元结构减小了资源重构与生产调度问题的求解规模，将资源、工作站和产品生产需求三大要素的匹配任务分解成资源重构和生产调度之间的关系问题，提高了可重构生产线的运行效率。

在个性化定制生产模式下，资源重构与生产调度既要考虑不同设备资源约束、产品工序约束等情况，又要保证生产调度性能的优化。因此，资源重构与生产调度具有以下特点：

1）可重构性。可重构性指生产线进行重新配置资源组织关系以获得不同制造能力的特性。快速有效地建立资源的重组关系是实现可重构性的重要途径。

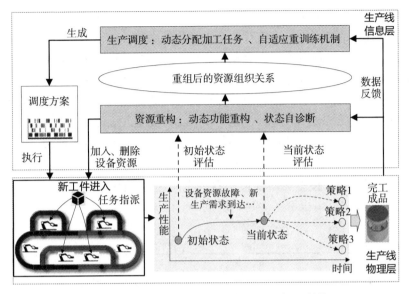

图 8-1 资源重构与生产调度的二元闭环结构

2）产品适应性。产品适应性指根据不同产品生产需求，在可控时间内从一批产品生产转换到另一种产品生产的适应能力。生产线若能够在不停机的情况下完成资源组织关系的转换，将很大程度上缩短新产品的生产响应时间，从而使产品能更快地投放市场，提高产品竞争力。

3）自诊断性。生产线需要以资源状态为基础，对生产调度方案或资源组织关系进行修正和调整。因此，可重构生产线中的资源应具备对自身状态的自诊断能力，从而维持生产过程的可靠性。

4）多目标性。资源重构与生产调度通常考虑多个生产调度性能的评价指标，而评价指标之间存在一定的矛盾性，即一个评价指标的上升可能带来另一个评价指标的下降。这需要生产调度方法在各评价指标允许的约束范围内协调消除冲突，实现综合最优的生产调度性能。

5）不确定性。生产过程中可能出现多种不可预知的生产异常，如资源故障、刀具损坏等。

8.2.2 可重构生产线的"对象–过程"建模

当前针对可重构生产线的建模大多仅针对静态结构或静态行为，在灵活性、交互能力、逻辑验证能力等方面存在许多不足。"对象–过程"建模方法（Object-Process Methodology, OPM）融合了面向对象和面向过程的建模特点[55]，采用对象和过程的统一描述对系统的结构和行为进行建模。其主要建模元素是对象、状态、过程和链接。对象是以物理或信息形式存在的事物。状态是对象在某些时间点下的特定情况。过程是可以使对象产生变化的事物，如使对象消耗、产生、状态改变等。链接是描述对象间、对象与过程、过程间关系的表达，分为结构链接和过程链接。其中，结构链接表示对象之间或过程之间静态的长期关系，一般是对系统结构的建模；过程链接表示对象和过程间的变化关系，一般是对系统行为的建模。OPM 有 2 种表达方法，OPD（Object-Process Diagram）和 OPL（Object-Process Language）。OPD 是一种图形化表达方法，通过对过程的放大展开来生成子过程，实现过程模型的嵌套描述。OPL 是一种文本形式描述，通过自然语言辅助 OPD，使 OPM 模型更易于被机器和人所理解。OPM 建模元素如表 8-1 所示，所有元素的语义可以参考文献 [56]。

表 8-1　OPM 建模元素

OPD	概　念	解　释
	对象	物理事物或信息事物
	过程	使对象产生变化的事物
	状态	对象特定时间点下的特定情况
	组合链接	表示对象之间的组合关系
	属性链接	表示对象与属性的关系
	继承链接	表示父类与子类的继承关系
	实例化链接	表示类与实例的关系
	自定义结构链接	表示用户自定义关系
	器件链接	表示过程需要对象参与
	消耗链接	表示过程消耗或产生对象
	条件触发链接	表示状态条件触发过程
	事件触发链接	表示对象触发过程
	消耗事件触发链接	表示对象触发过程并且消耗该对象
	触发链接	表示过程触发过程

本节利用 OPM 建模语言对资源重构与生产调度涉及的生产要素结构和交互行为进行统一建模。图 8-2 是对所有生产要素结构和交互行为的整体描述。图 8-3～图 8-6 是在整体描述中部分关键过程的嵌套模型，从订单检查、资源重构、资源自诊断和生产调度 4 个方面描述关键过程的子过程及其对象关系。在过程嵌套模型里，除由触发链接描述的过程外，子过程的执行顺序按照其位置高度从上往下执行。

如图 8-2 所示，OPM 统一模型描述了所有生产要素参与的过程及其内部结构。云端由订单处理模块、产品与资源匹配模块和知识库组成。客户订单具有未确认订单、已确认订单和不可处理订单三种状态，且包含交货期、产品种类和批量三个属性。工件包含工序、实时位置两个属性，其中，工序由工序特征组成，且工序特征表示对资源制造能力的需求。工作站由若干个资源构成，资源包含制造能力和实时位置两个属性。待处理工件集、可用工作站集既是资源重构的结果也是车间调度的前提。

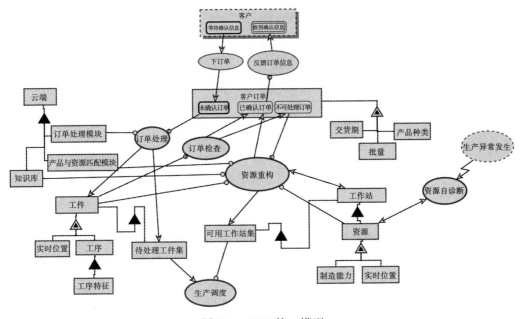

图 8-2　OPM 统一模型

客户（虚线表示非系统对象）通过下订单过程生成客户订单。客户订单处于未确认订单的初始状态，该状态会条件触发订单处理过程。订单处理过程生成若干个工件和待处理工件集，每个生成的工件事件触发订单检查过程。系统由订单检查过程确定客户订单的最终转移状态。客户订单如果处于已确认订单状态，则条件触发反馈订单信息过程，将客户的状态转移至收到确认信息状态。客户订单如果处于不可处理订单状态，则条件触发资源重构过程。资源重构过程将重新生成工作站和可用工作站集。在系统运行过程中，若出现生产异常，则资源自诊断过程会被触发。

图 8-3 展示的是订单检查过程嵌套模型，由工件事件触发。在该过程嵌套模型中，首先执行查询工作站制造能力过程，通过对比工作站的复合制造能力与工件的工序特征可得到查询结果。查询结果如果为确认可处理订单状态，则条件触

发确认订单过程,将客户订单的状态转移至已确认订单状态。查询结果如果为不可处理订单,则条件触发拒绝订单过程,将客户订单的状态转移至不可处理订单状态。

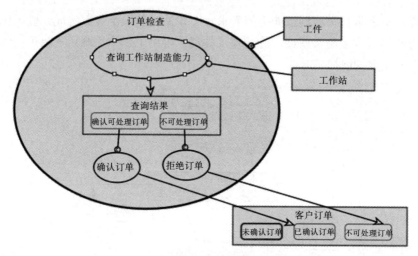

图 8-3 订单检查过程嵌套模型

图 8-4 展示的是资源重构过程嵌套模型,可由客户订单的不可处理订单状态条件触发。在该过程嵌套模型中,首先执行拆分当前工作站过程,消耗已有的工作站生成若干个资源。然后将资源的制造能力与工件的工序特征进行多层级匹配,生成工件相关的可用资源集。从可用资源集中随机选取合适的资源,生成新的工作站和可用工作站集。最后客户订单的状态转移至已确认订单状态。

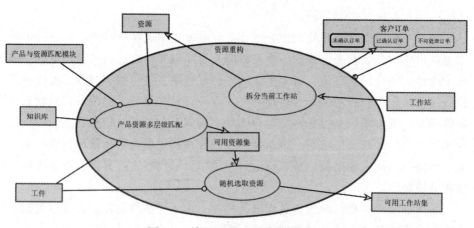

图 8-4 资源重构过程嵌套模型

图 8-5 展示的是资源自诊断过程嵌套模型，由生产异常发生过程触发。在该过程嵌套模型中，首先由知识库对资源异常情况进行自诊断推理，生成资源异常结果后事件触发资源故障确认过程，并消耗资源异常结果。收到资源异常确认过程的资源从资源可用状态转移至资源故障状态或资源超载状态。当资源处于资源故障状态时，条件触发资源故障处理过程，该子过程将故障的资源注销，并生成新的资源进入系统。当资源处于资源超载状态时，则条件触发资源超载处理过程，该子过程生成与超载资源功能和性能相同的资源进入系统。若无法生成新的资源，则触发新一轮的资源重构过程。

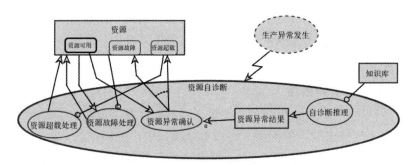

图 8-5　资源自诊断过程嵌套模型

图 8-6 展示的是生产调度过程嵌套模型，由待处理工件集的未处理完成条件触发。在该过程嵌套模型中，首先执行的是工件处理优先级排序过程，通过订单要求的工件优先级制定工件处理优先级计划。然后由优先级计划事件触发工件处理分配优化计算过程，该子过程执行完成后生成优化调度方案。该方案规定了被指派的工件在指定的工作站上处理，并触发指定工作站进行处理过程，由此工作站开始处理工件，循环持续直至所有的待处理工件处理完成。

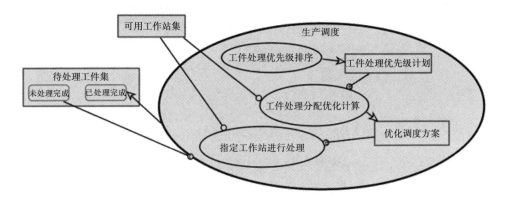

图 8-6　生产调度过程嵌套模型

8.3 本体知识驱动的资源重构机制

8.3.1 资源重构概念的本体模型

在 8.2.2 节的 OPM 模型中，知识库参与了资源重构过程、资源自诊断过程。这对知识库提出了两个要求：一是需要对相关制造概念知识进行语义描述，实现不同场景下产品与资源无歧义的语义互操作；二是需要对生产过程涉及的决策逻辑进行自动化推理。

本节采用本体知识库中的 TBox[57-60] 描述方法对重构概念进行本体建模，以逻辑图示对本体模型进行描述。图示中的圆角矩形表示本体类，圆角矩形之间的连线表示对象属性。根据 OPM 模型涉及的重构相关概念，分别对以下 4 个方面进行本体模型的说明。

1. 重构相关本体模型

在可重构生产线 OPM 模型的相关概念基础上，进一步给出了如图 8-7 所示的重构逻辑关键概念的本体模型。在该本体模型中，关键概念是 DrivenCase 类和 ExecutionRequest 类，分别用于表示重构触发条件与重构执行。

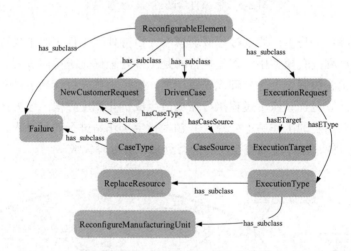

图 8-7 重构逻辑关键概念的本体模型

运用逻辑描述可将 DrivenCase 类表达为：

$$\text{DrivenCase} \sqsubseteq (=1\ \text{hasCaseType.CaseType} \cap\ \geqslant 1\ \text{hasCaseSource.CaseSource}),$$
$$\text{CaseSource} \sqsubseteq (=1\ \text{hasDP\_CaseSourceName.string} \qquad (8\text{-}1)$$
$$\cap =1\ \text{hasDP\_CaseSourceMU.string})$$

式中，CaseType 表示重构触发的类型，包含 NewCustomerRequest 和 Failure 两种子类，分别对应于新产品生产需求和资源故障两种触发条件；CaseSource 表示重构触发的对象，包含两个用字符串表示的数据属性 hasDP_CaseSourceName 和 hasDP_CaseSourceMU，分别表示重构触发的资源名称和包含该资源的工作站名称。

运用逻辑描述可将 ExecutionRequest 类表达为：

$$\begin{aligned} \text{ExecutionRequest} \subseteq &(=1\ \text{hasEType.ExecutionType} \cap \geqslant \\ & 1\ \text{hasETarget.ExecutionTarget}), \\ \text{ExecutionTarget} \subseteq &(=1\ \text{hasDP\_ExecutionTargetName.string} \\ & \cap =1\ \text{hasDP\_ExecutionTargetMU.string}) \end{aligned} \quad (8\text{-}2)$$

式中，ExecutionType 表示重构执行的类型，包含 ReplaceResource 和 ReconfigureManufacturingUnit 两种子类。ReplaceResource 类用于描述将制造能力相同的资源替换出现生产异常的资源而其他工作站保持不变的重构场景。ReconfigureManufacturingUnit 类用于描述将指定的工作站拆分成若干资源后进行重新资源组合的生产场景。ExecutionTarget 类表示重构执行的目标对象，包含两个用字符串表示的数据属性 hasDP_ExecutionTargetName 和 hasDP_ExecutionTargetMU，分别表示重构执行的目标资源名称和被重构执行的工作站名称。

2. 制造领域相关本体模型

制造领域的概念繁多，准确且详细的制造领域层次分类是描述资源和产品知识的基础，因此，构建制造领域的统一概念本体模型对于实现资源和产品之间的语义互操作具有重要意义。本节参考文献 [61] 和文献 [62] 的设备资源部分进行制造领域分类，将制造领域本体模型描述成 ReducedMaterial、AdditiveMaterial、Assembly 和 Auxiliary 四个子类。制造领域相关本体模型如图 8-8 所示。

3. 产品相关本体模型

根据 OPM 模型，可得到产品相关部分的本体模型，如图 8-9 所示。运用逻辑描述可将 Order 类表达为：

$$\begin{aligned} \text{Order} \subseteq &(\geqslant 1\ \text{hasProduct.Product} \cap =1\ \text{hasDP\_OrderPriority.int}), \\ \text{Product} \subseteq &(\geqslant 1\ \text{hasPFeature.ProcessFeature} \cap =1\ \text{hasDP\_ProductLeadtime.dateTime} \\ & \cap =1\ \text{hasDP\_ProductType.string}) \end{aligned} \quad (8\text{-}3)$$

式中，hasDP_OrderPriority 指用整型数表示的订单优先级，hasDP_ProductLeadtime 指用日期表示的产品交货期，hasDP_ProductType 指用字符串表示的产品类型，

ProcessFeature 类描述产品工序特征，运用逻辑描述可表达为：

$$ProcessFeature \subseteq (=1\ hasPFDomain.PFDomain \cap =1\ hasPFKPIR.PFKPIRequirement$$
$$\cap =1\ hasPFState.PFState \cap =1\ hasPFSkillR.PFSkillRequirement \quad (8\text{-}4)$$
$$\cap =1\ hasDP\_PFPriority.int)$$

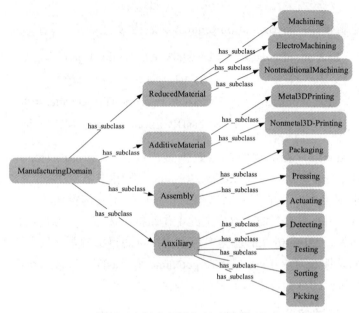

图 8-8　制造领域相关本体模型

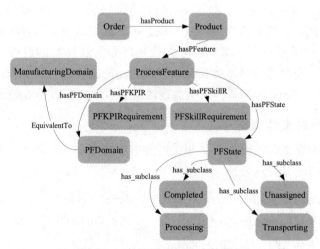

图 8-9　产品相关部分本体模型

其中，hasDP_PFPriority 指用整型数表示的工序特征优先级。PFDomain 类描述工序特征所在领域，其内涵与前文所述的制造领域一致。PFState 类描述工序特征的状态信息，包含 Completed、Unassigned、Processing 和 Transporting 四个子类，分别表示工序已被处理完成状态、工序特征处于未匹配资源状态、工序正在被工作站处理状态和工件处于运输状态。PFSkillRequirement 类和 PFKPIRequirement 类分别描述工序特征对资源的功能需求和工序特征对资源的性能约束，运用描述逻辑可表达为：

$$\text{PFKPIRequirement} \subseteq (=1\ \text{hasDP\_TimeConstrain.double} \\ \cap =1\ \text{hasDP\_CostConstrain.double}) \tag{8-5}$$

式中，hasDP_TimeConstrain 指用浮点型数表示的工序特征对资源的处理时间约束；hasDP_CostConstrain 指用浮点型数表示的工序特征对资源的使用成本约束。

$$\text{PFSkillRequirement} \subseteq (=1\ \text{hasDP\_MaterialTypeR.string} \\ \cap =1\ \text{hasDP\_SurfaceQualityRUpperlimit.double} \\ \cap =1\ \text{hasDP\_SurfaceQualityRLowerlimit.double} \\ \cap =1\ \text{hasDP\_GeometrySizeRUpperlimit.double} \\ \cap =1\ \text{hasDP\_GeometrySizeRLowerlimit.double} \\ \cap =1\ \text{hasDP\_AccuracyRUpperlimit.double} \\ \cap =1\ \text{hasDP\_AccuracyRLowerlimit.double}) \tag{8-6}$$

式中，hasDP_MaterialTypeR 指用字符串表示的工序特征所属材料类型，hasDP_SurfaceQualityRUpperlimit 和 hasDP_SurfaceQualityRLowerlimit 指用浮点型数表示的工序特征所需的表面质量上下限，hasDP_GeometrySizeRUpperlimit 和 hasDP_GeometrySizeRLowerlimit 指用浮点型数表示的工序特征所需的几何尺寸上下限，hasDP_AccuracyRUpperlimit 和 hasDP_AccuracyRLowerlimit 指用浮点型数表示的工序特征所需的精度上下限。

4. 资源相关本体模型

根据 OPM 模型，可得到资源相关的本体模型描述如图 8-10 所示，运用逻辑描述可将 ManufacturingUnit 类表达为：

$$\text{ManufacturingUnit} \subseteq (\geqslant 1\ \text{contains.Resource} \\ \cap =1\ \text{hasDP\_ManufacturingUnitName.string}), \\ \text{Resource} \subseteq (\geqslant 1\ \text{contains.ResourceCapability} \\ \cap =1\ \text{hasDP\_ResourceName.string} \\ \cap =1\ \text{contains.ResourceStructure}) \tag{8-7}$$

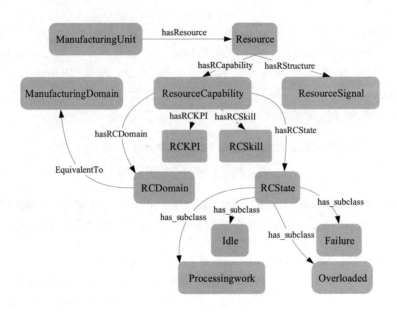

图 8-10 资源相关本体模型

式中，hasDP_ManufacturingUnitName 指用字符串表示的工作站名称。hasDP_ResourceName 指用字符串表示的资源名称。ResourceCapability 类描述资源的制造能力，运用逻辑描述可表达为：

$$ResourceCapability \subseteq (=1\ contains.RCDomain \cap =1\ contains.RCKPI \\ \cap =1\ contains.RCSkill \cap =1\ contains.RCState) \quad (8\text{-}8)$$

式中，RCDomain 类描述资源可处理的领域，其内涵与前文所述的制造领域一致；PFState 类描述资源的状态信息，包含 Idle、Overloaded、Processingwork 和 Failure 四个子类，分别表示资源处于空闲状态、资源处于过载状态、资源处于正在处理工件状态和资源处于故障状态；RCSkill 类和 RCKPI 类分别描述资源可提供的功能信息和性能信息，运用描述逻辑可表达为：

$$RCKPI \subseteq (=1\ hasDP\_ProcessingTime.double \\ \cap =1\ hasDP\_ProcessingCost.double) \quad (8\text{-}9)$$

式中，hasDP_ProcessingTime 指用浮点型数表示的资源的处理时间，hasDP_ProcessingCost 指用浮点型数表示的资源处理成本。

$$RCSkill \sqsubseteq (= 1\ hasDP\_MaterialTypeP.string$$
$$\cap = 1\ hasDP\_SurfaceQualityPUpperlimit.double$$
$$\cap = 1\ hasDP\_SurfaceQualityPLowerlimit.double$$
$$\cap = 1\ hasDP\_GeometrySizePUpperlimit.double \quad (8\text{-}10)$$
$$\cap = 1\ hasDP\_GeometrySizePLowerlimit.double$$
$$\cap = 1\ hasDP\_AccuracyPUpperlimit.double$$
$$\cap = 1\ hasDP\_AccuracyPLowerlimit.double)$$

式中，hasDP_MaterialTypeP 指用字符串表示的资源可处理的工件材料类型，hasDP_SurfaceQualityPUpperlimit 和 hasDP_SurfaceQualityPLowerlimit 指用浮点型数表示的资源可处理的表面质量上下限，hasDP_GeometrySizePUpperlimit 和 hasDP_GeometrySizePLowerlimit 指用浮点型数表示的资源可处理的几何尺寸上下限，hasDP_AccuracyPUpperlimit 和 hasDP_AccuracyPLowerlimit 指用浮点型数表示的资源可处理的精度上下限。

ResourceSignal 类描述资源的关键结构组成及其数据属性，运用描述逻辑可表达为：

$$ResourceSignal \sqsubseteq (\leqslant 1\ hasDP\_MotorSpeed.int$$
$$\cap \leqslant 1\ hasDP\_ActuatorAbrasionloss.double$$
$$\cap \leqslant 1\ hasDP\_Voltage.int \quad (8\text{-}11)$$
$$\cap \leqslant 1\ hasDP\_Vibration.int$$
$$\cap \leqslant 1\ hasDP\_Temperature.double)$$

式中，hasDP_MotorSpeed、hasDP_ActuatorAbrasionloss、hasDP_Voltage、hasDP_Vibration 和 hasDP_Temperature 分别表示资源的电机速度、执行器损耗、电压、振动频率和温度。在实际应用中，读者可根据实际传感器对资源可采集到的信息对 ResourceSignal 类进行自定义扩展。

8.3.2 基于本体映射的多层级匹配方法

产品与资源的匹配指可重构生产线根据客户产品的个性化定制需求，利用本体知识库的语义查询工具及多层次匹配因子遍历生产线内所有的资源，通过匹配算法匹配到可满足产品工序特征需求的资源集合的过程。当前关于本体映射的服务搜索与匹配方法主要集中在语义网服务领域，针对制造领域的研究较少。在制造领域中的服务匹配方法大多借鉴了语义网服务匹配的研究成果，在实际使用过程中，查找特定功能的 Web 服务通常以关键词匹配为主，匹配性能低。同时，面向个性化定制生产的可重构生产线包含的各种资源种类多、数量大。资源的集成广度大,大量的加工设备、检测设备和辅助设备等资源在制造能力上存在一定相似性,资源的制造能力信息动态变化且涵盖面广,这增加了产品资源匹配的复杂度。考虑到个性化定制生产场景下资源制造能力的复杂性和信息的动态性,如何高效且精确地实现产品资源语义匹配是关键问题。

针对上述问题,结合 8.3.1 节所构建的产品和资源相关本体模型,我们提出一种基于本体知识的产品资源匹配框架,如图 8-11 所示。该框架分为本体知识库、匹配因子库、产品资源匹配器 3 个部分,高效且精确地实现了产品与资源的匹配。本体知识库结合语义查询语句,检索资源制造能力的本体模型和产品工序特征的本体模型,对不同信息做分类处理,为产品和资源匹配提供标准的产品信息和资源信息。匹配因子库负责为产品资源匹配器提供匹配因子。产品资源匹配器将产品信息和资源信息作为输入,调用匹配因子库的各类匹配因子进行多层级的匹配。

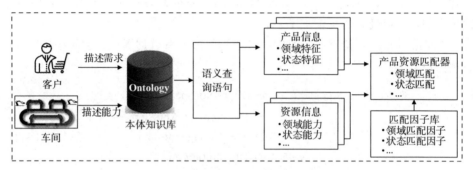

图 8-11 基于本体知识的产品资源匹配框架

该框架的运行逻辑:1)当工件被生成时,描述产品工序特征的本体实例被创建并更新至本体知识库;同样地,当资源动态加入生产线,描述资源制造能力的本体实例也会被创建并更新至本体知识库。2)当资源重构过程被触发时,语义查询语句会对产品工序特征信息和资源制造能力信息进行检索,提取关键的产品信息和资源信息;3)根据关键信息,产品资源匹配器按层级选用匹配因子库中的匹配因子执行遍历与匹配,最终形成满足产品工序特征需求的备选资源集,从而支撑后续的生产线资源重构。

在产品资源匹配框架中,需要针对产品资源的多层级匹配构造相应的算法。综合考虑领域层、状态层、功能层和性能层 4 个层级,提出多层级的匹配流程,并针对每个层级都设计了相应的匹配算法,为产品资源匹配框架提供理论支撑。由式(8-8)可知,RCDomain、RCState、RCKPI 和 RCSkill 分别表示资源制造能力本体的领域层信息、状态层信息、性能层提供信息和功能层提供信息。由式(8-4)可知 PFDomain、PFState、PFKPIRequirement 和 PFSkillRequirement

分别表示产品工序特征本体的领域层信息、状态层信息、性能层需求信息和功能层需求信息。产品资源多层级匹配流程如图 8-12 所示，流程主要针对资源制造能力和产品工序特征的领域层、状态层、功能层和性能层等本体信息进行逐级匹配，并在每一层设置阈值，若上一层的匹配度达到阈值则进入下一层匹配。若 4 个级经均达到阈值，则进入综合匹配。若综合匹配达到综合阈值，则将匹配的结果反馈至云端。

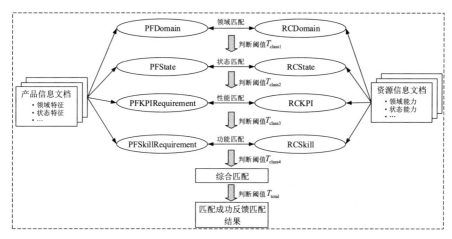

图 8-12　产品资源多层级匹配流程

1. 领域匹配因子

领域因子通过领域匹配度 $Match_{class1}$ 衡量，表达式为：

$$Match_{class1}(RC_v, PF_{j,i,f}) = \begin{cases} 0, & 其他 \\ 1, & 如果 RCDomain_v \supseteq PFDomain_{i,j,f} \end{cases} \quad (8-12)$$

式中，RC_v 表示资源 v 的制造能力，$PF_{j,i,f}$ 表示工件 j 的第 i 个工序的第 f 个工序特征。领域匹配因子规定资源制造能力的领域信息是产品工序特征领域信息的子类或二者完全一致时，领域匹配度 $Match_{class1}$ 为 1，否则为 0。

2. 状态匹配因子

状态因子通过状态匹配度 $Match_{class2}$ 衡量，表达式为：

$$Match_{class2}(RC_v, PF_{j,i,f}) = \begin{cases} 0, & 其他 \\ 1, & 如果 RCState_v \subseteq Idle \cap \\ & PFState_{i,j,f} \subseteq Unassigned \end{cases} \quad (8-13)$$

状态匹配因子规定资源制造能力的状态信息为空闲且产品工序特征的领域信息为未分配时，状态匹配度 $Match_{class2}$ 为 1，否则为 0。

3. 功能匹配因子

功能匹配因子通过概念相似度和参数相似度衡量。其中，概念相似度对应的是资源可处理材料类型与产品工序特征材料类型之间的相似度，参数相似度对应的是表面质量、几何尺寸和工件精度等量化参数的相似度。

（1）概念相似度

概念相似度指本体模型中各个概念实体之间的相似程度。概念相似度用语义距离的反比例关系来表示，即语义距离越小则本体的 2 个概念之间相似度越大。本节将语义距离[63]表达为：

$$\mathrm{DIST}(C_1, C_2) = \begin{cases} 0, & C_1 \text{和} C_2 \text{为同一概念} \\ \infty, & C_1 \text{和} C_2 \text{无继承关系} \\ p \cdot \sum W_{C_1, C_2}(h), & C_1 \text{和} C_2 \text{存在继承关系} \end{cases} \quad (8\text{-}14)$$

式中，$\sum W_{C_1, C_2}(h)$ 是概念 C_1 和 C_2 之间的最短路径语义权重之和；h 为 C_1 和 C_2 的语义深度且 $W_{C_1, C_2}(h) = 2^{-h}$；p 是概念 C_1 和 C_2 之间的最短路径。

因此，概念相似度 $\mathrm{SIM}(C_1, C_2)$ 表示为：

$$\mathrm{SIM}(C_1, C_2) = \begin{cases} 1, & C_1 \text{和} C_2 \text{为同一概念} \\ \dfrac{1}{1 + \mathrm{DIST}(C_1, C_2)}, & C_1 \text{和} C_2 \text{存在继承关系} \\ 0, & C_1 \text{和} C_2 \text{无继承关系} \end{cases} \quad (8\text{-}15)$$

（2）参数相似度

将参数匹配转换为区间数匹配进行运算[64]，从而得到参数之间的相似度。参数相似度 $\mathrm{VM}(V_1, V_2)$ 表示为：

$$\mathrm{VM}(V_1, V_2) = \begin{cases} 0, & \text{如果} V_1 \cap V_2 = \varnothing \\ \dfrac{V_1 \cap V_2}{V_1}, & \text{如果} V_1 \cap V_2 \neq \varnothing \text{且} V_1 \not\subseteq V_2 \\ 1, & \text{如果} V_1 \subseteq V_2 \end{cases} \quad (8\text{-}16)$$

功能匹配度 $\mathrm{Match}_{\mathrm{class3}}$ 表示为：

$$\begin{aligned}\mathrm{Match}_{\mathrm{class3}}(\mathrm{RC}_v, \mathrm{PF}_{j,i,f}) = & \frac{1}{4} \cdot \mathrm{SIM}(\mathrm{MaterialType}P_v, \mathrm{MaterialType}R_{i,j,f}) + \\ & \frac{1}{4} \cdot \mathrm{VM}(\mathrm{SurfaceQuality}P_v, \mathrm{SurfaceQuality}R_{i,j,f}) + \\ & \frac{1}{4} \cdot \mathrm{VM}(\mathrm{GeometrySize}P_v, \mathrm{GeometrySize}R_{i,j,f}) + \\ & \frac{1}{4} \cdot \mathrm{VM}(\mathrm{Accuracy}P_v, \mathrm{Accuracy}R_{i,j,f})\end{aligned} \quad (8\text{-}17)$$

4. 性能匹配因子

性能匹配因子主要从性能层对产品工序特征和资源制造能力进行匹配,包括处理时间和使用成本。性能匹配过程可以理解为搜索出处理时间短且使用成本低的资源。定义性能匹配度为 KPI 向量之间的欧氏距离,欧式距离越短,性能匹配度越高[65]。

由式(8-5)和式(8-9)构造出资源制造能力的 KPI 向量 K_P = [TimeConstraint, CostConstraint] = $[q_1, q_2]$ 和产品工序特征的 KPI 向量 K_R = [ProcessingTime, ProcessingCost] = $[p_1, p_2]$。将向量 K_P 和向量 K_R 归一化处理可得 $K'_P = [q'_1, q'_2] = \left[\dfrac{q_1}{q_1+q_2}, \dfrac{q_2}{q_1+q_2}\right]$ 和 $K'_R = [p'_1, p'_2] = \left[\dfrac{p_1}{p_1+p_2}, \dfrac{p_2}{p_1+p_2}\right]$。

将性能匹配度 $\text{Match}_{\text{class4}}$ 表达为:

$$\text{Match}_{\text{class4}}\left(\text{RC}_v, \text{PF}_{j,i,f}\right) = 1 - \sqrt{\sum_{k=1}^{2} \text{WM}_k \cdot \left(q'_k - p'_k\right)^2} \qquad (8\text{-}18)$$

式中,WM_k 是第 k 个 KPI 的权重值,取值范围为 [0, 1],且 $\sum_{k=1}^{2}\text{WM}_k = 1$。

5. 综合匹配度

由以上 4 种匹配因子可以得到 4 个层面的匹配度,而对资源的选取需要综合考虑 4 个匹配度,将综合匹配度 $\text{Match}_{\text{total}}$ 表达为:

$$\text{Match}_{\text{total}}\left(\text{RC}_v, \text{PF}_{j,i,f}\right) = \text{Match}_{\text{class1}} \cdot \text{Match}_{\text{class2}} \cdot \\ \left(\text{WC}_1 \cdot \text{Match}_{\text{class3}} + \text{WC}_2 \cdot \text{Match}_{\text{class4}}\right) \qquad (8\text{-}19)$$

式中,WC_1 为功能匹配度的权重,WC_2 为性能匹配度的权重,$\text{WC}_1 + \text{WC}_2 = 1$。

8.3.3 语义推理规则与语义查询语句

除描述知识库中 TBox 涵盖的本体概念及属性外,还可将生产过程产生的本体实例与推理规则和推理机[66]相结合进行实时语义推理,通过语义查询语句对关键信息进行轮询,生成 ABox 来更新知识库。语义推理有两个前提:本体和规则。前文所述的本体描述了关于"类–类"和"类–实例"关系的领域知识,而规则扩展了基于条件的逻辑知识[67]。

整个本体语义推理流程如图 8-13 所示,生产线内所有资源被抽象为本体模型,同时传感器数据实时上传至数据库。数据库中的数据被映射至知识库的本体数据属性,通过构建推理规则结合推理机进行语义推理,以此利用语义查询语句查询所需信息。下面以外部订单需求驱动和内部资源故障作为重构触发条件,展示基于语义推理与语义查询的自动化流程,如图 8-14 所示。

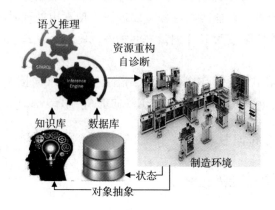

图 8-13　本体语义推理流程

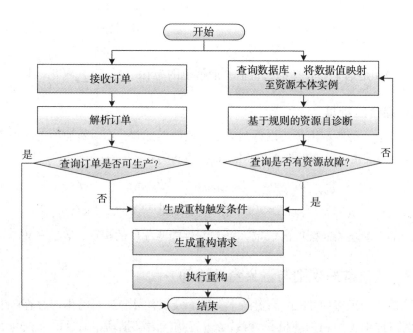

图 8-14　基于语义推理与语义查询的重构触发流程

对于语义推理规则和语义查询语句,分别采用 JenaRules 语言[68-69] 和 SPARQL (SPARQL Protocol and RDF Query Language) 语句描述。对语义推理规则和语义查询语句的共同前缀进行描述,如图 8-15 所示。

```
PREFIX RSF: <http://www.ReconfigurableShopFloor_scut.com#> .
PREFIX owl: <http://www.w3.org/2002/07/owl#> .
PREFIX rdf: <http://www.w3.org/1999/02/22-rdf-syntax-ns#> .
PREFIX xsd: <XML Schema> .
PREFIX rdfs: <http://www.w3.org/2000/01/rdf-schema#> .
```

图 8-15　语义推理规则与语义查询语句的共同前缀

1. 数据库与本体数据属性映射

由基于中间件的信息物理融合运行框架（见图 7-2）可知，将资源部署到生产线后，每个资源会配备一个资源适配器使之能够在 OPC UA 服务器中添加可监控的数据节点对象，以此实施监控和分析的功能（OPC UA 的具体创建方法在 7.3 节中详述）。云端会对应每个资源适配器创建相应的 OPC UA 客户端，并以 100ms 的周期将监控列表的所有实时数据保存在关系型数据库 MariaDB 的数据表 tab_collectiondata 中。以资源 CNC1 中的数据属性 hasDP_Actuator-Abrasionloss 为例说明从数据库数据节点到本体数据属性的映射过程。生产线以 1s 为周期执行如图 8-16a 所示的 SQL(Structured Query Language) 语句，读取数据库中存储的资源的执行器磨损值 #VALUE_ABLOSS（本章将 #VALUE_XX 表示为使用查询语句读取的值），并通过如图 8-16b 所示的 SPARQL 语句将其更新至本体数据属性中，以实现从数据库数据节点到本体数据属性的映射。

```
SELECT DB_ActuatorAbrasionloss FROM tab_collectiondata WHERE resource= CNC1
```
a) SQL 语句

```
DELETE {?rs RSF:hasDP_ActuatorAbrasionloss ?originalvalue}
INSERT {?rs RSF:hasDP_ActuatorAbrasionloss #VALUE_ABLOSS}
WHERE {?rs rdf:type RSF:ResourceStructure.  RSF:CNC1 RSF:hasRStructure ?rs.
?rs  RSF:hasDP_ActuatorAbrasionloss ?originalvalue.}
```
b) SPARQL 语句

图 8-16　执行数据映射的 SQL 和 SPARQL 语句

2. 基于语义推理规则的资源自诊断

在实现本体模型属性与实时状态数据映射的前提下，利用推理规则对本体模型进行条件逻辑扩展。资源自诊断规则旨在推理获得资源的实时状态，为资源重构提供基础。以资源自诊断为例，利用传感器监控电机转速、刀具磨损量、电压、振动频率和温度等关键数据，并通过相关语义推理规则（如图 8-17 所示的资源自诊断相关 JenaRules）进行自定义的自诊断。推理规则 SelfDiagnosis_rule 表示，如果资源实例的执行器磨损量超过 0.15mm，则该资源实例的状态属于 Failure 类，即处于故障状态。上述规则结合运行推理机（本书选用 Jena 自带的

GenericRuleReasoner）可实时获得资源的故障状态，且 Jena 会根据推理结果自动更新知识库。

```
[SelfDiagnosis_rule: (?resource rdf:type RSF:Resource)
(?rstructure rdf:type RSF:ResourceStructure) (?rc rdf:type RSF:ResourceCapability)
(?rcstate rdf:type RSF:RCState) (?resource RSF:hasRStructure ?Rstructure)
(?resource RSF:hasRCState ?rcstate) (?rstructure RSF:hasDP_ActuatorAbrasionloss ?aaloss)
greaterThan(?aaloss 0.15)
-> (?rcstate rdf:type RSF:Failure)]
```

图 8-17　资源自诊断相关的 JenaRules

3. 重构相关语义查询语句

重构触发的事件有两种，分别为外部订单需求和内部资源故障。根据图 8-14 所示流程，对于内部资源故障需要执行如图 8-18 所示的查询资源故障的 SPARQL 语句。在获取故障状态下的资源名称 #VALUE_RNAME 和其所在的工作站名称 #VALUE_MUNAME 以及资源状态 #VALUE_RCSNAME 后，执行图 8-19 所示的 SPARQL 语句以插入面向资源故障的重构触发条件。

```
SELECT ?resource ?manufacturingunit ?rcstate
WHERE {?manufacturingunit rdf:type RSF:ManufacturingUnit.
?resource rdf:type RSF:Resource.    ?rcapability rdf:type RSF:ResourceCapability.
?rcstate rdf:type RSF:Failure.    ?manufacturingunit RSF:hasResource ?resource.
?resource RSF:hasRCapability ?rcapability.    ?rcapability RSF:hasRCState ?rcstate.}
```

图 8-18　查询资源故障的 SPARQL 语句

```
INSERT DATA {RSF:drivencase_x rdf:type RSF:DrivenCase.
RSF:casesource_x rdf:type RSF:CaseSource.
RSF:drivencase_x RSF:hasCaseType RSF:#VALUE_RCSNAME.
RSF:drivencase_x RSF:hasCaseSource RSF:casesource_x.
RSF:casesource_x RSF:hasDP_CaseSourceName #VALUE_RNAME.
RSF:casesource_x RSF:hasDP_CaseSourceMU #VALUE_MUNAME.}
```

图 8-19　插入面向资源故障的 SPARQL 语句

对于外部订单需求需要执行如图 8-20 所示的查询工作站制造能力的 SPARQL 语句，获取当前已有的工作站实例的制造能力，以判断是否满足订单的生产需求。若可以满足，则直接进行生产线调度；否则，执行如图 8-21 所示的 SPARQL 语句以插入面向订单需求的重构触发条件。

在重构触发的条件形成后，系统需要根据已有的触发条件执行如图 8-22 所示的查询重构触发条件的 SPARQL 语句，获得重构触发的资源名称 #VALUE_

RNAME 及其所在的工作站名称 #VALUE_MUNAME。如果重构触发类型是资源故障,则在未组成工作站的资源中查询(执行如图 8-20 所示的 SPARQL 语句)是否具备与故障资源相同制造能力的备选资源;若可得到结果 #VALUE_NEWRNAME,则执行如图 8-23 所示的 SPARQL 语句替换故障资源;否则,执行如图 8-24 所示的 SPARQL 语句。

```
SELECT ?mu ?resource ?domaintype ?statetype ?pt ?pc ?mtp ?squ ?sql ?gsu ?gsl ?au ?al
WHERE {?mu rdf:type RSF:ManufacturingUnit.
?resource rdf:type RSF:Resource.    ?rcapability rdf:type RSF:ResourceCapability.
?rckpi rdf:type RSF:RCKPI.    ?rcskill rdf:type RSF:RCSkill.
?mu RSF:hasResource ?resource.    ?resource RSF:hasRCapability?rcapability.
?rcapability RSF:hasRCDomain ?rcdomain.    ?rcapability RSF:hasRCState ?rcstate.
?rcapability RSF:hasRCKPI ?rckpi.    ?rcapability RSF:hasRCSkill ?rcskill.
?rckpi RSF:hasDP_ProcessingTime ?pt.    ?rcstate rdf:type ?statetype.
?statetype rdfs:subClassOf RSF:RCState.    ?rcdomain rdf:type ?domaintype.
?domaintype rdfs:subClassOf RSF:ManufacturingDomain.    ?rckpi RSF:hasDP_ProcessingCost ?pc.
?rckpi RSF:hasDP_ProcessingTime ?pt.    ?rcskill RSF:hasDP_MaterialTypeP ?mtp.
?rcskill RSF:hasDP_SurfaceQualityPUpperlimit ?squ.    ?rcskill RSF:hasDP_AccuracyPUpperlimit ?au.
?rcskill RSF:hasDP_SurfaceQualityPLowerlimit ?sql.    ?rcskill RSF:hasDP_AccuracyPLowerlimit ?al.
?rcskill RSF:hasDP_GeometrySizePUpperlimit ?gsu.
?rcskill RSF:hasDP_GeometrySizePLowerlimit ?gsl.}
```

图 8-20　查询工作站制造能力的 SPARQL 语句

```
INSERT DATA {RSF:drivencase_x rdf:type RSF:DrivenCase.
RSF:casesource_x rdf:type RSF:CaseSource.
RSF:casetype_x rdf:type RSF:NewCustomerRequest.
RSF:drivencase_x RSF:contains RSF:casetype_x .
RSF:drivencase_x RSF:contains RSF:casesource_x.
RSF:casesource_x RSF:hasDP_CaseSourceName "ALL" .
RSF:casesource_x RSF:hasDP_CaseSourceMU "ALL" .}
```

图 8-21　插入面向订单需求的 SPARQL 语句

```
SELECT ?drivencase ?casetype ?sourcename ?sourcemu
WHERE {?drivencase rdf:type RSF:DrivenCase.    ?caset rdf:type RSF:CaseType.
?drivencase RSF:contains ?caset.    ?caset rdf:type ?casetype.
?casesource rdf:type RSF:CaseSource.    ?drivencase RSF:contains ?casesource.
?casesource RSF:hasDP_CaseSourceName ?sourcename.
?casesource RSF:hasDP_CaseSourceMU ?sourcemu.}
```

图 8-22　查询重构触发条件的 SPARQL 语句

```
DELETE {RSF:#VALUE_MUNAME RSF:contains RSF:#VALUE_RNAME}
INSERT {RSF:#VALUE_MUNAME RSF:contains  RSF:#VALUE_NEWRNAME}
WHERE {RSF:#VALUE_MUNAME RSF:contains RSF:#VALUE_RNAME}
```

图 8-23　替换故障资源的 SPARQL 语句

如果重构触发类型是订单需求，则执行如图 8-24 所示的插入执行资源重构的 SPARQL 语句。其中，重构执行目标资源名称以及被重构执行的工作站名称均为"ALL"时，表示将所有工作站拆分，并进行资源重构。在资源重构执行完毕后，删除 ReconfirableElement 类相关的实例。

```
INSERT DATA {RSF:executionrequest_x rdf:type RSF:ExecutionRequest.
RSF:executiontarget_x rdf:type RSF:ExecutionTarget.
RSF:executiontype_x rdf:type RSF:ReconfigureManufacturingUnit.
RSF:executionrequest_x RSF:contains RSF:executiontarget_x .
RSF:executionrequest_x RSF:contains RSF:executiontype_x.
RSF:executiontarget_x RSF:hasDP_ExecutionTargetName "ALL" .
RSF:executiontarget_x RSF:hasDP_ExecutionTargetMU "ALL" .}
```

图 8-24　插入执行资源重构的 SPARQL 语句

8.4　基于强化学习的自适应生产调度方法

可重构生产线中不同工作站的功能和性能存在差异，工件的到达时间和数量不定，若改变调度计划将会大幅度提高计算复杂度。基于元启发式的生产调度优化方法在重调度时需要重新计算，导致决策过程时间无法预测，甚至可能调度失败，因此这类生产调度优化方法难以适用个性化定制的生产场景。基于自适应规则的生产调度算法计算简单，可根据生产线当前状态快速选取调度规则，动态生成调度计划，从而能够满足调度时间短响应快的需求。深度学习和强化学习等新兴人工智能技术为实现自适应选择调度规则提供了可能性。

本节以 8.3 节所生成的工作站为生产调度对象，构建用于加工任务分配的半马尔可夫决策过程模型的状态特征、动作空间、报酬和价值函数。针对半马尔可夫决策过程模型的在线求解，提出基于卷积神经网络近似的"策略-价值"学习算法。

8.4.1　生产调度的 SMDP 建模

生产调度是在一定约束条件下，把待处理工件的工序执行时间分配给生产线内可用的工作站，以优化一个或多个性能指标。由定义可知，生产调度不仅要确定每个工作站被分配到的工序，还要计算得到每个工序的开始时间和结束时间。通常，工件的工序路线在生产调度前是已知的，且工序之间可能存在先后顺序的约束关系；同时可处理工序的工作站集也是已知的，工序必须按照约束关系在可选择的工作站上进行处理。生产调度方案的可行解数量随工作站数量的增加呈指数级增加，在计算时间复杂度方面生产调度优化是 NPhard 问题[70]。

强化学习框架中最基本的两个部分是环境和系统[71],系统通过与真实或仿真的环境进行交互,以反复试错的方式感知、学习环境的特性,在不同环境状态下尝试策略内可行的动作[72-73],得到的及时报酬将作为执行动作后的短期评价指标。系统根据累积报酬调整和优化策略,使累积报酬最大化,强化学习的系统与环境交互过程如图 8-25 所示。

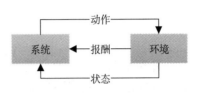

图 8-25 强化学习的系统与环境交互过程

强化学习的基础是将系统和环境交互过程视为马尔可夫决策过程(Markov Decision Process,MDP)。MDP 由状态、动作、策略、环境模型、报酬函数和价值函数等基本元素组成。状态空间是所有可能的状态组成的集合,描述了环境的全局特征和局部特征。通常把系统需要做出决策的时刻称为决策时刻,动作是在决策时刻下从策略中选择的执行方案,而动作空间是每个决策时刻下可选择的动作所组成的集合。策略是各阶段的决策时刻组成的动作序列,确定了状态空间到动作空间的映射,以及系统在决策时刻采取动作的概率分布。环境模型是系统在某个环境状态下执行动作后变成下一个可能状态的概率分布,用于预测环境状态变化。报酬函数是环境对系统在决策时刻下执行所采取动作后的即时奖励,而报酬值大小由状态和动作共同决定。相对于报酬函数的即时性,价值函数是状态(或"状态 – 动作")的函数,用来评估当前系统在给定状态(或"状态 – 动作")下有多好,"多好"表示累计报酬的期望值。对于有限阶段决策问题,系统的学习目标是最大化累积报酬[74]。MDP 的主要特性体现在当前环境状态向下一状态转移的概率和报酬只取决于当前环境状态和选择执行的动作,而与之前的环境状态和动作无关。

将生产调度问题转换为强化学习问题的前提是构建 MDP 模型。然而,生产调度的环境状态采用连续数值描述,无法对状态之间的转移概率进行精准描述。因此,本节针对部分 MDP 的基本元素,即状态特征、动作空间、报酬和价值函数,进行 SMDP 建模。

1. 状态特征

状态特征是对环境状态的数值表征,既要表达关于工件的生产线全局信息,也要凸显关于工作站的生产线局部信息。

生产线全局状态特征 SFG 的数学表达为:

$$SFG = \{bt, rwl\} \quad (8\text{-}20)$$

式中,状态特征 bt 表示待处理的工序集 STW 中最后一个工序分配的时刻到当前

时刻的时间。状态特征 rwl 表示当前车间未完成处理的工件数 rw 与车间内总工件数 $|P|$ 的比值，数学表达为：

$$\mathrm{rwl} = \frac{\mathrm{rw}}{|P|} \tag{8-21}$$

针对车间局部信息，每个工作站需要定义 N_{feature} 种状态特征，则系统包含 $N_{\mathrm{feature}} \cdot |R_\Omega|$ 个车间局部状态特征 SFL，数学表达为：

$$\mathrm{SFL} = \left\{\mathrm{sfl}_{r,k} \middle| r \in R_\Omega, k \in [1, N_{\mathrm{feature}}]\right\} \tag{8-22}$$

状态特征 $\mathrm{sfl}_{r,1}$ 是工作站 r 的缓冲队列的所有工序平均处理时间与车间内所有已分配到工作站 r 的工序平均处理时间 pm_r 的比值，描述了工作站上的负载状况，数学表达为：

$$\mathrm{pm}_r = \frac{\sum\limits_{i \in I_j, j \in P} (p_{i,j,r} \cdot \mu_{i,j,r})}{\sum\limits_{i \in I_j, j \in P} (\mu_{i,j,r})} \tag{8-23}$$

$$\mathrm{sfl}_{r,1} = \frac{\sum\limits_{i \in I_j, j \in \mathrm{BQ}_r} (p_{i,j,r} \cdot \mu_{i,j,r})}{\mathrm{pm}_r \cdot |\mathrm{BQ}_r|} \tag{8-24}$$

式中，$p_{i,j,r}$ 表示工件 j 的第 i 道工序在工作站 r 上的处理时间；$u_{i,j,r}$ 是一个二进制数，如果工序 $o_{i,j}$ 选择工作站 r 则为 1，反之为 0。

状态特征 $\mathrm{sfl}_{r,2}$ 是车间内所有工作站缓冲队列的所有工序平均处理时间与车间内所有已分配到工作站 r 的工序平均处理时间 pm_r 的比值。它描述了工作站从当前时刻起最少仍需处理工序数量，数学表达为：

$$\mathrm{sfl}_{r,2} = \frac{\sum\limits_{r \in R_\Omega} \left(\sum\limits_{i \in I_j, j \in \mathrm{BQ}_r} (p_{i,j,r} \cdot \mu_{i,j,r}) \right)}{\mathrm{pm}_r \cdot \sum\limits_{r \in R_\Omega} (|\mathrm{BQ}_r|)} \tag{8-25}$$

状态特征 $\mathrm{sfl}_{r,3}$ 是在工作站 r 的缓冲队列的工序最大处理时间与车间内所有已分配到工作站 r 的工序平均处理时间 pm_r 的比值，描述了工作站缓冲队列的工序最大处理时间，数学表达为：

$$\mathrm{sfl}_{r,3} = \frac{\max\limits_{i \in I_j, j \in \mathrm{BQ}_r} \{p_{i,j,r} \cdot \mu_{i,j,r}\}}{\mathrm{pm}_r} \tag{8-26}$$

状态特征 $\mathrm{sfl}_{r,4}$ 是在工作站 r 的缓冲队列的工序最小处理时间与车间内所有已分配到工作站 r 的工序平均处理时间 pm_r 的比值，描述了工作站缓冲队列的工序最小处理时间，数学表达为：

$$\mathrm{sfl}_{r,4} = \frac{\min\limits_{i \in I_j, j \in \mathrm{BQ}_r}\{p_{i,j,r} \cdot \mu_{i,j,r}\}}{\mathrm{pm}_r} \quad (8\text{-}27)$$

状态特征 $\mathrm{sfl}_{r,5}$ 是工作站 r 的缓冲队列所含工件数 $|\mathrm{BQ}_r|$ 占总工件数 $|P|$ 的比例，描述了工件在工作站缓冲队列上的分布，数学表达为：

$$\mathrm{sfl}_{r,5} = \frac{|\mathrm{BQ}_r|}{|P|} \quad (8\text{-}28)$$

状态特征 $\mathrm{sfl}_{r,6}$ 是正在工作站 r 上处理的工序 $O_{i,j}$ 所剩余的处理时间与车间内所有已分配到工作站 r 的工序平均处理时间 pm_r 的比值，描述了工作站未来可能的空闲情况（当 $\mathrm{sfl}_{r,6}$ 为 0 时工作站 r 为空闲状态），数学表达为：

$$\mathrm{sfl}_{r,6} = \frac{\mathrm{te}_{i,j} - T_{\mathrm{current}}}{\mathrm{pm}_r} \quad (8\text{-}29)$$

式中，$\mathrm{te}_{i,j}$ 表示工件 j 的第 i 道工序处理的结束时间；T_{current} 表示当前时间。

状态特征 $\mathrm{sfl}_{r,7}$ 是相邻序号的工作站单元缓冲队列的工序最大处理时间比值在车间内所有工序最大处理时间比值的正规化表示，数学表达为：

$$\mathrm{sfl}_{r,7} = \frac{\max\limits_{i \in I_j, j \in \mathrm{BQ}_r}\{p_{i,j,r} \cdot \mu_{i,j,r}\} \Big/ \min\limits_{k \in I_l, l \in \mathrm{BQ}_{r+1}}\{p_{k,l,r+1} \cdot \mu_{i,j,r+1}\}}{\max\limits_{i \in I_j, j \in P}\{p_{i,j,r} \cdot \mu_{i,j,r}\} \Big/ \min\limits_{k \in I_l, l \in P}\{p_{k,l,r+1} \cdot \mu_{i,j,r+1}\}} \quad (8\text{-}30)$$

状态特征 $\mathrm{sfl}_{r,8}$ 是相邻序号的两个工作站缓冲队列的工序最小处理时间比值在车间内所有工序最大处理时间比值的正规化表示，数学表达为：

$$\mathrm{sfl}_{r,8} = \frac{\min\limits_{i \in I_j, j \in \mathrm{BQ}_r}\{p_{i,j,r} \cdot \mu_{i,j,r}\} \Big/ \max\limits_{k \in I_l, l \in \mathrm{BQ}_{r+1}}\{p_{k,l,r+1} \cdot \mu_{i,j,r+1}\}}{\max\limits_{i \in I_j, j \in P}\{p_{i,j,r} \cdot \mu_{i,j,r}\} \Big/ \min\limits_{k \in I_l, l \in P}\{p_{k,l,r+1} \cdot \mu_{i,j,r+1}\}} \quad (8\text{-}31)$$

状态特征 $\mathrm{sfl}_{r,9}$ 表示工作站的激活状态，数学表达为：

$$\mathrm{sfl}_{r,9} = \begin{cases} 0, & \text{制造单元}r\text{正在处理工件} \\ 1, & \text{制造单元}r\text{处于空闲状态} \\ -1, & \text{制造单元}r\text{处于不可用状态} \end{cases} \quad (8\text{-}32)$$

综合考虑生产线全局和局部的状态特征，生产线状态特征 S 数学表达为：

$$S = \{\text{SFL}, \text{SFG}\} \tag{8-33}$$

上述部分特征之间存在信息冗余，但全面的描述有助于 SMDP 模型的训练。本节定义的特征信息较为全面地描述了决策时刻下的工件与工作站的状态。

2. 动作空间

动作是待处理的工序对工作站的任务分配方案。在任一时刻，待处理工序的总量是确定的，所有工序到最后都应被处理完成。这要求任务分配方案，一方面尽量将工序分配给处理速度快的工作站，以保证产品交货的准时性；另一方面不能使工作站的负载过重，尽可能维持工作站的负载均衡，以获得最大的平均生产效率。

本章将决策时刻定义为任一工序被完成的时刻。在决策时刻，系统会获取当前等待分配工作站处理的工件集合 STW、工件 j 中未被分配到工作站的工序集合 STO_j 和缓冲队列任务数小于队列容量的工作站集合 SRA。需要说明的是，此处的缓冲队列任务数指分配给工作站的任务数，与实际工件处于缓冲队列的数量不一定相同。SMDP 模型中的动作空间被定义为 A，其包含决策时刻下所有可被执行的任务分配方案。

1）动作 1，根据最短处理时间原则执行任务分配方案，选择工序在处理速度最快的工作站上处理。

步骤 1：从工件集合 STW 中选取优先级 PR_j 最大的一批工件组成工件集合 SPW，再从工件集合 SPW 中随机选取工件 j^*。

步骤 2：从工序集合 STO_{j^*} 中按照工序的偏序关系选择最先被处理的工序 O_{i^*,j^*}，根据式（8-34）将待分配工序 O_{i^*,j^*} 分配给工作站 r^*。

$$r^* = \underset{r \in \text{SRA} \cap R_{i,j}}{\arg\min} \{p_{i^*,j^*,r}\} \tag{8-34}$$

步骤 3：如果集合 $\text{SRA} \cap R_{i,j}$ 为空集，则从工件集合 STW 中删除工件 j^* 并返回步骤 1。否则，跳转步骤 4。

步骤 4：从工序集合 STO_{j^*} 中删除工序 O_{i^*,j^*}。如果工作站 r^* 的缓冲队列任务数等于容量 qc_{r^*}，则从工作站集合 SRA 中删除工作站 r^*。如果集合 $\text{STO}_{j^*} \cap \text{SRA}$ 不为空集，则返回步骤 2，否则退出决策。

2）动作 2，根据最小处理成本原则执行任务分配方案，选择工序在处理成本最小的工作站上处理。

步骤 1：从工件集合 STW 中选取优先级 PR_j 最大的一批工件组成工件集合 SPW，再从工件集合 SPW 中随机选取工件 j^*。

步骤 2：从工序集合 STO_{j^*} 中按照工序的偏序关系选择最先被处理的工序 O_{i^*,j^*}，根据式（8-35）将待分配工序 O_{i^*,j^*} 分配给工作站 r^*。

$$r^* = \underset{r \in \text{SRA} \cap R_{i^*,j}}{\arg\min} \left\{ c_{i^*,j^*,r} \right\} \quad (8\text{-}35)$$

步骤3：如果集合 SRA∩$R_{i^*,j}$ 为空集，则从工件集合 STW 中删除工件 j^* 并返回步骤1。否则，跳转步骤4。

步骤4：从工序集合 STO$_{j^*}$ 中删除工序 O_{i^*,j^*}。如果工作站 r^* 的缓冲队列任务数等于容量 qc_{r^*}，则从工作站集合 SRA 中删除工作站 r^*。如果集合 STO$_{j^*}$∩SRA 不为空集，则返回步骤2，否则退出决策。

3）动作3，根据最早交货期原则执行任务分配方案，选择交货期最早的工件的所有工序在处理速度最快的工作站上处理。

步骤1：从工件集合 STW 中选取优先级 PR$_j$ 最大的一批工件组成工件集合 SPW，再从工件集合 SPW 中根据式（8-36）选取工件 j^*。

$$j^* = \underset{j \in \text{SPW}}{\arg\min} \left\{ Ed_j \right\} \quad (8\text{-}36)$$

式中，Ed_j 表示工件 j 的期望交货最早时间。

步骤2：从工序集合 STO$_{j^*}$ 中按照工序的偏序关系选择最先被处理的工序 O_{i^*,j^*}，根据式（8-34）将待分配工序 O_{i^*,j^*} 分配给工作站 r^*。

步骤3：如果集合 SRA ∩ R_{i^*,j^*} 为空集，则从工件集合 STW 中删除工件 j^* 并返回步骤1。否则，跳转步骤4。

步骤4：从工序集合 STO$_{j^*}$ 中删除工序 O_{i^*,j^*}。如果工作站 r^* 的缓冲队列任务数等于容量 qc_{r^*}，则从工作站集合 SRA 中删除工作站 r^*。如果集合 STO$_{j^*}$ ∩ SRA 不为空集，则返回步骤2，否则退出决策。

4）动作4，根据最少剩余工序数原则执行任务分配方案，选择剩余工序数最少的工件进行处理，使得被选取的工件可以尽早处理结束，从而降低生产线内在制品的数量。

步骤1：从工件集合 STW 中选取优先级 PR$_j$ 最大的一批工件组成工件集合 SPW，再从工件集合 SPW 中根据式（8-37）选取工件 j^*。

$$j^* = \underset{j \in \text{SPW}}{\arg\min} \left\{ \left| \text{STO}_j \right| \right\} \quad (8\text{-}37)$$

步骤2：从工序集合 STO$_{j^*}$ 中按照工序的偏序关系选择最先被处理的工序 O_{i^*,j^*}，根据式（8-34）将待分配工序 O_{i^*,j^*} 分配给工作站 r^*。

步骤3：如果集合 SRA ∩ R_{i^*,j^*} 为空集，则从工件集合 STW 中删除工件 j^* 并返回步骤1。否则，跳转步骤4。

步骤4：从工序集合 STO$_{j^*}$ 中删除工序 O_{i^*,j^*}。如果工作站 r^* 的缓冲队列任务数等于容量 qc_{r^*}，则从工作站集合 SRA 中删除工作站 r^*。如果集合 STO$_{j^*}$ ∩ SRA

不为空集，则返回步骤2，否则退出决策。

5）动作5，根据最多剩余工序数原则执行任务分配方案，选择剩余工序数最多的工件进行处理，使得被选取的工件可以尽量提高时间余量，以便后续工序能够按时完成处理流程，从而保证交货的准时性。

步骤1：从工件集合STW中选取优先级PR_j最大的一批工件组成工件集合SPW，再从工件集合SPW中根据式（8-38）选取工件j^*。

$$j^* = \arg\max_{j \in SPW}\{|STO_j|\} \qquad (8-38)$$

步骤2：从工序集合STO_{j^*}中按照工序的偏序关系选择最先被处理的工序O_{i^*,j^*}，根据式（8-34）将待分配工序O_{i^*,j^*}分配给工作站r^*。

步骤3：如果集合SRA $\cap$ R_{i^*,j^*}为空集，则从工件集合STW中删除工件j^*并返回步骤1。否则，跳转步骤4。

步骤4：从工序集合STO_{j^*}中删除工序O_{i^*,j^*}。如果工作站r^*的缓冲队列任务数等于容量qc_{r^*}，则从工作站集合SRA中删除工作站r^*。如果集合STO_{j^*} $\cap$ SRA不为空集，则返回步骤2，否则退出决策。

6）动作6，根据最小松弛量原则执行任务分配方案，选择松弛量最小的工件进行处理。本节定义工件松弛量为工件最早交货时间与完工时间的差值。若工件松弛量为负值，则该工件显然无法提前或准时交货。

步骤1：从工件集合STW中选取优先级PR_j最大的一批工件组成工件集合SPW，再从工件集合SPW中根据式（8-39）选取工件j^*。

$$j^* = \arg\min_{j \in SPW}\{Ed_j - C_j\} \qquad (8-39)$$

式中，C_j表示工件j的完工时间。

步骤2：从工序集合STO_{j^*}中按照工序的偏序关系选择最先被处理的工序O_{i^*,j^*}，根据式（8-34）将待分配工序O_{i^*,j^*}分配给工作站r^*。

步骤3：如果集合SRA $\cap$ R_{i^*,j^*}为空集，则从工件集合STW中删除工件j^*并返回步骤1。否则，跳转步骤4。

步骤4：从工序集合STO_{j^*}中删除工序O_{i^*,j^*}。如果工作站r^*的缓冲队列任务数等于容量qc_{r^*}，则从工作站集合SRA中删除工作站r^*。如果集合STO_{j^*} $\cap$ SRA不为空集，则返回步骤2，否则退出决策。

7）动作7，根据最小负载原则执行任务分配方案，选择负载最小的工作站对工件进行处理。本节定义工作站负载为在工作站上已分配的工序处理时间总和g_r。

步骤1：从工件集合STW中选取优先级PR_j最大的一批工件组成工件集合SPW，再从工件集合SPW的工序集合STO_j中按照工序的偏序关系选择最先被处

理的工序 $O_{i,j}$，根据式（8-40）选取 O_{i^*,j^*} 在工作站 r^* 上处理。

$$(i^*, j^*, r^*) = \underset{r \in \mathrm{SRA} \cap R_{i,j},\, i \in \mathrm{STO}_j,\, j \in \mathrm{SPW}}{\arg\min} \{p_{i,j,r} + g_r\} \quad (8\text{-}40)$$

步骤 2：从工序集合 STO_{j^*} 中删除工序 O_{i^*,j^*}。如果工作站 r^* 的缓冲队列任务数等于容量 qc_{r^*}，则从工作站集合 SRA 中删除工作站 r^*。如果集合 $\mathrm{STO}_{j^*} \cap$ SRA 不为空集，则返回步骤 1，否则退出决策。

8）动作 8，不执行任务分配方案。在下列情况下必须选择该动作：没有工序等待处理；有工序等待处理，但所有工作站都处于繁忙且缓冲队列处于任务已满的状态；有工序在等待处理，但等待分配的工序无法在工作站集合 SRA 中的工作站上处理。在非上述条件下也可以选择该动作。

3. 报酬和价值函数

生产线处于初始状态 S_0 时，所有工作站均处于空闲状态，所有工件处于未加工状态。在每个决策时刻，系统根据当前状态 S_t 对动作空间 A 进行动作选择并执行。每当有工序完成处理时，生产线状态转换为下一状态 S_{t+1} 并获得即时报酬 r_{t+1}。系统重复上述过程直至所有的工件都处于处理完成状态。在这个过程中，生产调度性能能否如客户和生产线管理员所期待，取决于长时间的累积报酬是否满足客户需求。因此在设计即时报酬时，应考虑工件和工作站的状态，从而引导系统的决策可以保证一个批次的工件全部被处理完成，同时保证生产调度性能优化。针对这些需求，我们为报酬函数设计奖惩机制：

1）工作站的空闲程度影响着生产线对工件的处理效率。为了提高工件处理效率，对工作站空闲的比值进行适当的惩罚。将决策时刻下生产线整体的工作站空闲率 UI 定义为状态处于空闲的工作站总数与工作站总数比值。

2）工件在等待处理或未被分配工作站的状态影响着生产线处理全部工件的完成度。为了保证生产线一定将所有工件全部处理完成，对仍未完成处理的工件比值进行适当的惩罚。将决策时刻下生产线未完成处理的工件比值 UW 定义为未完成处理的工件总数与生产线当前批次工件总数的比值。

3）工件处理的完成时间与客户期待的交货时间之间的差异影响着生产线交货的准时性。为了尽可能满足生产线交货的准时性，对未能按照交货时间交货的工件进行适当的惩罚。将决策时刻下工件完成时间与交货时间窗的差值表示为 ECD，若工件完成时间在交货时间窗内，则无惩罚。若在不要求交货时间的生产场景可不考虑此项惩罚。

4）根据生产线管理员和客户的需求，生产调度性能评价指标由目标函数 OBJ 表示，可以是 2.2.2 节所述的单目标，也可以是考虑所有子评价指标的综合多目标。

根据以上 4 项奖惩机制，得到如表 8-2 所示的奖惩表。将系统在决策时刻 $t-1$ 到决策时刻 t 之间所获得的报酬函数定义为：

$$r_t = -\rho_1 \cdot \text{UI} - \rho_2 \cdot \text{UW} - \rho_3 \cdot \text{ECD} + \rho_4 \cdot \text{OBJ} \quad (8\text{-}41)$$

式中，ρ_1、ρ_2 和 ρ_3 为正值；ρ_4 在未完成处理全部工件的情况下为 0，完成处理全部工件的情况下为正值。

表 8-2　奖惩表

描　述	数值 / 单位
工作站空闲惩罚	$-\rho_1/1\%$
工件剩余惩罚	$-\rho_2/1\%$
工件不准时惩罚	$-\rho_3/$ 时间单位
生产线完成处理奖励	$\rho_4/1\%$

策略指的是从状态到动作的概率映射，用 $\pi: S \rightarrow A$ 标识。$\pi(a, s)$ 表示当 $S_t = s$ 时，$A_t = a$ 的概率，则 $\sum_a \pi(a, s) = 1$。基于规则选取的生产调度问题在强化学习中属于分幕式任务，因此从状态 S_t 开始到结束状态 S_T，所累积报酬值 G_t 数学表达为：

$$G_t = \sum_{k=t+1}^{T} \gamma^{k-t-1} \cdot r_k \quad (8\text{-}42)$$

式中，γ 是折扣因子且取值范围为 $(0, 1]$。

价值函数是关于状态（或状态与动作对）的函数，用于评估当前系统在给定状态（或给定状态与动作对）下的未来预期收益情况，即累积报酬的期望值。当系统采取策略 π 时，价值函数可定义为：

$$\begin{cases} V^\pi(s) = E^\pi\left[G_t | S_t = s\right] = E^\pi\left[\sum_{k=t+1}^{T} \gamma^{k-t-1} \cdot r_k \Big| S_t = s\right] \\ Q^\pi(s, a) = E^\pi\left[G_t | S_t = s, A_t = a\right] = E^\pi\left[\sum_{k=t+1}^{T} \gamma^{k-t-1} \cdot r_k \Big| S_t = s, A_t = a\right] \end{cases} \quad (8\text{-}43)$$

式中，$V^\pi(s)$ 是基于策略 π 的状态价值函数，$Q^\pi(s, a)$ 是基于策略 π 的"状态 – 动作对"价值函数。

8.4.2　基于卷积神经网络近似的模型求解方法

由于大规模生产调度的状态空间复杂度高，SMDP 模型的价值函数通常为非线性函数，特征向量的线性组合难以逼近这类价值函数，而非线性近似函数在大规模状态空间上的近似性能已被证明超过线性近似函数[75]。同时，Q 学习算法在执行过程中采用 ε- 贪心法进行动作选择的方式容易收敛于一个固定的策略，而不利于适应随机性强的个性化定制生产。针对上述问题，我们采用价值神经网络（Neural Network，NN）对价值函数进行非线性近似，采用策略 NN 对策略函数进行非线性近似。

将状态特征值和动作选择作为 NN 的输入，可分为动作选择、工作站状态特征和工件状态特征 3 种输入。图 8-26 为 NN 输入的张量化表示示意图，任意决策时刻下策略 NN 的输入特征表示为输入空间上的一点，而价值 NN 的输入特征表示为工件状态和工作站状态平面上的一点。

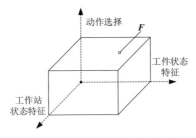

图 8-26　NN 输入的张量化表示示意图

策略 NN 负责根据输入的工件状态特征、工作站状态特征和动作选择特征，输出 SMDP 模型中各动作被选择的概率 $\pi(S_t, A_t)$。考虑到策略 NN 输入为张量化结构，具有较为明显的空间特征，故 NN 结构采用卷积层连接输入特征，可以从输入特征的冗余信息中充分挖掘有用信息。卷积层之后是池化层，可以减少 NN 参数数量以简化 NN 的迭代计算。池化层之后是全连接层，进行特征融合。最后是 Softmax 层，连接在全连接层之后，可以将全连接层的输出值转化为对应动作的概率值。价值 NN 负责根据输入的工件状态特征和工作站状态特征输出 SMDP 模型中状态的价值函数 $V(s)$。价值 NN 结构基本与策略 NN 结构相似，但没有 Softmax 层且全连接层的输出层神经元数为 1。

虽然价值 NN 和策略 NN 的非线性近似能力强，但存在着权重参数难以收敛、训练困难的问题。为此，本节提出异步协同训练框架，用于解决权重参数收敛难的问题。如图 8-27 所示，异步协同训练框架由 1 个全局 NN、若干局部 NN 和生产环境组成。其中，全局 NN 包含全局策略 NN 和全局价值 NN，局部 NN 所包含的策略 NN 和价值 NN 跟全局 NN 中的结构完全一致。系统根据每个局部 NN 的决策独立地与生产环境交互并获得响应信息（状态、动态、报酬）。一旦从生产环境中获取足够数量的信息，系统就会计算得到局部 NN 的损失函数的梯度。系统将所有得到的局部 NN 独立累积的梯度用于更新全局 NN 参数，并且将全局 NN 的参数周期性地拷贝至每个局部 NN，进而指导系统与生产环境的下一次交互。

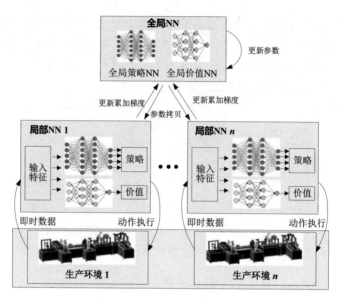

图 8-27　异步协同训练框架

8.5　实例

8.5.1　资源重构触发实例

本实例采用本体建模工具 protégé 构建本体知识库。图 8-28 描述根据 3.3.1 节所述的本体类生成的对象属性、数据属性和部分本体实例。在对本体模型构建

图 8-28　protégé 中的对象属性、数据属性及部分本体实例

完成后，将 protégé 生成的 RDF 文件导入 Apache Jena Fuseki 中进行语义推理和语义查询。图 8-29～图 8-31 是在 Apache Jena Fuseki 支持的 Web 界面中完成的查询，在开发本体知识库的实际应用中，可直接通过 SPARQLWrapper 编程接口对本体知识进行增删和查改。

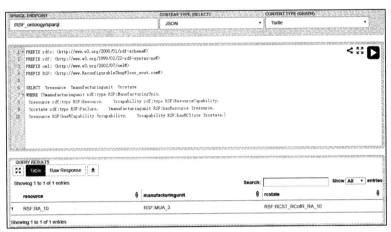

图 8-29　对资源状态进行实时查询出现故障资源的结果

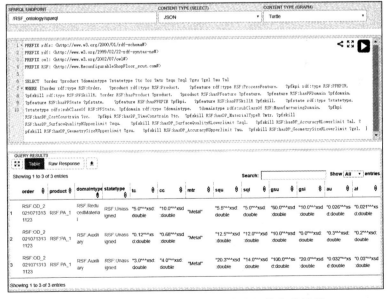

图 8-30　对待处理工件查询工序特征信息的结果

在生产过程中，对资源状态进行实时查询，结果显示 RA_10 出现故障，如图 8-29 所示，该时间段无产品进行生产则无重构触发产生。当新订单到来时，对待处理工件查询工序特征信息可得如图 8-30 所示的查询结果。此时需要判断生产线中已有的工作站是否可以对产品进行处理，查询已有工作站中资源制造能力可得如图 8-31 所示的查询结果。由查询结果可知，当前的工作站无法对工件进行处理，向知识库插入重构触发条件和触发类型，并对所有的工作站拆分后进行资源重构。

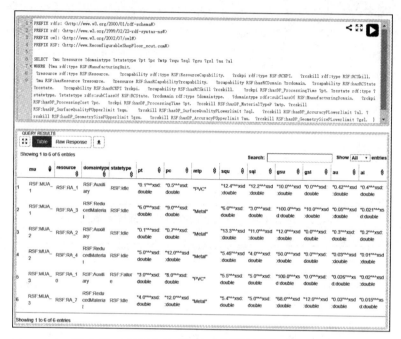

图 8-31　查询已有工作站中资源制造能力的结果

8.5.2　生产调度实例

本实例通过在 UGBP 中的混流生产对前述生产调度方法进行了实验验证。在实验中，UGBP 需要完成三种产品的混流生产，产品由包装盒与礼品组成，其生产流程是将礼品放入包装盒进行包装，涉及多个加工工艺、装配工艺和辅助工艺，三种产品的信息如表 8-3 所示。

表 8-3　三种产品的信息

产品类型	礼品材料	礼品外观	工序路径
个性化 U 盘礼盒	Metal		包装盒上料 $O_{1,1}$→零件上料 $O_{2,1}$→激光打标 $O_{3,1}$→包装 $O_{4,1}$→包装盒上盖 $O_{5,1}$→成品下料 $O_{6,1}$

（续）

产品类型	礼品材料	礼品外观	工序路径
工艺品挂件礼盒	Wood		包装盒上料 $O_{1,2}$→零件上料 $O_{2,2}$→雕刻 $O_{3,2}$→包装 $O_{4,2}$→包装盒上盖 $O_{5,2}$→成品下料 $O_{6,2}$
蓝牙自拍器礼盒	PVC		包装盒上料 $O_{1,3}$→零件装配 $O_{2,3}$→包装 $O_{3,3}$→包装盒上盖 $O_{4,3}$→成品下料 $O_{5,3}$

实验设定订单总产品数为100，其中，个性化U盘礼盒的数量为33，工艺品挂件礼盒的数量为33，蓝牙自拍器礼盒的数量为34。进入生产线的产品类型是随机的，产品的进入间隔时间服从均值为 ΔT 的正态分布。

根据表8-4的工作站的工序处理信息设计两个生产调度实验：

实验1为不同系统配置的性能比较实验，以CNC精雕2工作站的连接状态作为变量，第一组配置为所有工作站均保持连接状态，第二组配置为CNC精雕2工作站保持断开状态；

实验2为工作站故障前后的性能比较实验，以CNC精雕2工作站的是否故障作为变量，第一组配置为所有工作站均保持连接状态，第二组配置为CNC精雕2工作站出现故障状态并修复为重新连接状态。

表 8-4 工作站的工序处理信息

工作站	可处理的工序和处理时间（秒）		
1# 上盒工作站	$O_{1,1}(11)$	$O_{1,2}(11)$	$O_{1,3}(11)$
2#CNC 精雕1 工作站	$O_{3,2}(55.3)$	N/A	N/A
3#CNC 精雕2 工作站	$O_{3,2}(56.3)$	N/A	N/A
4# 激光打标工作站	$O_{3,1}(2.1)$	N/A	N/A
5# 包装工作站	$O_{4,1}(13.2)$	$O_{4,2}(13.2)$	$O_{3,3}(13.2)$
6# 上盖工作站	$O_{5,1}(8)$	$O_{5,2}(8)$	$O_{4,3}(8)$
7# 双臂机器人	$O_{2,3}(24.1)$	N/A	N/A
8# 上料工作站	$O_{2,1}(7.5)$	$O_{2,2}(7.2)$	N/A
9# 下料工作站	$O_{6,1}(7)$	$O_{6,2}(7)$	$O_{5,3}(7)$

为了验证UGBP的生产调度的基本性能，将工件完成延迟率 Z_j 和工作站负载率 Z_t 作为生产调度的性能指标，数学表达为：

$$Z_j = J_t \div J_{\text{total}}$$
$$Z_t = T_t \div T_{\text{total}}$$

（8-44）

式中，J_t 是延迟完成的工件数量；J_{total} 是工件总数；T_t 是工作站的实际处理工件时间；T_{total} 是系统总运行时间。

图 8-32 和图 8-33 是实验 1 的结果，图 8-34 是实验 2 的结果。

在图 8-32 中，当没有 CNC 精雕 2 工作站参与生产时，CNC 精雕 1 工作站的负载率 Z_t 接近 93%，明显高于其他工作站的负载率。结果表明，CNC 精雕 1 工作站是生产线当前的生产瓶颈，制约了生产效率。当接入 CNC 精雕 2 工作站后，CNC 精雕 1 工作站的负载率 Z_t 明显下降。在对比 8 个工作站和 9 个工作站 2 种系统配置的负载率曲线后，可知 9 个工作站配置的负载率曲线相较于 8 个工作站配置的负载率更为平滑，表明 9 个工作站配置的负载率更为平衡。

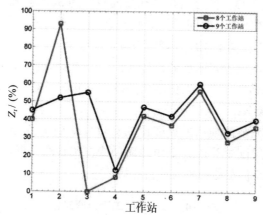

图 8-32 不同系统配置下的工作站负载率比较

图 8-33 展示了 ΔT 和 Z_j 之间的关系，可以看出，随着工件进入间隔时间 ΔT 的增加，工件完成延迟率 Z_j 会减少。原因在于，当进入生产线的工件数量上升至生产线处理能力的极限时，延迟完成的工件数量 J_t 会增加。当工作站的数量从 8 个增加到 9 个时，曲线向前移动约 3s，在工件进入间隔时间 ΔT 为 4s 的条件下，9 个工作站的系统配置可以使工件完成延迟率 Z_j 近乎为 0，而 8 个工作站的系统配置仍有 34% 的工件完成延迟率。实验表明，在生产线内出现工作站生产瓶颈的情况下，可尝试将剩下的资源进行重构，以生成与生产瓶颈同类型的工作站，从而降低生产瓶颈工作站的负载并提高生产效率。

实验 2 将工件进入间隔时间 ΔT 设置为 5s，即每 5s 释放一个工件进入生产线。在释放第 5 个工件后，将 CNC 精雕 2 工作站断开并不再接受处理工件的任务。直至第 50 个工件进入生产线的时候，将 CNC 精雕 2 工作站重新接入系统并再次接受处理工件的任务。

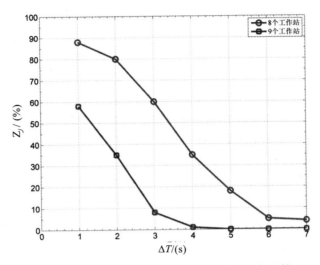

图 8-33　不同系统配置下的工件完成延迟率比较

图 8-34 展示了 100 个工件进入生产线延迟完成的工件数量 J_t 的变化趋势。可以看出，当释放工件的数量为 5 时，即 CNC 精雕 2 工作站断开时，延迟完成的工件数量 J_t 明显上升；当释放工件数量超过 50 时，即 CNC 精雕 2 工作站恢复连接时，工件数量 J_t 缓慢下降，之后收敛并接近于无工作站故障的曲线。结果表明本章所提出的生产调度方法具备较强的自适应性和鲁棒性，一方面，在出现工作站故障的情况下生产线仍可继续调度生产；另一方面，生产线可通过自组织重构方法判断当前系统配置是否可继续进行工件的处理，并且能够在工作站重新投入后快速恢复生产能力。

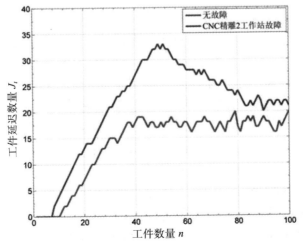

图 8-34　CNC 精雕 2 工作站故障前后的工件延迟数量比较

8.6 结论

本章主要对资源重构和生产调度两个方面进行了研究。

在资源重构方面，针对现有可重构制造系统的理论着重于静态资源重构、忽略产品工序与资源制造能力之间内在关系等问题，提出本体知识驱动的资源重构机制。提出了面向资源管理的混合分布式控制架构，并采用基于"对象–过程"的建模方法构建了生产要素交互概念与行为的 OPM 模型。构建了重构相关概念的本体知识库、融合语义推理和语义查询，动态生成车间内部资源异常和外部生产需求变更场景下的重构触发条件与执行方法，使资源重构过程可以响应动态生产条件变更。提出了涵盖领域匹配、状态匹配、功能匹配、性能匹配和综合匹配 5 个层级的产品与资源匹配方法，从 5 个层级挖掘产品工序与资源制造能力的内在关系，以实现可重构车间的自主调整。

在生产调度方面，针对现有大规模生产调度中 MDP 模型的状态空间爆炸、元启发式车间调度算法难以响应动态调度下的实时决策等问题，提出基于强化学习的可重构车间调度自适应优化方法。构建了基于连续状态空间的 SMDP 模型，实现从车间调度问题向强化学习问题的转换，以解决大规模车间调度中 MDP 模型的状态空间爆炸问题。提出了基于卷积神经网络近似的"策略–价值"学习算法，基于 CPPS 的虚拟调试平台的模型训练实施方法，实现了模型求解的实时性提升，并保证了大规模状态空间调度问题的求解性能。构建的自适应重训练机制实现了车间调度模型参数的周期性调整，以动态响应生产异常下自适应动态调度的实时决策。

参考文献

[1] 付伟. 云制造若干关键技术研究及原型系统初步开发 [D]. 杭州：浙江大学，2012.

[2] LAI Z H, TAO W, LEU M C, et al. Smart augmented reality instructional system for mechanical assembly towards worker-centered intelligent manufacturing[J]. Journal of Manufacturing Systems, 2020, 55: 69-81.

[3] TANG H, LI D, WAN J, et al. A reconfigurable method for intelligent manufacturing based on industrial cloud and edge intelligence[J]. IEEE Internet of Things Journal, 2019, 7(5): 4248-4259.

[4] LI D, TANG H, WANG S, et al. A big data enabled load-balancing control for smart manufacturing of Industry 4.0[J]. Cluster Computing, 2017, 20(2): 1855-1864.

[5] DING H, GAO R X, ISAKSSON A J, et al. State of AI-based monitoring in smart manufacturing and introduction to focused section[J]. IEEE/ASME Transactions on Mechatronics, 2020, 25(5): 2143-2154.

[6] WAN J, YIN B, LI D, et al. An ontology-based resource reconfiguration method for manufacturing cyber-physical systems[J]. IEEE/ASME Transactions on Mechatronics, 2018, 23(6): 2537-2546.

[7] 张根保，郭钢，桂贵生. 自动化制造系统 [M]. 北京：机械工业出版社，2011.

[8] 吕超，李爱平，徐立云. 计算机辅助可重组制造系统集成设计框架 [J]. 同济大学学报（自然科学版）. 2009, 37(11): 1531-1536.

[9] 王国新，宁汝新，王爱民，等. 可重构制造系统集成设计框架研究 [J]. 计算机集成制造系统. 2007, 13(8): 1481-1489.

[10] 梁福军，宁汝新. 可重构制造系统理论研究 [J]. 机械工程学报. 2003, 39(6): 36-43.

[11] 王志亮，汪惠芬，张友良. 敏捷制造单元重构算法 [J]. 中国制造业信息化. 2003, 32(6): 96-99.

[12] 李培根，张洁. 敏捷化智能制造系统的重构与控制 [M]. 北京：机械工业出版社，2003.

[13] 盛伯浩，罗振璧，俞圣梅，等. 快速重组制造系统的构建原理及其应用 [J]. 工业工程与管理，2001, 6(1): 16-21.

[14] LEE G H. Reconfigurability consideration design of components and manufacturing systems[J]. The International Journal of Advanced Manufacturing Technology, 1997, 13(5): 376-386.

[15] HUANG S, WANG G, SHANG X, et al. Reconfiguration point decision method based on dynamic complexity for reconfigurable manufacturing system (RMS)[J]. Journal of Intelligent Manufacturing, 2018, 29(5): 1031-1043.

[16] KOREN Y, HEISEL U, JOVANE F, et al. Reconfigurable manufacturing systems[J]. CIRP annals, 1999, 48(2): 527-540.

[17] YUAN C, FERREIRA P. An integrated rapid prototyping environment for reconfigurable manufacturing systems[C]//ASME International Mechanical Engineering Congress and Exposition. 2003, 3719: 737-744.

[18] MEHRABI M G, KANNATEY-ASIBU E. Mapping theory: a new approach to design of multi-sensor monitoring of reconfigurable machining systems (RMS)[J]. Journal of manufacturing systems, 2001, 20(5): 297-304.

[19] MEHRABI M G, ULSOY A G, KOREN Y. Reconfigurable manufacturing

systems: key to future manufacturing[J]. Journal of Intelligent manufacturing, 2000, 11(4): 403-419.

[20] SON S Y. Design principles and methodologies for reconfigurable machining systems[M]. Ann Arbor: Ann Arbor: University of Michigan, 2000.

[21] KALITA D, KHARGONEKAR P P. Formal verification for analysis and design of logic controllers for reconfigurable machining systems[J]. IEEE transactions on Robotics and Automation, 2002, 18(4): 463-474.

[22] MOON Y M. Reconfigurable machine tool design[M]//Reconfigurable manufacturing systems and transformable Factories. Berlin: Springer, 2006: 111-139.

[23] ABDI M R, LABIB A W. A design strategy for reconfigurable manufacturing systems (RMSs) using analytical hierarchical process (AHP): a case study[J]. International Journal of production research, 2003, 41(10): 2273-2299.

[24] ELMARAGHY H A. Flexible and reconfigurable manufacturing systems paradigms[J]. International journal of flexible manufacturing systems, 2005, 17(4): 261-276.

[25] TANG L. Design and reconfiguration of RMS for part family[M]. Ann Arbor: University of Michigan, 2005.

[26] DEIF A M, ELMARAGHY W. Investigating optimal capacity scalability scheduling in a reconfigurable manufacturing system[J]. The International Journal of Advanced Manufacturing Technology, 2007, 32(5): 557-562.

[27] GOYAL K K, JAIN P K, JAIN M. Optimal configuration selection for reconfigurable manufacturing system using NSGA Ⅱ and TOPSIS[J]. International Journal of Production Research, 2012, 50(15): 4175-4191.

[28] 罗振璧，盛伯浩，赵晓波，等．快速重组制造系统 [J]．中国机械工程，2000，11(3): 300-303.

[29] 张晓峰．可重构智能制造系统的基础研究 [D]．南京：南京航空航天大学，2001.

[30] 顾农，谭民，范英俐，等．制造系统的可重构布局设计 [J]．信息与控制，2001, 30(7): 723-726.

[31] 窦建平，戴先中，孟正大，等．基于图论的可重构制造系统单零件流水线构形优化 [J]．计算机集成制造系统，2010, 16(1): 83-91.

[32] 杨飞生．可重构系统控制器重构方法的研究 [D]．沈阳：东北大学，2009.

[33] COHEN W, RAVIKUMAR P, FIENBERG S. A comparison of string metrics

for matching names and records[C]//Kdd workshop on data cleaning and object consolidation. 2003, 3: 73-78.

[34] FOSTER I. Globus toolkit version 4: software for service-oriented systems[J]. Journal of computer science and technology, 2006, 21(4): 513-520.

[35] 张燕，王锋，张睿. 基于本体的网格服务语义匹配方法 [J]. 计算机工程，2007, 33(7): 181-183.

[36] SONG Z L, AI W H, WANG Y, et al. Service search strategy based on graph in grid environment[C]//2006 IEEE Second International Conference on Semantics, Knowledge and Grid. IEEE, 2006: 96.

[37] YU T, ZHANG Y, LIN K J. Efficient algorithms for web services selection with end-to-end qos constraints[J]. ACM Transactions on the Web (TWEB), 2007, 1(1): 6.

[38] 张佩云，黄波，孙亚民. 基于语义匹配和 QoS 的 Web 服务混合选择方法 [J]. 武汉大学学报（信息科学版），2008，33(5): 537-541.

[39] BAI L, LIU M. Fuzzy sets and similarity relations for semantic web service matching[J]. Computers & Mathematics with Applications, 2011, 61(8): 2281-2286.

[40] WEI D, WANG T, WANG J, et al. SAWSDL-iMatcher: a customizable and effective semantic web service matchmaker[J]. Journal of Web Semantics, 2011, 9(4): 402-417.

[41] ZHANG J, LI J, WANG S, et al. A neural network based schema matching method for web service matching[C]//2014 IEEE International Conference on Services Computing. IEEE, 2014: 448-455.

[42] OH S C, KIL H, LEE D, et al. Algorithms for web services discovery and composition based on syntactic and semantic service descriptions[C]//The 8th IEEE International Conference on E-Commerce Technology and The 3rd IEEE International Conference on Enterprise Computing, E-Commerce, and E-Services (CEC/EEE'06). IEEE, 2006: 66.

[43] LI F, ZHANG L, LIU Y, et al. A clustering network-based approach to service composition in cloud manufacturing[J]. International Journal of Computer Integrated Manufacturing, 2017, 30(12): 1331-1342.

[44] JIAO H, ZHANG J, LI J H, et al. Research on cloud manufacturing service discovery based on latent semantic preference about OWL-S[J]. International Journal of Computer Integrated Manufacturing, 2017, 30(4/5): 433-441.

[45] LI Y, YAO X, ZHOU J. Multi-objective optimization of cloud manufacturing service composition with cloud-entropy enhanced genetic algorithm[J]. Strojniski Vestnik/Journal of Mechanical Engineering, 2016, 62(10): 577-590.

[46] LI H F, ZHAO L, ZHANG B H, et al. Service matching and composition considering correlations among cloud services[C]//2015 IEEE International Conference on Systems, Man, and Cybernetics. IEEE, 2015: 509-514.

[47] LI Y, WANG R, XU M. Rescheduling of observing spacecraft using fuzzy neural network and ant colony algorithm[J]. Chinese Journal of Aeronautics, 2014, 27(3): 678-687.

[48] ZHANG S, WONG T N. Flexible job-shop scheduling/rescheduling in dynamic environment: a hybrid MAS/ACO approach[J]. International Journal of Production Research, 2017, 55(11): 3173-3196.

[49] ZAKARIA Z, PETROVIC S. Genetic algorithms for match-up rescheduling of the flexible manufacturing systems[J]. Computers & Industrial Engineering, 2012, 62(2): 670-686.

[50] YIH Y, THESEN A. Semi-Markov decision models for real-time scheduling[J]. The International Journal of Production Research, 1991, 29(11): 2331-2346.

[51] LI D, TANG H. A semantic-level component-based scheduling method for customized manufacturing[J]. Robotics and Computer-Integrated Manufacturing, 2021, 71: 102-144.

[52] LUO S. Dynamic scheduling for flexible job shop with new job insertions by deep reinforcement learning[J]. Applied Soft Computing, 2020, 91: 106-208.

[53] ZHANG T, XIE S, ROSE O. Real-time job shop scheduling based on simulation and Markov decision processes[C]//2017 Winter Simulation Conference (WSC). IEEE, 2017: 3899-3907.

[54] WASCHNECK B, REICHSTALLER A, BELZNER L, et al. Optimization of global production scheduling with deep reinforcement learning[J]. Procedia Cirp, 2018, 72: 1264-1269.

[55] 王越, 苏宏业, 沈清泓, 等. 基于 OPM/MAS 的钢铁企业多 agent 生产调度模型 [J]. 控制与决策, 2014, 29(11): 1927-1934.

[56] DORI D. Model-based systems engineering with OPM and SysML[M]. New York: Springer, 2016.

[57] USMAN Z, YOUNG R I M, CHUNGOORA N, et al. Towards a formal manufacturing reference ontology[J]. International Journal of Production

Research, 2013, 51(22): 6553-6572.

[58] 许湘敏. 云制造理念下基于本体及其环境感知的作业车间调度问题研究 [D]. 广州：华南理工大学, 2015.

[59] BAADER F. The description logic handbook: theory, implementation and applications[M]. Cambridge university press, 2003.

[60] GIACOMO G D, LENZERINI M. TBox and ABox reasoning in expressive description logics[C]. San Francisco: Margan Kaufmann, 1996.

[61] 谢先文. 云制造环境下服务资源的共享与优化配置研究 [D]. 杭州：浙江理工大学, 2013.

[62] 李新. 基于本体的制造资源建模与智能搜索研究开发 [D]. 西安：西安建筑科技大学, 2016.

[63] 徐红艳, 方欣, 冯勇. Web 服务匹配中基于语义距离的概念相似度计算方法的改进 [J]. 计算机应用, 2011, 31(10): 2808-2810.

[64] 王成建, 刘建胜, 夏芳臣, 等. 云制造服务资源多层次匹配算法研究 [J]. 机械设计与制造, 2014(5): 250-252.

[65] 李慧芳, 董训, 宋长刚. 制造云服务智能搜索与匹配方法 [J]. 计算机集成制造系统, 2012, 18(7): 1485-1493.

[66] LEVESQUE H J. Knowledge representation and reasoning[J]. Annual review of computer science, 1986, 1(1): 255-287.

[67] GOLBREICH C. Combining rule and ontology reasoners for the semantic web[C]//International Workshop on Rules and Rule Markup Languages for the Semantic Web. Berlin: Springer, 2004: 6-22.

[68] CARROLL J J, DICKINSON I, DOLLIN C, et al. Jena: implementing the semantic web recommendations[C]//Proceedings of the 13th international World Wide Web conference on Alternate track papers & posters. 2004: 74-83.

[69] MCBRIDE B. Jena: A semantic web toolkit[J]. IEEE Internet computing, 2002, 6(6): 55-59.

[70] CONWAY R, MAXWELL W, MILLER. Theory of scheduling[J]. Reading: Addison Wesley, 1967.

[71] WIERING M A, VAN OTTERLO M. Reinforcement learning[J]. Adaptation, learning, and optimization, 2012, 12(3).

[72] SUTTON R S, BARTO A G. Reinforcement learning: an introduction[M]. MIT press, 2018.

[73] 张智聪, 郑力, 翁小华. 基于增强学习的半导体测试调度研究 [J]. 工业工程

与管理，2009, 14(4): 38-44.

[74] 张智聪，郑力. 基于增强学习的制造系统调度 [M]. 北京：科学出版社，2016.

[75] KURKOVÁ V, SANGUINETI M. Comparison of worst case errors in linear and neural network approximation[J]. IEEE Transactions on Information Theory, 2002, 48(1): 264-275.

第9章
设备控制系统的动态重构

9.1 引言

制造设备是智能生产线的基本组成元素，设备的动态重构是生产线系统动态重构的关键支撑技术。设备可重构性[1]描述了设备动态调整自身参数、功能和结构的能力，依赖于机械结构与控制系统的可重构性支持。目前，设备可重构控制系统的相关研究大多侧重于工艺机理与加工算法，属于功能性的补充与改进，从而导致设备控制系统愈发复杂。设备控制系统复杂性的快速提升导致与其可重构性需求之间的矛盾愈发凸显，成为制约制造设备控制系统智能化的主要因素之一。如何在保证功能与非功能约束可满足性与承载复杂性的前提下实现动态可重构性，是控制系统设计和开发面临的挑战。

设备控制系统的开发通常涉及应用层控制逻辑和内核层通用运动控制框架，前者面向设备工艺任务编程，主要基于各类自动化系统编程语言实现，例如 IEC 61131-3 标准语言、G 代码，以及各种机器人控制器专用的编程语言。这些方案对于日益流行的信息物理融合分布式控制架构缺乏有效的描述手段，且对系统可重构性的支持严重不足。另一方面，控制系统内核通用运动框架则用于实现运动学/动力学求解、轨迹插补、速度与加速度规划、伺服控制等通用功能，通常采用 C/C++ 语言围绕特定硬件架构实现，开发过程存在可复用性差、效率低、易出错、难以在早期定位设计缺陷等问题。现有主流研究方向主要集中于内核框架的组件化架构设计，形成了例如 Orocos，Robotics Library，LinuxCNC 及其衍生的 Machinekit 与 OpenCN 等开源运动控制内核与通用框架。然而，现有工作较少从方法论层面解决上述问题。因此，设备控制系统向可重构的智能控制系统演变的首要条件是开发设计方法的变革。

将模型驱动开发方法应用于制造设备控制系统这一复杂信息物理融合系统，能够提升设计时阶段的抽象程度和自动化程度，从而缩短设计周期。目前，在工业自动化领域，标准化的模型驱动开发方法主要围绕 IEC 61499/IEC 61131-3 标准展开。IEC 61131-3 标准仅定义单一集中式 PLC 系统的配置机制，不能适应信息物理融合系统分布式结构的软件要求。IEC 61499 以控制领域广泛运用的功能块（Function Block, FB）模型为基本组件，定义了一整套独立于具体实现方式的设计模块化、可重用、分布式的工业过程与测量控制系统（IPMCS）的参考体系结构。尽管 IEC 61499 标准的应用领域主要在于工业自动化过程控制的应用层任务建模等环节，但是其分布式组件化和动态管理的相关思想对于制造设备控制系统的架构设计和可重构性实现具有重要的参考价值。

在制造领域，美国密歇根大学工程研究中心于 1996 年首先开展了有关可重构制造系统（Reconfigurable Manufacturing Systems, RMS）的研究。文献 [2] 在 Koren 等人于 1999 年给出的 RMS 内涵定义 [3] 基础之上进行了扩展，将 RMS 定义为：一种能够在所有功能和组织级别重新配置硬件和控制资源，以便快速调整生产能力和功能，从而达到响应突变市场需求的制造系统。国内外关于可重构制造系统的研究至今仅有不到 30 年的历史，且大部分集中于车间布局规划 [4-6]、可重构机床设计 [7-9] 等硬件部分，而对于软件部分则更多地考虑车间级、产线级等高层次制造系统在调度优化中的重构问题 [10-13]，相比而言，装备本身控制系统层面的可重构性研究仍然较为缺乏。

美国密歇根大学的 Wang 等人 [14] 提出了以组件形式实现可重构数控系统软件，并从结构和行为两个角度定义了组件信息和重构流程；马里兰大学的 Stewart 等人 [15] 提出了一种面向动态可重构控制系统开发的 Portbased Object（PBO）组件模型，并用于机器人控制系统的开发和实例验证。国内方面，西北工业大学蔡宗琰 [16] 提出了基于 RTCORBA 组件技术的可重构控制器体系；华中科技大学李斌 [17] 提出了基于可重用软件芯片实现可重构数控系统的概念；北京航空航天大学陈友东 [18] 基于扩展的 PBO 模型定义了数控系统开发的组件库和相应的配置系统。纵观国内外早期关于可重构装备控制系统的相关研究，可以看出这些研究以及相应产品在技术层面大多基于自定义组件和专有架构方案，缺乏可互操作的支撑技术群和交互接口定义，通用性较差。此外，部分研究项目成果被转化至封闭的商用数控产品，有悖于开放式架构的初衷。

回顾可重构制造系统的大部分代表性研究，能够得出结论：可重构制造系统中的设备控制层的设计需要从体系结构以及开发方法等方面对现有的控制器展开研究。开放式架构的设计理念被学术界和工业界一致认为有助于从体系结构角度解决系统的可重构性等问题。本章提出将工业自动化控制领域中面向分布式系统架构建模的 IEC 61499 标准应用于可重构设备控制系统的实施方案。类似第 6 章针对生产线工艺任务层的工具链开发理念，为了在设备控制层实现基于 IEC 61499 标准的设计与运行动态重构，需要分别构建模型驱动的开发工具以及相应的可重构运行环境。针对前者，本章首先采用基于 MetaGME 元元模型的模型集成计算方法定义并开发相应的建模环境。

综上，为了在设备控制层实现基于 IEC 61499 标准的设计与运行动态重构，本章采用类似第 6 章针对生产线工艺任务层的工具链开发理念，分别构建模型驱动的开发工具和相应的可重构运行环境。针对前者，本章采用基于模型集成计算方法，遵循第 6.2.2 节中所总结的元元模型 – 元模型 – 领域模型的层次化模型集成架构，定义并开发相应的建模环境。针对后者，本章实现相应的运行时环境（Run-Time Environment），在符合实时性约束的基本前提下，为模型的执行提供事件驱动调度机制，并满足运行阶段的可重构性需求。建模环境和运行环境之间通过自动生成、部署以及解释执行 IEC 61499 标准模型管理命令，实现设备控制系统设计与运行的动态重构完整流程。

9.2　运动控制系统建模语言的元模型概念

基于 MetaGME 元元模型的语法元素定义包含了抽象语法和具体语法的定义。在本章所提出的建模语言上下文语境内，抽象语法的作用在于声明建模语言的有效组成元素以及元素间的有效组合关系，并通过定义领域元模型实现。另一方面，具体语法的作用在于为工具无关的抽象语法添加具体模型实例化的实现细节，包括各种模型管理基本属性（如唯一标识符、类型、版本号等），可视化属性（如图标、颜色、大小、布局等），连接属性等相关的信息。

9.2.1　基于 MetaGME 工具的元模型概念

在模型集成计算的工具链体系内，通过领域元模型属性参数的形式规定相应的具体语法，使用 MetaGME 元模型解释器自动生成相应的特定领域建模工具，并通过默认的 MetaDecorator 修饰器插件或者自定义的外部修饰器插件实现可视化控制，从而将抽象语法域的元素映射至具体语法域。

MetaGME 作为模型集成计算方法中的元元模型，规定了多种基本的元模型与模型的概念，此处仅介绍本章所涉及的关键概念类型：

1）FCO：MetaGME 中的最顶层抽象概念，其他主要建模概念都从它继承得来；

2）Atom：用于抽象最小粒度、不可再分解的基本概念；

3）Reference：定义类似于编程语言中指针的概念，用于指向某一定义的概念；

4）Connection：用于定义概念之间的非嵌套的关联关系；

5）Set：用于在领域模型层内定义在建模阶段或者运行时阶段具备某一共同特征的概念集合，集合内的概念实例可以在领域模型设计时或运行时进行动态添加和删除；

6）Constraint：用于声明概念相关的结构约束规则；

7）Model：用于抽象各类结构上可以进一步分解的复合概念，可包含其他概念。

MetaGME 采用了基于 UML 类图的相关图形化表达形式，它所包含的元模型基本概念如图 9-1 所示。例如，图 9-1a 表示 A 概念包含于 B 概念之内的嵌套关系，0..* 为基数限制，表示 B 能够包含至少 0 个 A 的实例。图 9-1b 表示 A 继承于 B。图 9-1c 则表示 A 与 B 通过关系 C 形成关联。图 9-1d 表示概念 FCO 相关联的约束规则。此外，MetaGME 引入了 Proxy 的概念用于定义元模型层内同一概念的多处引用，目的在于降低元模型设计的建模复杂度。

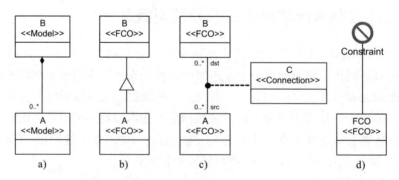

图 9-1　MetaGME 所包含的元模型基本概念

9.2.2　设备控制系统组件的元模型概念

以 5.3 节中所给出的形式化语法为规范，定义设备控制系统建模语言的具体元模型。图 9-2 给出了简化后的系统层、设备层以及资源层等相关概念的元模型。其中，根据定义 5-1 所给出的概念组成结构关系，相应地给出系统元模型的组成定义，分别包含 Device, Link, Segment 等元模型概念，分别对应定义 5-1 中的 Dev, L, Seg 概念。此外，System 还包含了使用 FCO 定义的概念 Application。功能块实例 FBI、事件连接 EC 以及数据连接 DC 均继承于 Application 这一抽象概念。在设备模型内，资源模型和任务模型通过映射关系 TR 进行关联。同时，资源模型内部包含与其相关联的任务模型的引用 TaskRef。在建模过程中，可通过相关的插件模块，从而在建模人员定义 TR 的时候自动生成相对应的 TaskRef 模型。

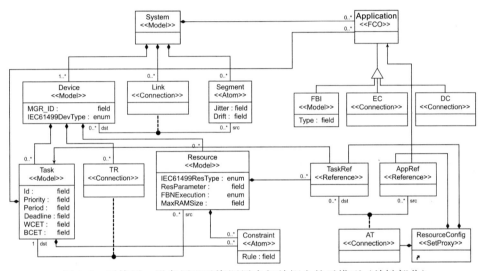

图 9-2 系统层、设备层以及资源层内相关概念的元模型（关键部分）

此外，图 9-2 中的资源配置模型定义了任务模型引用 TaskRef 和应用模型引用 AppRef 的分配关系 AT，可看出配置模型在本章所提建模语言的元模型设计中同样处于顶层位置，并按照 IEC 61499 标准将功能块网络进行逐层细分直至映射至具体执行实体，即任务模型之内。

最后，图 9-3 展示了功能块元模型的具体定义，总共包含基本功能块 BFB、复合功能块 CFB 以及服务接口功能块 SIFB 的定义。这三种功能块均继承于抽象概念 FunctionBlock。其中，作为 IEC 61499 标准内最基本的独立执行单元，基本功能块元模型遵循定义 5-9 和定义 5-10，包含了接口（Interface）、内部变量（InternalVar）、执行控制表相关概念以及算法（Algorithm）等核心内容。同时，将复合功能块定义为包含 FunctionBlock 以及事件连接 EC 和数据连接 DC 的功能块网络结构，并将服务接口功能块 SIFB 简化为仅包含接口（Interface）的模型，为接口中的事件端口添加时间戳属性，用于记录和分析 SIFB 单次执行的总耗时，并应用于设计时仿真验证过程。

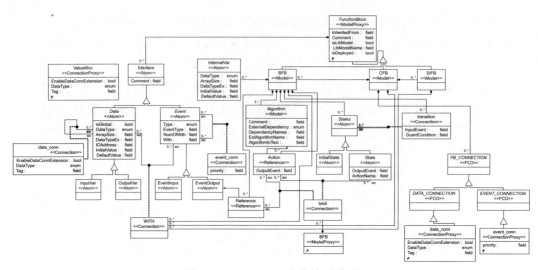

图 9-3　IEC 61499 功能块元模型

借助 GME 环境下的元模型解释器，能够自动生成相对应的领域模型建模环境，如图 9-4 所示。至此，在基于模型集成计算工具链自动生成的领域建模环境内，使用符合本章所构建的元模型定义的设备运动控制系统建模语言进行模型库构建，从而实现了设备运动控制系统语法域定义及其基础工具链搭建。

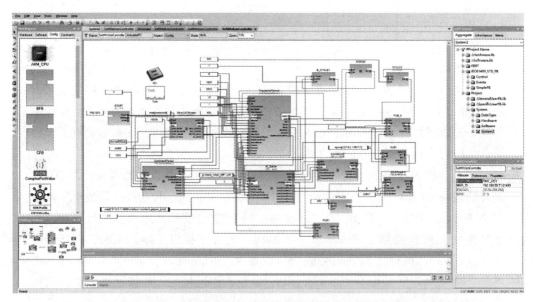

图 9-4　面向运动控制系统开发的领域模型建模环境

9.3 设备控制系统实时可重构运动内核运行环境的设计

在本节中，首先构建应用无关的组件化 IEC 61499 模型实时运行框架，并基于该框架研究模型以及系统配置的动态部署机制，从而使能运行时的系统可重构特性。最终，通过定义和封装运动控制系统在计算、通信以及控制等过程中的多种通用组件，并针对不同的软硬件平台以及制造环境需求，生成相应的系统配置、模型组合关系及其输入参数的部署方案，从而实现可重构的运动控制系统软件。

9.3.1 控制系统的可重构性实现方案

在讨论设备运动控制系统的可重构性实现方案之前，需要明确可重构性的具体内涵，包括其面向的对象以及表现形式。具体地，可将控制系统运行过程中的组件重构层次类型归纳为如下两类。

1）应用层控制程序重构，例如随着加工对象所需工艺变化而调整工艺控制逻辑与相应的参数；

2）内核层控制固件重构，例如针对不同的制造设备机械构型（轴数、运动学/动力学模型等）以及多类不同的控制环路通信协议，或者在升级/修复内部功能的情况下，通过重配置的方式形成新的固件。

另一方面，在不同的层次内，基于 IEC 61499 标准模型组件合成得到的系统均同样地存在着多级别复杂度的重构行为，包括

1）参数级重构：对系统组件端口值或者底层基础设施（通信协议栈、RTOS 等）的配置参数在外部环境变化的情况下进行重新设置，例如应用层 PID 控制算法的比例、积分和微分系数需要根据被控对象的变化进行调整，或者内核层各类实时任务周期在不同的控制和通信负载变化下需要进行重调整以保证可调度性等。

2）功能块级重构：对组成系统的部分功能块在接口不变前提下完成内部逻辑和算法的调整，或者对自身运行状态进行改变从而实现系统整体功能或者状态的调整，从而适应简单的需求变更或者故障恢复场景。例如，BFB 内的 ECC 或者算法更新，或者对于某些与控制过程紧密关联的功能块在因为物理世界的故障失效而进入错误状态后，需要在硬件因素修复完毕时通过功能块复位或重启等相关操作进行状态恢复。

3）功能块网络级重构：功能块网络级重构顾名思义是网络所含组件增加或者删除，或者组件之间重新组合连接，从而达到新功能的添加、旧功能的删除、改造升级、优化等目的。例如针对不同的制造场景及其精度要求，动态部署相对

应的具备不同计算复杂度的速度规划算法组件、轨迹插补算法组件等，避免冗余集成规模复杂的功能块程序，以达到性能和计算资源（如 CPU，内存等）使用率的平衡。

尽管基于模型的系统所涉及的各类重构场景及其重构对象不尽相同，但是其重构过程通常都包含如图 9-5 所示的基本要素。在工程设计阶段，将基于特定领域建模语言描述并经过设计时验证的模型构型（包括其参数、功能与结构定义）部署至相应的控制器硬件平台，由组件化运行框架进行组件模型动态实例化以及执行调度。同时，在工程设计阶段，将重构触发条件归纳总结为两类通用条件：外部需求变更以及内部异常故障，而大部分制造设备运动控制系统的具体重构触发原因均可由这两类条件派生得到。在重构触发之后，设计时模型构型产生改变，形成新的模型构型，相应地，运行时环境内的组件运行框架同样通过重构管理模块将重构触发条件声明转换为针对模型组件网络的增加（Create）、检索（Retrieve）、更新（Update）和删除（Delete）等基本操作（简称 CRUD 操作），并基于相对应的操作组合重构当前控制程序。

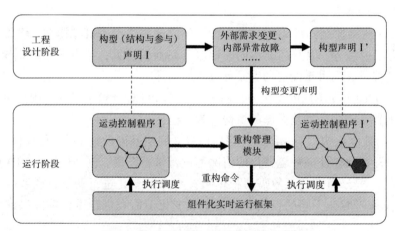

图 9-5　重构过程包含的基本要素[19]

根据以上通用重构过程分析，结合上一节所提出的基于 IEC 61499 标准的领域建模方法流程可知，实现设备运动控制系统的可重构性需要在运行时阶段提供如下基本组成模块：

1）基于 IEC 61499 标准功能块模型的组件化实时运行框架可实现基于异步执行语义设备模型、资源模型、功能块模型以及任务模型等的执行调度行为。对于具有实时性约束的任务模型，运行框架需要将其映射为底层实时操作系统相对应的执行单元（通常为线程），并根据任务模型参数完成调度参数的设置。

2）基于 IEC 61499 标准管理模型的组件重构管理模块需要负责资源模型、

功能块模型、事件连接、数据连接、变量参数值在初始化和运行过程中的 CRUD 操作管理。重构控制模块应当具有应用无关性，而为了满足这一特性，需要建立一组重构原子操作集合的定义。IEC 61499 标准内规定了如图 9-6 所示的通用管理服务接口功能块（Management FB, MFB）接口定义。其中，输入数据端口 CMD 和 OBJECT 的值可由远程管理工具或者本地其他功能块模型设定，分别代表管理命令类型以及相应的命令内容，例如作用对象等。端口 PARAMS 的值通常代表了 MFB 的通信地址与端口。在此基础上，标准声明了一系列基本管理命令，根据其作用范围，总共分为 4 类管理命令，如图 9-7 所示。

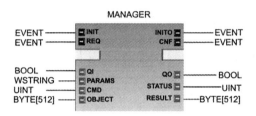

图 9-6 通用管理服务接口功能块接口定义

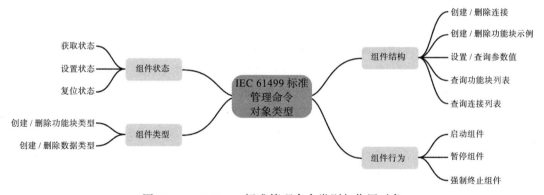

图 9-7 IEC 61499 标准管理命令类别与作用对象

根据以上分析，我们提出如图 9-8 所示的设备控制系统的组件化实时运行框架实现方案，用于实现组件执行与管理的分离。其中，最底层为实时操作系统抽象层，用于封装不同的 RTOS 系统调用（例如文件、高精度定时器、线程、内存池、Socket 以及实时以太网卡驱动等模块的相关操作），从而使得上层不依赖于特定平台的接口。实现运动控制领域内常见的各类基础算法包括闭环位置/速度/力矩控制，速度规划与轨迹插补，运动学正逆解算法等；同时，集成常用的实时与非实时通信协议栈，用于向更上一层的功能块运行环境提供通信与过程接口。

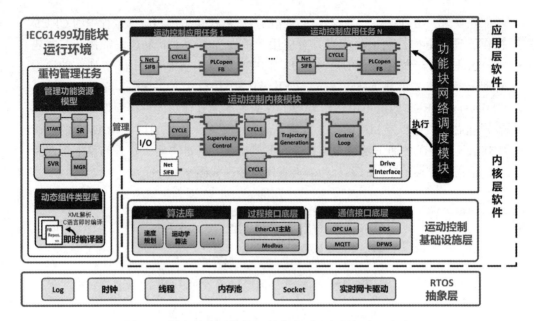

图 9-8 设备控制系统的组件化实时运行框架实现方案

更上一层的软件模块中分别为基于功能块网络的通用运动控制内核层和面向不同制造需求的运动控制应用任务层，这两层均以算法库和通信模块为基础。其中，内核层为应用任务层提供运动控制算法调用接口。为了保证基于功能块网络的运动控制程序正确执行，需要构建相应的 IEC 61499 标准功能块运行环境，用于实现"功能块 – 应用模型 – 任务模型"的多层次单元的调度执行。关键地，该运行环境通过应用功能块链的概念实现基于异步执行行为的功能块网络调度器，将实时任务调度所需要的约束参数应用于功能块链之中，保证基于功能块网络的应用模型执行的实时性。同时，通过管理功能块模型和动态组件类型库，形成重构控制管理模块的核心，用于使能运行时的系统动态重构特性。

9.3.2 组件化的内核运行与任务调度框架设计

Thomas Strasser 与 Alois Zoitl 等人讨论了在构建基于 IEC 61499 标准的功能块实时运行环境过程中将执行单元映射至实时任务的多种选项[20]，主要包括将"资源模型 – 实时任务""单一功能块 – 实时任务"等的映射，并总结了此两种方案在性能表现方面存在的不足。例如"资源模型 – 实时任务"映射方案中高优先级的功能块的执行可能会被其他低优先级的功能块阻塞，或者"单一功能块 – 实时任务"映射方案中系统调度负荷较大导致响应性差、整体性能下降等问题。为此，文献 [20] 总结出一种称为事件链的执行单元模型，通过定义事件源（Event

Sources, ESFB）功能块以及事件锚（Event Sinks, ESKFB）功能块，将事件链（Event Chain, EC）定义为从 ESFB 出发并按照事件触发顺序执行的一系列功能块集合，其链末端元素为 ESKFB。其中，事件源功能块通常为 Responder Type SIFB，而 ESKFB 则定义为没有输出事件连接的功能块。在工程设计阶段中，可通过对事件链显式声明时间约束的相关属性（例如周期、优先级、最差情况执行时间等），并在运行时将其映射为实时任务，从而实现基于功能块网络的应用模型的实时执行过程。本章实现的运行环境同样采用了类似的理念，称为功能块链模型，区别在于功能块网络中的事件连接可以人为设置优先级，形成带优先级的功能块链。

在确定将基于优先级功能块链的异步事件执行顺序作为应用模型的调度策略之后，需要考虑调度队列中首个执行元素的激活策略，即 ESFB 的触发执行机制。ESFB 的输入事件通常来源于与物理受控过程具有密切关联的外部信号，例如定时器信号、通信协议栈信号以及其他后台任务的通知信号等。因此，每一个 ESFB 都需要通过与之对应的外部事件管理任务和更底层模块建立关联。外部事件管理任务用于检测物理环境中的特定事件并转发给相应的 ESFB，并激活其所在的功能块链开始处理该事件。

图 9-9 展示了一个 PID 计算任务的功能块链实例执行过程，根据前述功能块链的构建规则进行分析，可将该应用模型划分为两个功能块链，链首元素分别为 ⟨SUBS, EXTEVENT⟩ 和 ⟨CYCLE0,EXTEVENT⟩。其中功能块 SUBS 为订阅类型通信功能块的实例，用于接收来自 SUBS.ID 端口指定的订阅数据源所发送的控制对象设定值与当前值；功能块 CYCLE0 为标准事件功能块类型 E_CYCLE 的实例，用于周期性产生输出事件，从而实现功能块链的周期性计算任务。任务结果为 PID 算法计算得到的控制值，通过名称为 PUB 的发布通信功能块实例发送到由 PUB.ID 端口设置值所指定的目标功能块。在事件源功能块初始化之时，运行时框架将创建相应的功能块链（见图 9-9 中的 FBChain1，FBChain2），同时将功能块实例注册于由设备模型维护的外部事件管理任务（见图 9-9 中的 ExternalEvent Handler）的通知列表之中，并根据 ESFB 所对应的功能，例如通信、定时器等，初始化 RTOS 抽象层中相应的底层模块。

图 9-9 所示的例子中，与系统定时器相关操作有关的功能块链为 FBChain2，这一功能块链在功能块 CYCLE0 初始化之时由运行环境所创建，且 FBChain2 同时会被注册到外部事件管理任务 ExternalEvent Handler 的通知列表之中。本文所提出的 IEC 61499 运行环境实现了一套面向优先级功能块链模型触发机制，其关键模块调用顺序图如图 9-10 所示。

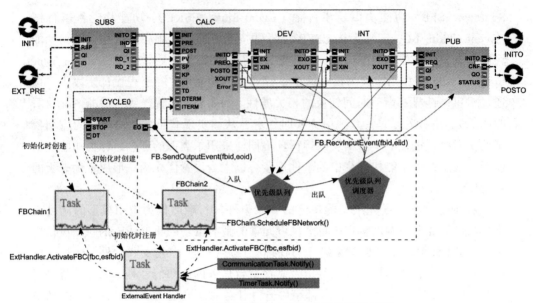

图 9-9 PID 计算任务的功能块链实例执行过程

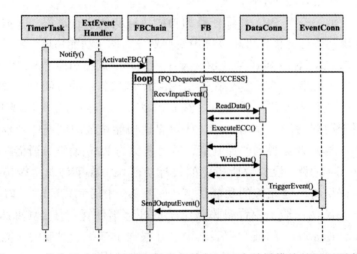

图 9-10 优先级功能块链模型触发与执行过程中关键模块的调用顺序图

  针对类型为 E_CYCLE 的功能块实例,外部事件管理任务将其添加至运行时框架所维护的定时器任务 TimerTask 的内部列表之中,并在其定时周期到达之时将相应的通知事件传递至对应的功能块链 FBChain2,对应的函数调用为 TimerTask.Notify()。具体地,首先将 ⟨CYCLE0,EXTEVENT⟩ 这一执行队列元素添加至 FBChain2 内所维护的优先级队列之中,然后激活唤醒该任务,对应的函数调用为 ExtHandler.ActivateFBC()。在 FBChain2 的执行过程中，通过自身的 ScheduleFBNetwork() 函数对优先级队列元素进行循环出队操作，每次所得到的最高优先级队列元素所包含的功能块实例 ID 以及相应的输入事件 ID 为函数 FB.RecvInputEvent() 的输入参数，用于启动功能块的执行过程。在功能块实例运行过程中，通过调用 FB.SendOutputEvent() 函数输出由 ECC 激活的事件，并在内部通过事件连接实例的存储信息得到对应的目标功能块及其输入事件，从而将其作为执行元素添加至优先级队列之中。优先级队列每次有新元素入队之时，均需要进行一次基于二叉堆数据结构的排序，保证每一次出队时的执行元素具有最高的优先级。当优先级队列为空时，功能块链将进入挂起状态，直至外部事件管理任务将其重新唤醒。

本书围绕所描述的功能块链模型这一核心，构建符合 IEC 61499 标准的功能块运行时环境。图 9-11 采用 UML 类图的形式，描述了功能块链执行过程中与本章所提出的领域建模语言语法元素相对应的关键概念及其相关关系。其中，CExecutionModel 类继承于 RTOS 抽象层的线程接口类。同时，CExecutionModel 类仅为 CResourceModel 类提供任务模型的调用接口，其接口对应的具体功能实现由其子类定义。目前，本章所实现的运行时环境框架内 CExecutionModel 类共有两个子类：CAsyncTask 与 CSyncTask。CAsyncTask 类实现了本章所提出的带优先级功能块链模型的行为定义。而 CSyncTask 类主要用于实现基于同步反应式的行为语义，该类型的行为语义依赖于设计时的执行顺序优化算法[21]，因此无法直接支持动态可重构特性，但是具备运行效率高的优点。

此外，在由 Holonic Manufacturing Systems (HMS) 联盟所提出的 IEC 61499 标准应用兼容性规范定义[22]内，定义了设备模型和资源模型的多种特定类型对象，例如支持接受远程管理命令的 RMT_DEV 设备类型和 RMT_RES 资源类型，仅支持本地任务启动的 EMB_DEV 设备类型和 EMB_RES 资源类型。在运行时框架的实现中，这些具体类型均相应地继承于 CDeviceModel 类以及 CResourceModel 类。RMT_RES 资源类型包含了管理功能块，能够接受远程管理命令并在本地创建相应的 IEC 61499 标准模型，例如 EMB_RES 资源类型的实例等。

RMT_RES 以及 EMB_RES 资源类型实例内部包含的功能块将在初始化配置和运行时的重构过程中进行动态创建或删除，其依赖的类型定义通常在编译阶段预先集成于运行时框架内，且相应地继承于图 9-12 中的 CBasicFB 类、CCompositeFB 类或者 CServiceFB 类，并通过 CEventConn 以及 CDataConn 类的实例相互连接。目前在已经实现的运行环境中，预先集成的功能块类型库主要包含 IEC 61499-1 标准内定义的标准事件功能块，通用接口通信功能块，管理功能块以及基于 PLCopen 标准第一部分和第四部分所定义的部分运动控制块。此外，本章构建了 CDynamicBFB 以及 CDynamicCFB 用于实现运行时功能块类型定义的动态加载。

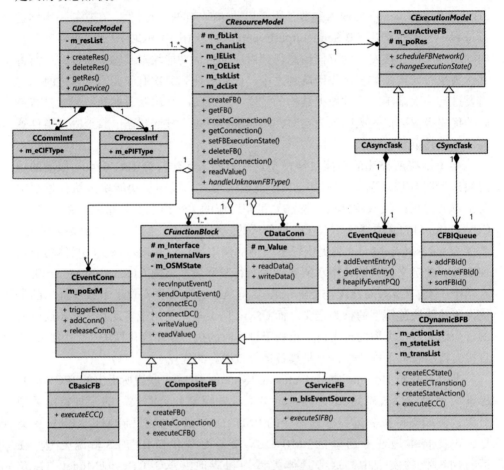

图 9-11　功能块链执行过程中关键模块的类图定义

9.3.3　基于 IEC 61499 标准管理命令的动态重构模块

尽管 IEC 61499 标准给出了管理功能块的接口定义，然而并没有定义具体实现细节，也没有规定运行时环境和建模环境在部署模型时的互操作相关准则，例如通信接口、传输格式等。因此，在由 HMS 联盟所提出的 IEC 61499 应用兼容性规范定义[22]内，给出了一个类型名称为 DM_KRNL 的管理功能块用以参考实现，其类型为复合功能块。在此基础上，在资源模型类型中建立用于实现可互操作的 IEC 61499 标准模型管理任务。

在图 9-13 所示的功能块网络中，E_RESTART 和 E_SR 类型的功能块用于启动或者停止设备管理功能块类型 DM_KRNL 的实例。DM_KRNL 内部包含了 DEV_MGR 以及 SERVER_1_2 两种类型的子功能块，前者用于解析、处理和响应 IEC 61499 标准模型管理命令，后者则根据其输入端口 ID 的配置值采用 TCP/IP 协议接收和发送基于 ANS.1 基本编码规则（ANS.1 Basic Encoding Rules，BER）的管理命令文本信息。IEC 61499 标准中规定的管理功能块中的 PARAMS，CMD，OBJECT 以及 RESULT 端口分别由功能块 SERVER_1_2 的 ID 端口，功能块 DEV_MGR 的 RQST，DST 以及 RESP 端口所替代。同时，功能块 DEV_MGR 的 RQST 和 DST 端口的值分别来自 SERVER_1_2 的 RD_1 和 RD_2 端口，接收来自模型部署端的值，并通过 SERVER_1_2 的 SD_1 将 RESP 端口所代表的管理命令处理结果发送至模型部署端。通常，模型部署端即为符合 IEC 61499 标准应用兼容性规范定义的模型开发环境，在本章中为基于 GME 的特定领域建模环境。在模型运行环境中，将图 9-12 所示的功能块网络映射至重构管理任务，用于监听模型部署事件与处理相应的管理命令。具体管理命令的生成流程通过自定义模型解释器的方式实现，并以建模环境插件的形式进行调用。

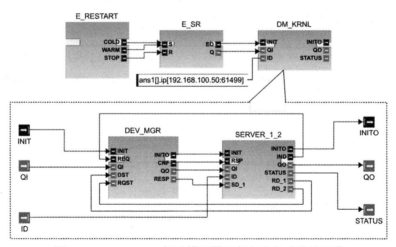

图 9-12　IEC 61499 标准模型管理任务内的功能块网络

初次部署时所生成的管理命令序列的顺序通常为：模型实例创建命令（包括资源模型和功能块实例模型）、事件与数据端口连接创建命令、参数设置命令、启动命令。在重构部署时，则需要先发送查询命令用于获取当前运行时环境的模型实例和连接信息，在此基础上添加新的功能块与连接创建命令，最后再把相应的旧功能块实例与相关连接进行删除。在部署和重构过程中所下发的基于 XML 的管理命令由 DEV_MGR 进行解析处理并进行响应。对于事件连接、数据连接，以及预先集成在运行环境内的功能块类型，在部署时可以直接通过实例化相应的类对象进行创建。然而，对于用户自定义的功能块类型，需要探索一种支持动态解析、加载和执行功能块类型定义的方法，从而提升模型运行时环境的可用性。

IEC 61499-4 标准定义了 3 类不同可重配置级别的设备模型。其中 Class 0 设备不能够动态创建功能块对象，缺乏灵活性，不适合可重构机制的实现；而 Class 1 设备只能够在运行时动态创建已知类型的功能块实例；Class 2 设备能够在运行时动态创建新的功能块类型，并添加到自身的组件库之中。在此基础上，Class 2 设备支持预先集成的功能块与动态类型的功能块混合执行。因此，为了实现较灵活的重构功能，本章在所构建的模型运行时环境内实现了对 Class 2 设备的支持。在本节中，提出一种基于运行时 C 语言即时编译的功能块类型动态部署方法，该方法包含了两个阶段：类型部署更新阶段和动态执行阶段。其中，所提方案支持基本类型和复合类型功能块定义，其相应的动态对象分别为 CDynamicBFB 和 CDynamicCFB 类型的实例。

类型部署更新阶段的第一个步骤为通过建模环境生成功能块类型定义文件。其中，针对基本类型功能块，需要将其定义中包含的所有状态迁移条件以及自定义算法统一转换为 C 语言代码。在此基础上，将类型定义文本信息嵌入管理命令之中并进行在线部署，运行环境内的重构管理任务将对管理命令中的类型定义信息进行处理，处理过程中关键模块的交互顺序如图 9-13 所示。由前述可知管理命令的处理主要由 DEV_MGR 的实例实现。首先，通过解析，判断部署的管理命令是否为类型创建命令，若为类型创建命令则提取相应的类型定义信息。以此为输入，DEV_MGR 的实例通过调用 CResourceModel 的函数 createFBT() 进

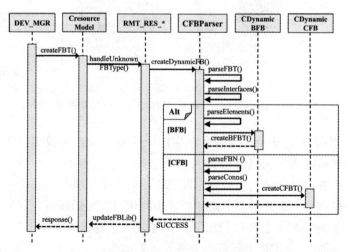

图 9-13　部署未知功能块类型的示例时相关关键模块的交互顺序

行相应的处理，并通过具体资源类型实例的重载函数 handleUnknownFBType() 完成类型定义的解析和编译。具体地，通过参考 IEC 61499 标准应用兼容性规范中定义不同重构能力级别的资源类型的思路，我们构建了 Class 2 设备类型 RMT_DEV_EX 以及相应的资源类型 RMT_RES_EX。RMT_RES_EX 重载了 handleUnknownFBType() 这一函数，并通过调用 CFBParser 的实例对基于 XML 的类型定义进行处理。

CFBParser 的实例处理类型定义信息的过程从区分基本功能块 BFB 和复合功能块 CFB 开始。然后，通过解析接口定义属性，动态创建功能块类型的事件与数据接口集合，包括名称、数据类型、事件与数据之间的"WITH"限定关系。在此基础上，分别针对不同的功能块类型提取相应的信息。特别地，对于基本功能块类型，由于需要动态构建执行控制表，因此需要对其内部结构元素进行两次遍历。其中，第一次遍历以字符串的形式分别记录内部变量信息、算法名称与实现代码、状态迁移使能条件。在遍历完成时将使用字符串记录的 C 代码程序输入内部集成的 Tiny C Compiler（TCC）这一轻量高效 C 语言编译器完成即时编译（Just-in-time Compilation，JIT）。以此为基础，在第二次遍历中，分别获取多个算法以及一个总的状态迁移使能评估函数的函数指针，构建执行控制表的状态列表、状态迁移列表以及输出动作列表，并建立各个元素之间的关联关系，即完成"算法–输出事件"与动作关联、状态与状态迁移条件关联等。图 9-14 展示了解析基本类型功能块定义的内部元素的基本流程。

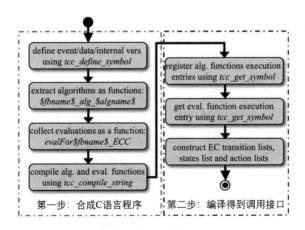

图 9-14　基本类型功能块定义的内部元素的基本流程

针对复合功能块类型的解析，则仅包含接口信息、内部功能块实例列表以及连接列表的处理，不涉及代码转换。然而，如果复合功能块类型定义中嵌套地包含了未知基本功能块类型的定义，则需要重复上述基本功能块类型的动态解析与加载流程。在完成类型解析并更新相应的功能块类型库之后，便可以与其他编译集成的功能块类型一同实例化与执行。由于动态复合功能块类型本身不包含需要编译执行的算法和状态迁移使能评估函数，因此其执行过程与编译集成的复合功能块类型是相同的。

在完成类型解析并更新相应的功能块类型库之后，便可以与其他编译集成的功能块类型一同实例化与执行。由于动态复合功能块类型本身不包含需要编译执行的算法和状态迁移使能评估函数，因此其执行过程与编译集成的复合功能块类型是相同的。对于动态基本功能块类型的执行，其伪代码实现如算法 9-1 所示。其中，算法第 6 行中的 tccEvaluateTrans 以及第 13 行的 tccAlgFunc 分别对应状态迁移使能评估函数以及若干算法函数的函数指针，它们分别在算法 9-1 中的第二次遍历中进行赋值。

算法 9-1　动态基本功能块类型的执行流程

```
    inputs: Index of activated input event EIID
1   procedure executeECC (EIID)
2       ECCCompleted = FALSE;
3       while ECCCompleted != TRUE do
4           Get current ECC state s_i, set next state s_{i+1} ← NULL;
5           foreach st_j ∈ the list of ECC transitions connected to s_i do
6               result ← self.tccEvaluateTrans(self, EIID, st_j.TransId); //self denotes the FB itself
7               if result==TRUE then
8                   s_{i+1} ← st_j.DstECState;
9                   if s_{i+1} ≠ NULL then break;;
10          if s_{i+1} ≠ NULL then
11              s_i ← s_{i+1};
12              foreach act_k ∈ the list of actions connected to s_i do
13                  act_k.tccAlgFunc(self);
14                  queue output events related to act_k;
15          else ECCCompleted = TRUE; //No more transitions can be fired;
16      Reset activated input event;
```

9.4　实例

首先，构建可重构控制系统框架中的运动控制基础设施模块，具体包括运动控制算法库、基于 EtherCAT 协议的过程控制接口、基于多类 IIoT 协议的信息通信接口三部分内容。其中，运动控制算法库基于课题组研究成果[23]进行封装，主要提供了连续轨迹前瞻以及非对称 S 形的速度曲线规划算法等的接口；而所集成的 EtherCAT 主站同样基于课题组研究成果[24]，具备网络自动配置功能；对于信息通信接口，本节实例中主要基于 open 62541 开源库实现了 OPC UA 协议的集成。

在构建运动控制基础设施模块的基础上，定义基于功能块网络的运动控制内核模块，使能内核层的功能与结构的可重构性。本节给出的演示实例如图 9-15 所示，其中关键性功能块的简要介绍见表 9-1。

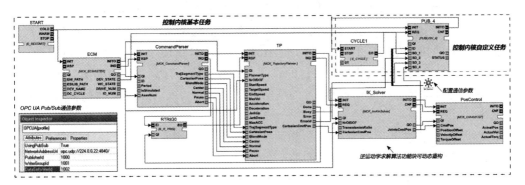

图 9-15 实现可重构运动控制内核模块的 IEC 61499 功能块网络实例

表 9-1 关键功能块作用解释

功能块名称	功能块类型	种 类	功能介绍
ECM	MCK_ECMASTER	CFB	EtherCAT 主站调用
CommandParser	MCK_CommandParser	SIFB	API 解析与状态监控任务
TP	MCK_TrajectoryPlanner	SIFB	S 型速度曲线规划算法任务
IK_Solver	MCK_InvKinSolver	DynamicBFB	逆运动学求解
PosControl	MCK_CIA402CSP	BFB	CSP 模式下的插补计算
PUB_4	PUBLISH_*	SIFB	标准通信服务功能块

在图 9-16 所示的运动控制内核功能块网络中实现运动控制相关作用的主要功能块实例分别为 ECM，CommandParser，TP，IK_Solver，PosControl。具体地，ECM 封装了 EtherCAT 主站相关调用接口的复合功能块，其内部由实现网卡数据接收发送以及通信状态机管理等相关服务接口功能块连接而成；CommandParser 负责轮询接收 API 调用与状态反馈数据的相关共享内存区域，进行命令相关参数的提取，从而触发启动速度曲线规划器并根据应用层工艺任务所调用的运动轨迹类型进行计算；TP 封装了 S 形速度曲线规划算法的调用接口，根据所设定的运动轨迹参数化描述以及速度/加速度/加加速度参数，计算得出每个控制通信周期内的伺服驱动指令值；IK_Solver 根据其功能块类型的不同采用具体的运动学模型对指令值进行空间坐标变换，在本例中为默认的直角坐标系运动学模型（无须进行空间变换），该功能块可根据需要动态更换类型，用于支持不同的装备构

型；PosControl 对逆运动学求解结果进行插补运算，插补运算循环次数根据速度规划和通信周期任务周期的比例值确定，并最终根据位置控制模式，在过程数据内存区域写入控制值，从而更新 EtherCAT 过程数据通信所传输的信息。ECM、CommandParser 和 TP 均为事件源功能块，因此初始化时会创建相应的功能块链任务。

以上为实现运动控制内核基本任务所必须构建的最小功能块集合，而图 9-16 中还添加了周期事件功能块和发布者模型的通信接口功能块从而形成了独立的周期执行任务，以验证非实时 IIoT 通信功能集成于内核层中的可行性。上述两个功能块所形成的功能块链的作用在于将通信与计算过程中的实时状态以及关节空间坐标位置值按照 50ms 的周期更新至本地 OPC UA 服务器的信息模型之中。

将所构建的运动控制内核功能块实例部署于如图 9-16 所示的测试平台中的运动控制器单元，该单元为可以运行实时操作系统的资源受限的嵌入式硬件平台或者高性能工控机平台。本节使用了树莓派 3B+ 硬件平台，运行安装了 PREEMPT_RT 实时系统补丁的 Linux 内核（版本 4.14.52）。图 9-16 所示平台用到的伺服驱动从站型号包括：5 台 Servotronix 公司的 CDHD 系列 EtherCAT 总线型伺服驱动，以及 2 台松下公司 MADHT1507BA1 型号 EtherCAT 总线式伺服驱动。所有驱动器均遵循 CiA 402 规范，控制器可通过 CoE 应用层协议读写标准化的通信对象。此外，图 9-16 平台中的 EtherCAT 从站开发板为基于 Microchip LAN9252 从站控制芯片和 STM32F407 处理器的商业开发板。

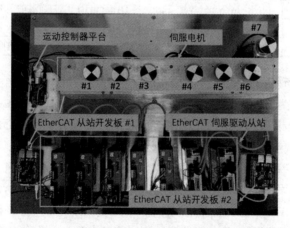

图 9-16　运动控制内核性能测试平台及其组成单元

在具体测试方案中，采用 1ms 的过程数据通信周期，连接并控制测试平台中的 5 台 CDHD 系列 EtherCAT 总线型伺服驱动器，在控制器单元内分别运行单独的主站模块，部署运动控制内核功能块的运行时环境以及包含 EtherCAT 主站功能的德国 3S 公司商业化 IEC 611313 运行时环境 CODESYS（版本 V3.6 SP16）。以此为基础，构建多轴联动控制应用任务。其中，对于本节使用的基于功能块的运动控制内核，将所连接的 5 轴分别划分为三个轴组。其中第 1、2 轴为轴组 1，运行直线插补运动；第 3、4 轴为轴组 2，运行圆弧插补运行；第 5 轴为轴组 3，运行单轴直线运动。实现轴组创建、管理以及控制所用到的功能块均基于 PLCopen 规范进行定义，其中创建并定义轴组 2 组成单元的 PLCopen 功能块网络实例如图 9-17 所示。对于单独的主站模块，采用 API 编程方式实现相同功能；而对于 CODESYS 平台，则基于 IEC 61131-3 标准梯形图语言进行相应的运动控制逻辑实现。

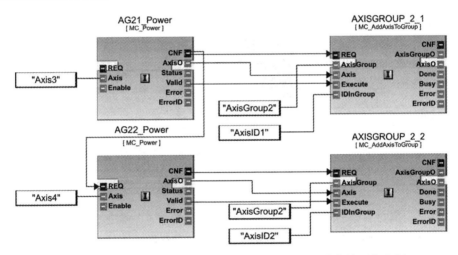

图 9-17　创建并定义轴组 2 组成单元的 PLCopen 功能块网络实例

在完成运动控制内核的部署及上层应用任务的实现之后，通过前述测试平台对其运动控制过程进行通信周期值测量，用于从网络传输的角度量化分析运动控制器的控制周期精度和准确度。具体测试中，将控制器连接至以太网分析器网口，并由分析器另一网口引出并连接至第一台驱动器，从而捕获控制器与驱动器之间网络通信的所有数据包。所使用的以太网分析器为德国赫优讯公司的 NANLC500RE 系列产品，其能够保证纳秒级的测量精度。通过采集连续 1 000 000 个通信数据帧的时间戳，并对其进行分析，最终测量数据的分析结果以表格和相对频率分布图的形式总结于表 9-2 以及图 9-18 之内。

表 9-2　施加功能块网络执行负载的控制内核通信抖动值 J 统计对比

控制内核平台 （1ms 通信周期）	抖动值统计 / μs			
	J_{min}	J_{max}	J_μ	σ_J
#1 CODESYS	194.09	182.13	0.040	35.760
#2 单独主站模块（MCK）	72.57	112.49	0.040	12.795
#3 FBN-MCK	111.21	137.72	0.040	15.611
#4 FBN-MCK（顺序执行）	91.60	124.25	0.040	14.409

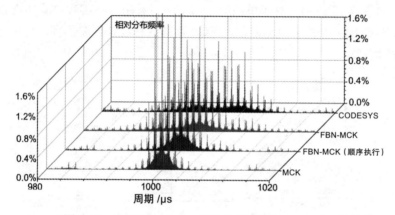

图 9-18　基于 IEC 61499 标准功能块及 IEC 611313 标准的
运动控制系统实时通信周期测量值频率分布

首先，通过对统计数据的第 2 行（单独主站模块）与第 3 行（基于功能块的运动控制内核）进行比较可知，将运动控制基础设施封装于功能块之中将会因为引入额外的执行任务从而增加 RTOS 调度负载，对实时通信任务造成干扰导致性能下降，J_{min}，J_{max} 和 σJ 这三项抖动相关指标分别增加了 53.2%，22.4% 以及 22% 的恶化。从表 9-2 中可看出 FBN-MCK 的周期频率分布相比 MCK 本身要更加分散。尽管如此，基于功能块的运动控制内核在 1 000 000 个测量数据中的统计中依旧保持了稳定的平均周期。此外，基于功能块的运动控制内核能够实现优于 CODESYS 的性能，通过对比 J_{min}，J_{max} 和 σJ 可知 FBN-MCK 与 CODESYS 相比在指标上分别减少了 42.7%，24.4% 和 56.4%。

最后，对运动控制内核功能块网络执行过程进行分析，可得知其实例之间的执行存在固定的先后顺序，因此对执行策略进行优化，应用周期顺序执行的功能块网络调度方法，从而降低功能块链在每次事件触发后进行"入队－排序－出队"等环节的执行负载。采用顺序执行（同步执行语义）的运动控制内核功能块网络的周期值频率分布同样列于图 9-20 中，且抖动统计由表 9-2 第 4 行数据给出。根据周期值频率分布和抖动统计可得出结论：在该功能块网络结构中，相比异步执行的调度方法，顺序执行能够降低通信抖动，提升执行过程的确定性。

通过 OPC UA 协议订阅由运动控制内核功能块网络程序发给各个驱动器的目标位置值，并将其分别存储于时间序列数据库之中，通过 Grafana 平台进行数据可视化展示，如图 9-19 所示。其采集数据能够还原实际运动控制过程的命令值序列，也证明了在实时运动控制系统内核中通过功能块网络集成非实时 IIoT 通信协议的可行性。

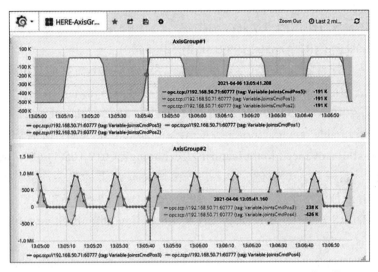

图 9-19　基于 OPC UA 协议采集的时间序列数据的可视化监控界面

9.5　结论

本章研究可重构的制造装备运动控制系统的模型驱动开发方法以及相应的模型运行时环境实现，以此构建了具备可重构特性的运动控制系统原型。首先，采用模型集成计算的相关理论方法，构建了特定领域建模语言的元模型与领域模型库定义。其次，对于运行时阶段运动控制系统的可重构性实现，分别从运行时模型行为的调度机制、管理模型的动态重构模块和模型组件库的动态加载方法三个角度展开研究，构建了面向实时系统的模型组件化运行环境。在所构建的实时运行环境中，通过集成 EtherCAT 协议主站、运动控制算法和 OPC UA 协议，形成运动控制基础设施模块。以此为基础，在建模环境中设计了基于功能块网络的运动控制内核程序以及应用层自动化任务程序，并将其部署于运行环境中，在具体的硬件平台进行了通信周期测量与数据分析，证明了所提出的可重构运动控制系统的有效性。

参考文献

[1] KOREN Y, HEISEL U, JOVANE F, et al. Reconfigurable manufacturing systems[J]. CIRP Annals,1999, 48(2):527-540.

[2] BI Z M, LANG S Y T, SHEN W, et al. Reconfigurable manufacturing systems: the state of the art[J]. International Journal of Production Research, 2008, 46(4):967-992.

[3] KOREN Y, HEISEL U, JOVANE F, et al. Reconfigurable manufacturing systems[J]. CIRP Annals, 1999, 48(2):527-540.

[4] 武志军，宁汝新，王爱民. 可重构制造系统布局规划方案的灰色模糊综合评价方法 [J]. 中国机械工程，2007, 18(19)：2313-2318.

[5] MAGANHA I, SILVA C, FERREIRA L M D. The layout design in reconfigurable manufacturing systems: a literature review[J]. The International Journal of Advanced Manufacturing Technology, 2019,105(1):683-700.

[6] 王阳，裘乐淼，刘晓健，等. 基于多域关联约束的复杂产品布局重构技术 [J]. 浙江大学学报（工学版），2020，54(4)：650-661,670.

[7] LANDERS R, MIN B K, KOREN Y. Reconfigurable machine tools[J]. CIRP Annals, 2001, 50(1):269-274.

[8] GADALLA M, XUE D. Recent advances in research on reconfigurable machine tools: a literature review[J]. International Journal of Production Research, 2017, 55(5):1440-1454.

[9] 孟秀丽. 基于连结关系图的网络化可重构机床结构建模 [J]. 计算机集成制造系统，2015，21(11)：2893-2900.

[10] BORTOLINI M, GALIZIA F G, MORA C. Reconfigurable manufacturing systems: literature review andresearch trend[J]. Journal of Manufacturing Systems, 2018, 49:93-106.

[11] YELLESCHAOUCHE A R, GUREVSKY E, BRAHIMI N, et al. Reconfigurable manufacturing systems from an optimisation perspective: a focused review of literature[J]. International Journal of Production Research, 2020:1-19.

[12] 王国新，黄思翰，商曦文，等. 考虑加工功能和加工能力的可重构制造系统重构点决策方法 [J]. 计算机集成制造系统，2016, 22(9)：2135-2144.

[13] 徐立云，郭昆吾，刘伟，等. 基于可重构制造系统生产能力扩展过程的工艺重构 [J]. 计算机集成制造系统，2015，21(6)：1460-1468.

[14] WANG S, SHIN K G. Reconfigurable software for open architecture controllers[C]// International Conference on Robotics and Automation. IEEE, 2001.

[15] STEWART D B, VOLPE R A, KHOSLA P K. Design of dynamically reconfigurable realtime software using portbased objects[J]. IEEE Transactions on Software Engineering, 1997, 23(12):759-776.

[16] 蔡宗琰. 计算机辅助可重构制造系统设计的概念研究 [D]. 西安：西北工业大学，2002.

[17] 李斌. 基于构架/构件复用的开放式数控系统研究 [D]. 武汉：华中科技大学，2004.

[18] 陈友东，陈五一，王田苗. 基于组件的开放结构数控系统 [J]. 机械工程学报，2006，42(6)：188-192,198.

[19] ZOITL A. Realtime execution for IEC 61499[M]. United States: ISA, 2008.

[20] STRASSER T, ZOITL A, CHRISTENSEN J H, et al. Design and execution issues in IEC 61499 distributed automation and control systems[J]. IEEE Transactions on Systems, Man, and Cybernetics, Part C (Applications and Reviews), 2011, 41(1):41-51.

[21] LI D, ZHAI Z, PANG Z, et al. Synchronous-reactive semantic modeling and verification for function block networks[J]. IEEE Transactions on Industrial Informatics, 2017, 13(6): 3389-3398.

[22] CHRISTENSEN J. IEC 61499 compliance profile for feasibility demonstrations [EB/OL]. [2021-11-27]. http://ftp.holobloc.com/doc/ita/index.htm, 2021.

[23] LI D, WU J, WAN J, et al. The implementation and experimental research on an Scurve acceleration and deceleration control algorithm with the characteristics of endpoint and target speed modification on the fly[J]. The International Journal of Advanced Manufacturing Technology, 2017, 91(1):1145-1169.

[24] ZHOU N, LI D. Cyber-physical co-Design of field-level reconfigurations in networked motion controllers[J]. IEEE/ASME Transactions on Mechatronics, online. doi: 10.1109/TMECH.2020.3032571:1-11.

第10章

智能生产线的运行管控实施技术

10.1 引言

制造业正在经历一场由新一代信息技术和相关智能技术促成的重大变革[1]。个性化定制智能生产线的运行需要满足第2.3节中所述的要求，生产线运行管控系统的构建是支撑个性化定制智能生产线运行的基础。云计算就是支撑智能生产线运行的智能技术之一。云计算的主旨是在分布式环境中提供具有高可靠性、可扩展性和可用性的按需计算服务。美国国家标准与技术研究院（NIST）将云计算定义为一种能够通过网络以便利的、按需付费的方式获取计算资源（包括网络、服务器、存储、应用和服务等）并提高其可用性的模式，这些资源来自一个共享的、可配置的资源池，并能够以最节省资源和无人工干预的方式获取和释放[2]。

在云计算中，一切均可被视为服务（即XaaS），如SaaS（软件即服务）、PaaS（平台即服务）和IaaS（基础设施即服务）。如图10-1所示，在基础设施层，存储资源、网络资源和其他基本计算资源被定义为网络上的标准化服务。中间层为开发、测试、部署、托管和维护集成开发环境中的应用提供服务。应用层提供SaaS的完整应用集。

网络化制造是指整合分布式资源来承担单一的制造任务[3]的生产模式。服务被认为是解决网络化制造中分布式架构的有效方式，然而，目前网络化制造尚缺少对服务的集中化操作管理，使得制造资源和计算资源难以适应无缝、稳定和高质量的交互要求。其次，在传统的分布式制造环境中，服务提供者和服务需求者之间几乎没有协调管理。因此，受到云计算的启发，制造系统正在由面向生产的制造转向面向服务的制造，即云制造。参照云计算的定义，云制造可以被定义为一种无处不在的、按需的网络生产模式，用于实现对可配置资产（如制造相关的软件工具、硬件资源等）的共享，使得这些资产可以被快速地组合生产。

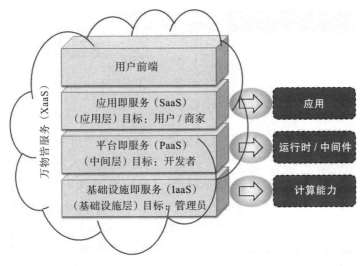

图 10-1　云计算的分层结构 [3]

与云计算类似，云制造中的三种服务模式分别为 IaaS、PaaS 和 SaaS，如图 10-2 所示。其中，IaaS 提供完整的硬件基础设施，制造商可将原属工厂的本地服务器完全替换成 IaaS，在已有的 IaaS 服务中，最主流的是亚马逊公司推出的"亚马逊弹性计算云（EC2）"服务。开发人员使用 IaaS 可以完全控制计算资源，并将启动新服务器实例所需要的时间缩短至几分钟。由此，在制造资源的数量布局发生变化时，需要的运算量和内存管理也会不同，IaaS 可以对已有服务的虚拟配置进行快速扩展或缩减以控制改变配置的成本。此外，IaaS 还可为制造商提供创建资源故障恢复应用程序以及排除常见故障情况的工具，可以快速排查生产过程中部署的虚拟设施出现的生产异常。

在 PaaS 中，制造商无须对云服务器的虚拟配置进行选型和调整，只需关注开发平台提供的服务类型，因为 PaaS 会隐藏服务涉及的组件交互和服务的动态管理，提供更高维和易用的可视化人机交互界面和低代码量的开发平台。开发者只需对制造资源进行图形化编程和参数配置即可形成特定的生产场景应用。相对于 PaaS，SaaS 服务的形式更加具体，SaaS 在 PaaS 的基础上构建生产场景以支撑特定生产应用，例如制造过程数据的存储、规划调度应用、运行情况展示等专用功能。

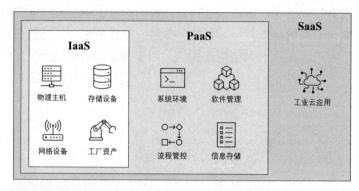

图 10-2　云制造中的三种服务模式

　　PaaS 作为各个子系统之间的通用接口，能够从每个组件接收和转换数据并将其转发到其他组件，对于信息物理融合生产系统连接至关重要。目前已有部分学者和机构进行了 PaaS 实现的研究。欧洲"地平线 2020"项目 PERFoRM（柔性机器人和机械设备的生产协调统一）的主要工作就是开发适用于信息物理融合生产系统的 PaaS，以使所有连接的组件能够通过中间件交互，而不必为每个中间件实现新的接口[4]。PERFoRM 项目的中间件按功能可分为数据汇总、数据处理、数据呈现、数据发布和数据保护。其中，数据汇总是中间件不可或缺的功能，这意味着它能够从各种来源（例如硬件设备或软件应用程序）发送和接收数据。PERFoRM 提出了"集成层服务云"的中间件模型，该模型运用云分布式方法，可在整个网络的分布集成层实现松散耦合的服务，使维护和扩展更容易。它还通过使用 Spring Boot 和 Docker 技术将当前使用的云服务功能封装和隔离，以及使用 Kubernetes 或 OpenStack 在基础结构和网络拓扑中协调这些隔离的容器。这使得本地数据中心具有更好的弹性，从而降低总体扩展成本。

　　欧洲的另一个"地平线 2020"项目 MAYA 也采用了基于服务的方式在云端构建 PaaS[5]。MAYA 是一种服务和大数据中间件，负责在工厂生命周期内管理数字孪生体，并对数据进行更新和删除。特别地，它提供了用于多学科仿真模型的分布式发布、物理与数字实时同步、增强敏感数据的安全性和机密性等功能。"MAYA 支持基础设施"负责管理工厂内的数字孪生，所涉及的数字孪生具有两种类型的资产：一种被称为仿真模型，由一堆文件组成，表示了信息物理融合系统在特定领域的行为；另一种是被称为功能模型的服务，能够处理从车间现场收集的数据流来更新数字孪生体。虽然 MAYA 的主要目标是实现多学科仿真，而非柔性生产，仍然可对生产线运行管控提供部分借鉴。

10.2 智能生产线的运行管控基本架构

智能生产线的运行管控流程如下：由客户在订单界面描述的个性化需求订单，经订单解析工具实现产品工艺的分解以及工艺特征描述；生产前，通过仿真计算工具对订单需求进行生产线的功能与性能的计算仿真；经过仿真验证后，由资源调度工具实现对计划生产任务的资源指派，再下发相关的资源指令；资源接受指令后开始加工并将过程数据上传至系统，资源调度工具根据生产异常对生产计划进行更新和再调整。针对上述运行管控流程，我们提出面向智能生产线运行管控的基本框架（见图 10-3），包括资产、CIMM 和应用三个层次。

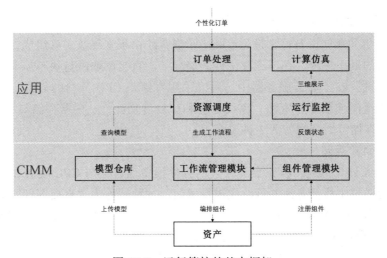

图 10-3 运行管控的基本框架

10.2.1 生产线的软硬件资产

生产线的软硬件资产作为基础设施对应于云计算中的 IaaS，为用户按需提供基本计算资源、存储资源和网络资源。IaaS 解决方案可帮助工厂灵活地根据需求扩展软硬件资源，提高基础架构的可靠性。在一般云服务中，基础设施包括了物理主机、存储设备和网络设备。而在工业云服务中，基础设施还包括了工厂资源，网络设备包括互联网和工业现场总线，以及连接这两个网络的设备[6]。

1. 工业云主机

工业云通常由多台主机组成集群，再根据用户需求将服务弹性地提供给用户。提供服务时，可将物理主机虚拟化为多台虚拟机，也可以将物理机直接提供给用户。工业云主机的主要指标是内存和算力。传统上，主机的算力通常由 CPU

提供。由于指令集不同，不同 CPU 架构能运行的应用会有所不同。一般 CPU 架构指令集有 X86 和 Arm 两种。CPU 作为通用计算平台，在处理多种计算问题时有良好表现，但对于大量并行的简单计算表现较差。随着人工智能、大数据在工业云服务中的迅猛发展，工业云对计算核心的算力要求也在增加。诸如深度学习、大数据预测、数字孪生等各类应用对计算的需求已远远超出了传统 CPU 处理器的能力所及，新型的计算芯片，如 GPU、FPGA、ASIC 等，在特定领域能有更好的表现[7]。本书采用混合异构方案实现工业云主机的机群。其中，CPU 服务器用于资源调度、订单处理等传统任务，而计算仿真、大数据预测、深度学习等任务则调用 GPU 服务器来运算。

2. 工业云存储

计算机的存储设备通常是磁盘，一个磁盘块由很多磁盘扇区组成，而扇区是读写硬盘的最小单位。在不读取文件的情况下，直接读取磁盘块不需要操作系统参与。因此，在工业云服务器中，可以采用存储与 CPU 分离的方式，以实现共享存储、横向伸缩计算资源、离线备份和恢复等功能[8]。根据存储与 CPU 分离的程度，存储可划分为如下 3 种类型。

（1）直接存储

在个人计算机上，以磁盘为代表的存储设备通常会与 CPU 安装在同一主板上，二者通过主板的高速并行总线进行通信，这种被称为"直接存储"的方式可以节省成本，提高空间利用率。传统的硬盘一般采用 PATA、SATA、SAS、SCSI 接口，这些接口的速度正逐渐被外部存储追平，而优势丧失。但近年来，随着采用 mSATA、PCI-E 高速接口的固态硬盘的兴起，重新拉开了直接存储与外部存储的速度差距，尤其是 PCI-E 的固态硬盘，代表着业界顶尖的存储技术。

（2）外部存储

外部存储指的是存储和 CPU 不在同一台计算机上。例如，基于块共享的 SAN 存储，以及基于文件共享的 NAS 存储，都是单独的存储设备，它们通过以太网线或者光纤与计算机连接。尽管专门的存储网络设备很贵，但在云服务中，存储与 CPU 分离可以带来诸多好处，比如可以共享存储、允许计算机无状态、便于计算资源横向伸缩等。目前用于 CPU 与存储分离的技术很多，如基于磁盘块共享技术的 FC、FCoE、iSCSI，以及基于文件共享技术的 NFS、CIFS 等。随着以太网速度越来越快，基于以太网的存储技术逐渐流行起来，如 iSCSI，10Gbit/s 的网卡能提供 1Gbit/s 的理论速度。

（3）分布式存储

分布式存储是指通过分布式文件系统把各台计算机上的直接存储整合成一个大的存储，对参与存储的每台计算机来说，既有直接存储部分，也有外部存储部分，因此分布式存储融合了前面两种存储方案。由于需要采用分布式文件系统来整合分散于各台计算机上的直接存储，使之成为单一的名字空间，所以涉及的技术、概念和架构非常复杂，而且还要消耗额外的计算资源。近年来，一种被称为服务器存储局域网（Server SAN）的分布式存储方式被许多数据中心采用，其中的典型代表是 Ceph 分布式存储系统[9]。

为了保证服务的稳定性，我们采用分布式存储方式，在计算单元和存储设备方面还设计了一定的冗余备份，存储设备提供了容灾和恢复功能。大型的云服务器提供商会提供存储设备的异地备份，当本地设备遭受严重损坏时，数据仍能够从异地备份中恢复。

3. 工业云网络

工业云网络主要包括计算机网络和工业通信网络，网络结构如图 10-4 所示。其中，云服务设备和制造现场网络是安全可信任的网络，它们与互联网的连接需要经过防火墙进行隔离。目前，计算机网络的技术标准已经相当完善，它根据实际情况通常需要安装交换机、路由器、防火墙，并使用有线网络、移动通信或无线局域网。典型的有线网络是以太网和光纤，移动通信的最新一代标准是 5G，无线局域网则以 Wi-Fi 6 为代表，上述网络的相互接入和转换目前已有相当成熟的设备可实现。由于历史原因，工业通信网络目前相对复杂。传统上，工业通信网络采用现场总线，各家标准互不兼容，IEC 61158 标准收录的工业现场总线就超过了 20 种。随着工业信息化时代的到来，工业以太网迅速崛起，可满足控制系统各个层次的要求，使得企业的信息网络和控制网络能够实现统一。工业以太网因易实现、网络集成速度快、开发技术广泛、硬件升级范围广、价格低廉，迅速获得了众多厂商的支持，推动了制造网络实现信息化转型[10]。除了防火墙、交换机、路由器等设备外，工业云通常由多台主机组成，还需要提供负载均衡器以满足订单和设备等的并发要求。

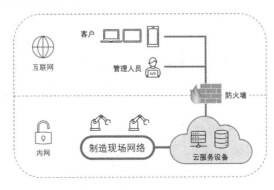

图 10-4　工业云网络结构

10.2.2 组件集成制造中间件

通常，智能生产线由许多不同的组件（软件组件、产品组件、资源组件）组成，在大多数情况下，这些组件之间没有通用的通信接口[11]。如何将异构组件接入系统是 CIMM 面临的主要问题，其难点在于处理每个异构组件附带的各种通信协议和数据表示形式。利用本书提出的 CIMM（见 7.2 节）将异构的接口配合在一起，类似于一台计算机中的不同应用程序连接在一起，从而忽略针对特定组件接口的对接开发，使得组件可以根据开发人员需求进行交互。另一方面，基于服务架构的 CIMM 着重于通过智能适配器在每个组件内实现统一的通信层，从而获得通用的通信基础结构（包括组件间标准化的通信协议和在 CIMM 层中存储和操作数据的能力），并用于不同数据格式之间的转换，以确保不同的软硬件以正确的方式解析和传输数据。这要求 CIMM 需要具备数据传输、数据路由、组件发现与注册、组件删除、模型表达和模型存储等功能。

如图 10-3 所示，CIMM 包括工作流管理模块、组件管理模块和模型仓库 3 个模块。通过这 3 个模块，可将智能生产线全生命周期中的大量异构组件统一接入系统中，并以组件服务编排的工作流管理模块为基础进行管理，实现各组件的注册、发现、编排、聚合等功能。

1. 工作流管理模块

工作流是对工作流程及其各操作步骤之间业务规则的抽象和概括描述，是针对业务流程活动而提出的概念，目的是将工作分解成定义良好的任务或角色，并根据一定的原则和过程来实施并监控正在执行的任务，达到提高效率、控制过程、增强有效管理业务流程等目的[12]。工作流使业务可视化，每个节点执行业务逻辑的情况一目了然，分支处理和异常处理非常清晰；工作流流程的自动编排，增加了业务在代码层面的灵活性，比如可以通过节点的调整和增删来快速调整业务流程，避免对整个流程产生影响。

工作流管理模块的功能是定义服务的执行顺序、数据传输的内容、数据传输的起点和终点、事件执行顺序等。因此，数据存储、数据路由和事件管理均由工作流管理模块实现。工作流管理模块不仅可以作为产品工作流实例的运行平台，还可以为用户提供可视化建模工具。工作流管理模块的运行过程主要分为三步（见图 10-5）：

1) 工作流管理模块获得服务目录，并依据流程定义进行资源匹配。工作流在运行开始时需要获得服务目录，服务目录保存在组件管理模块中，目录中保存了所有服务节点的工作状态和服务描述，新加入的服务节点都会注册到组件管理模块，服务目录实时更新。运行初期，工作流管理模块向组件管理模块发出请求，组件管理模块将更新后的服务目录与业务流程中定义的组织/角色进行匹配，并将匹配的结果信息反馈给 CIMM。

2）工作流管理模块将业务流程中的各活动分配到执行服务的资源。工作流创建后，会生成一系列工作流规范，规范包含了分解工作流生成的活动定义、活动间的执行顺序以及活动的约束信息。工作流管理模块会将这些活动依据相互之间的约束关系生成具体的任务列表，最后按顺序分配到执行相应服务的资源上。

3）工作流管理模块执行工作流并监控活动的执行过程。在工作流开始执行时，工作流管理模块会检查执行活动所需的资源在任务执行前是否已经被传送到了服务节点上。工作流引擎也会实时监控工作流执行的过程，监督工作流任务之间的相互依赖关系及工作流服务质量，同时工作流管理模块还要进行异常处理和错误恢复。在监控工作流执行过程中，各服务之间会产生大量数据，包括用户订单产生的产品数据、设备和传感器产生的资源数据、应用运行过程中产生的日志数据、云服务器的监控数据等。这些数据对于车间调度、预测维护、软件工具更新迭代等场景十分重要，工作流管理模块则会将各服务节点传输的数据收集存入弹性堆栈进行数据管理，同时数据也能被管理人员或软件工具调用以便分析数据。

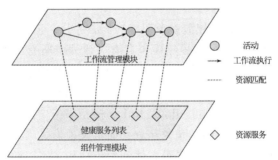

图 10-5　工作流管理模块运行过程

工作流管理模块的架构（见图 10-6）参考了工作流管理联盟（Workflow Management Coalition，WfMC）提出的工作流参考架构[13]。工作流管理模块包含以下三部分：

1）工作流管理模块各种功能的软件组件，如图 10-6 中深色填充部分。

2）各种类型的模型定义和控制数据，如图 10-6 中未填充部分。

3）工作流管理模块的操作对象、各应用程序和应用程序数据库，如图 10-6 中浅色填充部分。

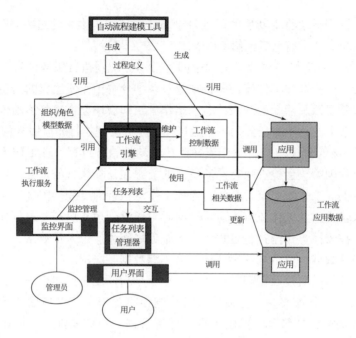

图 10-6　工作流管理模块架构

图 10-6 中深色部分为工作流参考架构的核心部分，包括：

① 自动流程建模工具。流程建模包含有关流程中所有由工作流引擎识别并执行的信息。流程建模包括要执行的用户活动、活动的开始和完成条件、活动间导航的规则、可能被调用的应用程序、可能需要引用的工作流相关数据等。流程建模采用了组织/角色（Organisation/Role）模型来指定服务，组织/角色模型包含了有关组织结构和组织内的角色信息，通常表现形式为组织目录。这使得在流程建模时，活动可以与相关的组织实体和角色功能对应，而无须指定特定的参与者。在运行时，工作流引擎负责将组织实体或角色功能与运行时环境内的特定服务参与者联系起来。

流程建模工具常采用 BPMN 作为业务流程建模语言。BPMN 提供了所有业务用户容易理解的符号，从创建流程轮廓的业务分析到流程实现，在业务流程设计与流程实现之间搭建了标准化的桥梁。流程建模工具给用户提供简便生成流程模型的可视化界面，避免了用户进行流程建模时大量重复的工作，同时对用户建立的流程模型提供检验，其建模的元模型如图 10-7 所示。流程建模元模型确定了一组初始基本对象类型，用户在建立流程建模模型时，可以通过特定的扩展或通过定义同级别的附加功能来确定更多的对象类型。流程建模元模型各部分见表 10-1。

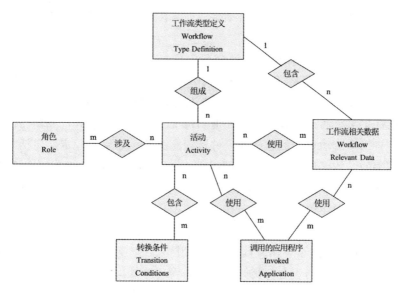

图 10-7 流程建模元模型

表 10-1 流程建模元模型各部分

工作流类型定义 Workflow Type Definition	工作流流程名称
	版本号
	流程启动和终止条件
	安全、审计或其他控制数据
活动 Activity	活动名称
	活动类型（子流、原子流等）
	活动前和活动后条件
	其他调度约束
转换条件 Transition Conditions	流程通过条件或流程执行条件
工作流相关数据 Workflow Relevant Data	数据类型
	数据名称和路径
角色 Role	名称和组织
调用的应用程序 Invoked Application	通用类型或名称
	执行参数
	位置或访问路径

由于个性化定制生产要求生产线支持柔性工作流的生成，因此，流程建模工

具需要根据产品组件的生产需求自动生成业务流程模型，以及相关的工作流控制数据。

② 工作流引擎。工作流引擎解释用户建立的业务流程模型并控制流程的实例化和活动的顺序，还将活动添加到工作列表中，最后根据需要调用相应的服务。工作流引擎根据用户建立的流程定义模型，控制流程中各个活动步骤的导航，提供有关单个活动步骤的进入和退出标准、不同活动的并行或顺序执行选项的信息、与每个活动相关的软件和硬件资源服务等。如果流程定义包括与这些服务类型相关的结构，则可能需要访问组织/角色数据。因此，工作流引擎包括了统一服务接口，调用活动所需的特定服务，并接收服务运行时或完成后的反馈。此外，工作流引擎还负责维护分布在工作流引擎中的内部控制数据，包括与各种流程、活动实例相关联的内部状态信息，以及用于故障恢复的重启信息。

③ 任务列表管理器。在流程执行过程中，工作流引擎解析流程定义模型时会将活动放置到工作列表上，交给任务列表管理器处理。任务列表管理器负责处理工作流引擎与工作流参与者的交互。任务列表管理器可以选择将任务列表对不同权限的参与者开放，对于一般用户，只有查看任务列表的权限，任务列表将按顺序显示下一个要执行的任务，并查看任务完成情况；对于管理员，则有权限从任务列表中选择某个活动并独立执行。任务列表管理器，可以只是一个工作流引擎执行结果的接收器、存储器，并把结果通知到各服务以等待执行。除了简单的接收功能之外，任务列表管理器还能控制一组用户之间的工作分配，以提供负载平衡和工作重新分配等功能，同时还支持工作流引擎与更广泛的服务参与者进行交互，包括特定用户服务的登录和注销，用户请求特定的服务执行者，对用户请求优先级做出改变（比如插单）等。

④ 用户界面。用户界面负责与用户对话的外观，并控制与用户的本地界面。与任务列表管理器不同，用户界面不受工作流引擎的直接控制，对工作流引擎不可见。用户界面可与工作列表管理器组合使用，还与多个不同的工作流引擎进行交互，从而使来自不同工作流引擎的任务能够整合到一个统一的任务列表中，并通过公共用户演示。用户界面还可以集成本地的其他应用程序服务，支持产品工作流执行所必需的其他功能，比如订单处理。

⑤ 监控界面。监控界面为整个工作流系统提供监督功能，比如使工作流引擎更改任务分配规则，指定流程中特定组织角色的参与者，跟踪延误截止日期或其他事件的警报，跟踪特定流程实例的历史情况，查询工作吞吐量或其他统计数据等。与用户管理界面类似，监控界面还能与分布式的多个工作流引擎进行交互，提供统一的管理界面，对多个工作流引擎进行批量操作，以及控制活动在不同工作流引擎之间进行切换。

2. 组件管理模块

车间调度系统中有资源组件、产品组件和软件工具组件，所有这些组件都以资源适配器、产品适配器、软件适配器的方式进行管理，在各类型适配器中，均包含了服务注册与发现模块。服务注册与发现模块在每个组件中运行一个代理（Agent），与本节的组件管理模块相连。组件管理模块是实现即插即生产的基本模块，可对 CPPS 组件进行动态注册与删除。在组件进入智能生产线系统时，组件管理模块发现组件并注册到组件管理表中。在组件退出车间调度系统时，组件管理模块删除组件管理表中的相应信息。

此外，组件管理还需维护组件管理表，定时轮询每个组件的健康状态，包括检查组件的程序运行状态、网络状态、传感器状态等。当需要使用一个组件时，如果存在其他健康的组件，组件管理模块会将此类任务请求转为调用另一个相同类型的组件。当资源组件出现异常时（如通过资源主动维护功能获取），组件管理模块将自动调用提供相同功能的其他组件来完成生产任务，从而实现车间在不停机条件下切换组件。组件管理模块可以由多个数据中心组成，其架构如图 10-8 所示，该图以两个数据中心为例说明，分别为"数据中心 1"和"数据中心 2"。每个数据中心均可由服务器（Server）和客户端（Client）组成，随着服务器的增加，数据中心获取"共识"（Consensus）的速度会变慢，而客户端的数量没有影响。因此，在权衡故障场景下的可用性和性能两者后，每个数据中心理想的服务器数为 3~5 个。在同一数据中心内，所有的节点都会参加闲聊协议（gossip protocol）[14]，换言之，就是每个数据都有 1 个闲聊池（Gossip Pool），里面包含了该数据中心内的所有代理（Agent）。以数据中心为单位进行管理的好处有以下 3 点：

1）各适配器的服务注册与发现模块不需要额外配置服务器的地址，只要组件在该数据中心内，便能自动发现。

2）检测代理故障的工作是分布式的，不必全在服务器端检测，这比集中式的心跳检测可靠且效率更高。同理，若组件的代理无法到达服务器，那么该组件节点可能已经发生了故障。

3）数据中心作为整体对组件管理模块发出消息，如领导者（Leader）选举成功时。

每个数据中心的各服务器共同选出一个领导者，负责处理所有查询和事务。领导者收到 RPC 请求后，将该请求复制到所有参与共识协议的其他节点执行。而随从（Follower）收到 RPC 请求后，需将请求转发给领导者。针对互联网的较高延迟现状，在各自的数据中心中，都是通过局域网（LAN）建立闲聊池，这样在同一数据中心内的各组件能更快地发现彼此。在数据中心之间，通过广域网

（WAN）建立闲聊池，所有数据中心的所有服务器都在广域网闲聊池里，因此不同数据中心的服务器均可以实现跨数据中心的请求。在广域网闲聊池里，当某个服务器收到来自不同数据中心的请求后，会将请求转发给本地领导者，然后由领导者再转发给正确的数据中心。

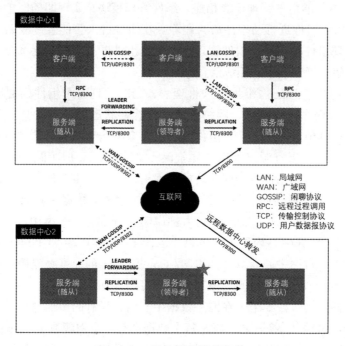

图 10-8　组件管理模块架构

一般情况下，不同的数据中心之间不会复制请求。当对另一个数据中心的节点发送请求时，本地服务器会将该 RPC 请求转发给远程服务器，并返回结果。如果远程数据中心不可用，那么这些资源也不可用，但这不会影响本地数据中心。在一些特殊情况下，可以复制有限的数据子集，比如客户端的代理可能会从服务器上缓存数据，使其在本地可用，以提高性能和可靠性，即使与服务器的连接中断或服务器暂时不可用，本地代理仍然可以继续从缓存中响应一些查询，如服务发现或连接授权。

3. 模型仓库

在智能生产线全生命周期中，涉及许多不同领域的模型。模型仓库可以对领域模型、语义模型和应用模型进行存储和展示，其支持多种文本格式，如 AML、JSON、OWL、CPN、XML 等格式。除存储外，还能对各种类型的文本通过 Web 服务的形式进行文本展示。模型仓库的架构如图 10-9 所示。模型仓库采用去中心化的无共享架构，对象数据被存放在不同节点的多块硬盘中，对外提供统一命名空间访问，并通过负载均衡或者 DNS 轮询在各个服务器之间实现负载均衡。因为没有特殊的节点，所以任何节点的损坏都不会影响整个集群节点之间的通信。

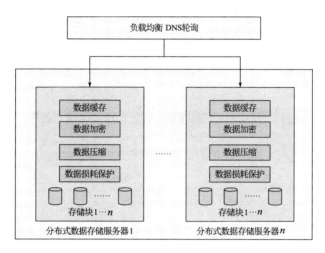

图 10-9　模型仓库架构

与分布式数据库类似，模型仓库同样面临着数据一致性的问题，当一个客户端在读取一个对象的同时，另一个客户端可能正在修改或者删除这个对象。为了避免出现数据不一致的情况，还需要实现分布式锁管理。分布式锁管理的实现方法如下：

1）任何节点产生锁请求时，都以广播的形式通知集群内的所有健康的数据存储服务器；

2）如果超过半数的数据存储服务器同意该锁请求，则获取数据锁成功；

3）每个数据存储服务器都是平等的，可互相之间检测当前服务器的状态以及锁的持有情况。

对于每个数据存储服务器，保证数据的安全性是非常必要的。模型仓库采用纠删码（erasure code）和校验和（checksum）来保护数据免受硬件故障和数据损耗，即使丢失一半数量的存储块，仍然可以恢复数据[15]。

10.2.3　面向组件服务的应用业务

在 CIMM 的基础上，可以根据生产线生产的实际需要开发基于组件服务之上的应用业务。客户只需要关注自己的业务逻辑，不需要关注组件服务的交互方法、组件的构成与运行。客户开发应用业务程序是通过构建工作流对应不同层次的业务逻辑，因此需要对工作流进行定义以描述工作流构建过程。工作流的运行如图 10-10 所示。工作流包括活动、业务逻辑和组件 3 个基本元素。活动是工作流中根据业务需求而生成的特定任务，而业务逻辑表示活动应如何执行以及在什么条件下执行，组件是完成活动特定任务的执行者。业务逻辑将活动节点之间的逻辑关系转化为执行活动的规则与约束并封装在活动节点中。

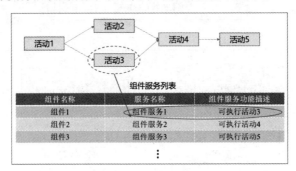

图 10-10　工作流的运行

客户构建应用业务的过程实际上是定义工作流的活动和业务逻辑的过程，之后将工作流发送至 CIMM 中的工作流管理模块。工作流管理模块根据组件管理模块中的组件服务列表对组件服务进行筛选并指定合适组件进行活动执行。本书根据产品的 AML 模型，自动生成产品业务流程模型，并提交到工作流管理模块执行。产品的业务流程模型包含了计算仿真、资源调度、运行监控等应用业务的功能组件。

CIMM 构建了一系列适用于个性化定制生产线运行管控的软件工具服务，这些软件工具被抽象为软件 CPPS 组件，它们通过 CIMM 中间件、软件适配器、信息物理融合架构，实现基于服务发现、服务注册、服务编排、服务删除为基础的即插即生产，并通过向用户提供应用业务接口，实现个性化定制生产线的自组织生产和自适应生产。本书通过构建工业云服务的基础设施来提供生产线系统设计、运行管控所需要的所有网络基础设施及软件、硬件运作平台，并实现生产线设计实施和运行维护等应用服务，包括：

1. 订单处理

随着智能手机的普及和 4G、5G 网络的发展，移动电子商务越来越频繁地出现在人们的日常生活中。移动端相比于传统的 PC 端，有更好的社交性，可以充分利用社交网络来进行商品的营销。从技术的角度来看，单纯的原生应用很难覆盖所有的平台，针对每一个平台都需要开发对应的应用，需要花费大量的时间和人力成本。相比之下，HTML5 是一种与平台无关的语言，可以运行在所有支持浏览器的系统中，用户不需要下载 App，仅需浏览器即可访问下单系统；它同时还具有实时更新的优点，无须考虑历史版本的问题。随着智能设备的普及，手机等电子产品已具备很强的计算能力，HTML5 应用可以媲美原生应用。

订单处理模块采用 MVVM（Model-View-ViewModel）技术开发，MVVM 是一种简化用户界面的事件驱动编程方式[16]的软件架构设计模式，源自于经典的 MVC（Model-View-Controller）模式。MVVM 的出现促进了 GUI 前端开发与后端业务逻辑的分离，极大地提高了前端开发效率。MVVM 模式结构图如图 10-11 所示，其中模型层、视图层、视图模型层在具体业务中分别扮演以下三种不同角色：

1）模型层（Model）负责前端数据与状态的存储。
2）视图层（View）决定浏览器中实际展示页面的样式与布局。
3）视图模型层（ViewModel）作为视图、模型层间的通信桥梁，响应视图层中交互事件与数据绑定。实现对绑定数据属性的监听。当模型层中数据变化时，视图层页面即时刷新。

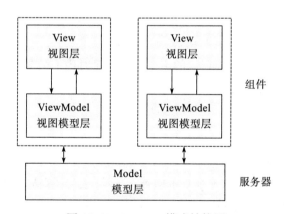

图 10-11　MVVM 模式结构图

采用 MVVM 模式优点体现在：

1）数据灵活。MVVM 的核心是视图模型层，它就像是一个中转站（value converter），负责转换模型中的数据对象以使数据变得更容易管理和使用。该层向上与视图层进行双向数据绑定，向下与模型层通过接口请求进行数据交互，起承上启下的作用。视图层、模型层、视图模型层之间可以相互绑定，它们三者交互关系如图 10-12 所示。

2）易于开发：MVVM 模式可以很好地解决前后端分工不均的问题，将视图、视图模型的展示以及相应的交互逻辑分配给前端来处理，而后端则可以专注于提供 API 接口，进行权限控制以及进行运算工作。此外，MVVM 支持前端和后端的同时开发，开发效率更快，并且分工比较均衡。MVVM 通过将页面元素组件化，提高了开发效率，便于随时对系统进行升级。

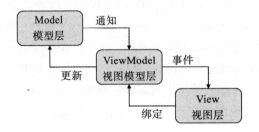

图 10-12　MVVM 模式内部交互关系

3）易于测试：前端开发人员可以利用 Node.js 来搭建自己的本地服务器，在本地进行测试开发，并通过插件来将 API 请求转发到后台，这样就可以完全模拟线上的场景，并且与后台解耦。前端可以独立完成与用户交互的整个过程。在开发完成后，通过使用 Mock 等工具进行测试也十分方便。

4）易于维护：MVVM 支持大型分布式架构、弹性计算架构、微服务架构、多客户端（如手机、平板、计算机等）的服务。

目前，MVVM 已经成为行业的主流，大流量时代下微服务的出现使 MVVM 的发展更为迅速，前端框架（如 Vue.js、Angura.js）和后端框架（如 Laravel、Spring）的迅速发展也加快了 MVVM 的发展。

2. 计算仿真

计算仿真工具可用于柔性生产线的快速算法开发、工厂自动化仿真、快速原型设计和验证、远程监控和安全双重检查。传统上，计算仿真主要用于生产线设计时阶段，为开发人员提供虚拟仿真和调试的功能。数字化模型和传感器的广泛采用，为数字孪生体技术在生产线运行管控中的应用提供了可能，并逐步成为运行管控的必要功能。在工厂运行时阶段数字孪生体用于实时系统分析，并通过计算仿真预测系统的性能和实现性能优化[17]。这一转变使得计算仿真工具的应用贯穿于生产线的整个生命周期。计算仿真的结果使工程师能够从现有信息中捕捉改变，从而防止计划外停机，降低了运营成本，提高了工作效率。

应用业务涉及的计算仿真工具通过调用存储在模型仓库中的模型对运行过程进行监控，并利用实时仿真计算结果将开发运维的实际情况与计算仿真结果进行等价性替代，为数字孪生体的创建和优化提供支持。其次，私有云将模型版本、运行参数和仿真结果在内的实验数据进行存储、组织和编辑，使得计算仿真工具能快速响应模型参数变化。

3. 资源调度

目前工作流管理模块的运行往往需要预先定义流程模板，之后只能按照预先的定义顺序执行，难以适应个性化定制生产线高效运行的要求，这样的工作流称为刚性工作流。用户进行业务流程建模时，资源、控制、任务分配等方面均存在不确定性，使得建模与运行分离，建模结果不适用于实际情况。工作流管理模块缺乏柔性的根本原因在于，工作流模型的描述机制不能反映实际应用情况。在个性化定制场景中，客户对产品的需求多样化，要实现高效运行，要求工作流管理模块可在无人工辅助情况下不断调整业务流程模型，适应个性化定制，这是工作流管理模块的柔性化需求。

由于基于业务流程模板的工作流生成方式已不适合个性化定制产品的场景，本书提出基于产品 AML 模型的工作流自动生成步骤，如图 10-13 所示。

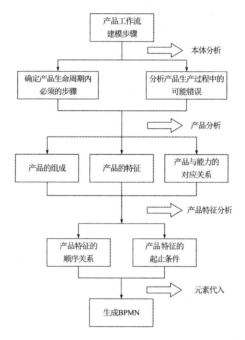

图 10-13 基于产品 AML 模型的工作流自动生成步骤

产品工作流自动生成的步骤及方法如下：

（1）产品分析

产品分析步骤主要解析客户的订单，根据客户对产品的描述，分析出产品的组成、产品的特征、产品与能力的对应关系，生成产品的 AML 模型。在本书中，工艺品挂件 Box_Wood 由 Box、Wood、Cover 三部分组成。该产品包含 6

个特征，分别为 UpperFeature_Box、UpperFeature_Wood、PictureFeature_Wood、InsideFeature_Wood、UpperFeature_Cover 和 UnderFeature_Box，如图 10-14 所示。

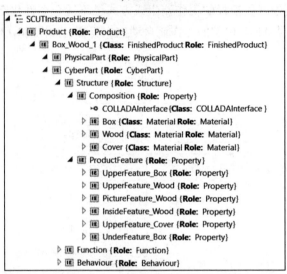

图 10-14 产品组成及产品特征（以 Box_Wood 为例）

另外，还需要查询已在组件管理模块上注册的健康的服务，将各资源服务的能力与特征相匹配。

（2）产品特征分析

该步骤确定产品特征之间的顺序关系，以及产品特征的起止约束条件。同样以 Box_Wood 产品为例，在本书中，特征之间的优先级关系采用特征树描述（详见第 3 章）。图 10-15 所示，UpperFeature_Box 是优先级 0 下的第 1 个特征，优先级的值表示为 0(1)；UpperFeature_Wood 是优先级 0 下的第 2 个特征，优先级的值表示为 0(2)。

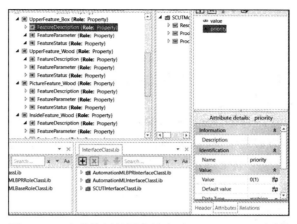

图 10-15 产品特征的顺序约束（以 Box_Wood 为例）

根据产品特征的约束关系，在生成产品业务流程模型时，需要加上产品特征的起止约束条件，图 10-16 表示了上盖特征必须在上盒特征、上木块特征、雕刻木块特征完成之后，对应于业务流程中，需要在相应的产品特征前添加开始条件。

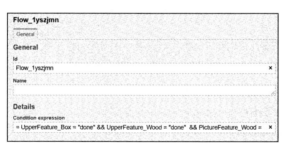

图 10-16 产品特征的起止约束（以 Box_Wood 为例）

（3）元素代入

将已提取的工作流过程元素代入对应的图形中。在这个过程中，当对应活动元素时，则创建活动元素的流程节点；当对应业务逻辑元素时，则创建相应的流程箭头。

4. 运行监控

运行监控是工业生产中不可或缺的一部分，包括智能生产线系统的可视化、维护维修状态显示、故障预警与报警等功能。运行监控框架（见图 10-17）由数据导出模块和运行监控模块两部分组成。其中运行监控模块由数据中心模块、可视化模块和报警推送模块组成。

1）数据导出模块。针对数据存储格式等问题，采用数据格式转换或者数据导出功能，将各节点产生的原始数据进行分析、过滤，转换成数据中心模块可以识别的数据类型。

2）数据中心模块。它是数据存储的仓库，对数据库的访问权限进行管理控制，为可视化模块提供数据来源。

3）可视化模块。它将数据中心提供的数据以多样化，直观化的方式呈现。通常采用图形化的方式展示现场运行状况，并需要满足多样化的监控要求。

4）报警推送模块。需要准确识别相关异常信息，及时向运维人员发送信息。

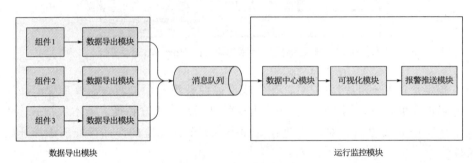

图 10-17　运行监控框架

工作流管理模块对资源进行服务编排，各资源服务的运行数据均存储在工作流管理模块。数据导出模块将工作流执行过程中的相关数据导出到消息队列，对消息队列进行过滤、分析后将数据传递给数据中心模块存储，最后由可视化模块将日志和数据呈现给用户。报警推送模块设置监控指标，当出现警告或错误时立刻推送给用户。该架构引入了消息队列，即使远端数据中心模块因故障停止运行，数据也会先被存储下来，有效避免了数据丢失。

10.3　软硬件资产的基本环境部署与实施

生产线的软硬件资产包括多个服务器节点，需要在所有的服务器节点上部署软件来组成CIMM。工业云服务器部署见表10-2。CIMM的模块是容器化的，并由容器编排系统Kubernetes进行编排，安装包则由Helm管理。在部署Kubernetes时，可以利用自动化运维工具Ansible简化部署流程。在本地计算机安装Ansible，配置各个私有云主机的连接方式，运行自动脚本，即可同时在多台主机上部署Kubernetes，并将其组建成集群。Ansible能通过SSH协议，同时管理多台服务器。只要在一台主机上安装Ansible，就可以通过该主机管理一组服务器节点，如图10-18所示。在远程被管理的私有服务器上，不需要安装运行任何软件。

表 10-2　工业云服务器部署说明

项目	配置说明
工业云服务器	数量 4 台，CPU 型号：英特尔 Xeon E-2224（主频 3.4GHz），内存：8GB 2666MT/s DDR，硬盘：40TB，操作系统：CentOS 8

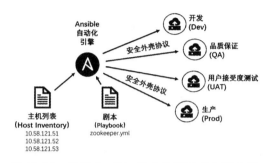

图 10-18　使用 Ansible 自动化配置多台服务器

目前，只要本地管理主机上安装了 Python，都可以运行 Ansible。安装完成 Ansible 之后，编辑或创建 /etc/ansible/hosts 并在其中加入一个或多个远程系统。然后，在 Ansible 的 Inventory 文件中添加远程主机的列表。输入以下命令测试与服务器节点的网络连接情况（见图 10-19）。

```
$ ansible -m ping all
```

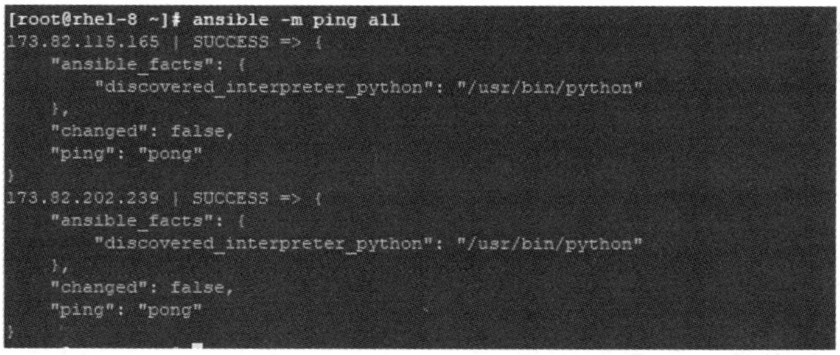

图 10-19　向所有服务器节点发送 ping 指令

如果全部返回 SUCCESS，说明主机到所有服务器节点的网络连接都是通畅的。创建并配置公共密钥，并将公共密钥添加到每一台服务器的"authorized_keys"列表中。接下来，输入以下命令测试 SSH 连接情况。

```
$ ansible all -a "/bin/echo hello"
```

至此，已经成功通过 Ansible 连接了所有服务器节点。往后可以编写 Playbooks 来为服务器安装 Kubernenets。Playbooks 是 Ansible 的配置语言、部署语言和编排语言。它们可以被描述为一个需要希望远程主机执行命令的方案，或者一组 IT 程序运行的命令集合。在 Ansible Playbooks 中，需要根据 Kubernetes 的文档要求写 Kubernetes 的安装步骤脚本。

Kubernetes 是 CIMM 的基础，它是一个可移植的、可扩展的开源平台，用于管理容器化的工作负载和服务，可促进声明式配置和自动化。Kubernetes 提供了 CIMM 共有的一些普遍适用的功能，例如部署、扩展、负载均衡、日志记录和监视。Kubernetes 的服务、支持和工具广泛可用。

10.4 CIMM 模块部署与实施

本书在 CIMM 搭建了一系列运行过程中使用的软件工具，向用户提供应用业务。这些软件工具有较高的通用性，可以满足大多数制造系统的要求。

根据表 10-3，对 CIMM 中各模块涉及的软件进行部署。私有云上的各个软件组件都采用容器化、分布式的方式部署在工业云的服务器上。Bind 提供发现 CIMM 模块的 DNS 服务；Kubernetes 能对组件容器进行自动部署、扩展和管理[18]。在部署 Kubernetes 时，可以利用自动化运维工具 Ansible 简化部署流程[19]。在本地计算机安装 Ansible，配置各个私有云主机的连接方式，运行自动脚本，即可同时在多台主机上部署 Kubernetes，并将其组建成集群。除了组件管理模块之外的组件，都进行容器化，并由 Kubernetes 进行部署。

表 10-3 CIMM 部署说明

	项 目	配 置 说 明
CIMM	组件管理模块	Bind V9.3.2
		Kubernetes V1.19
		MariaDB V10.5.11
		Consul V1.10
	模型仓库	MinIO V8.80
	工作流管理模块	Zebee V1.1.1
		Elasticsearch V7.6.5

CIMM 中的服务和工作流管理模块均采用第三方工具。Helm 是 Kubernetes 的包管理工具。第三方工具大多提供了 Helm 包，可以在 Helm 的应用中心搜索这些第三方包，并使用 Helm 直接安装到 Kubernetes，如图 10-20 所示的搜索 Consul 流程。Helm 的使用手册可以参考其官方文档。

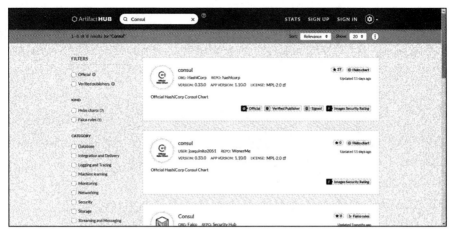

图 10-20　在 Helm 的应用中心中搜索 Consul

1. 工作流管理模块的部署

CIMM 对各个组件的工作流程调度通过工作流引擎实现。工作流引擎将工作流程中的工作按一定的逻辑和规则组织在一起，以恰当的模型表达并实施计算，实现生产线运行时各个组件之间模型、信息或任务的自动传递。实现了业务可视化、业务可编排、自动重试，简化和自动化重复的业务，最大程度地减少错误，提高效率[20]。

Zeebe 是微服务编排的免费开源工作流引擎，也是为数不多采用微服务架构的工作流引擎，由于使用了跨语言通用的 RPC 协议，使得 Zeebe 可以控制用不同语言编写、运行在不同环境的各个组件。Zeebe 采用了标准的业务流程模型 BPMN 2.0，能够直观地定义流程。Zeebe 使用 Docker 和 Kubernetes 进行部署，能够构建那些对来自 Kafka 和其他消息队列的消息做出反应的进程，能进行水平扩展以处理非常高的吞吐量，而且不依赖关系数据库。

Zeebe 采用 Elasticsearch 作为运行时的数据搜索和分析引擎，在本节中将 Elasticsearch 视为工作流控制的数据库。Zeebe 在运行时，会通过数据导出器将运行日志以 JSON 的格式输入到 Elasticsearch 中。每个 JSON 文件都会在一组键（字段或属性的名称）和它们对应的值（字符串、数字、布尔值、日期等类型的数据）之间建立联系。

2. 组件管理模块的部署

CIMM 的组件和服务的发现与注册基于服务网格 Consul 实现。Consul 是一种基于网格的服务管理解决方法，其特征是分布式的、高可用和可横向拓展，通常用于实现分布式系统的服务发现和配置[21]。为了使 CIMM 能够获取所有组件服务信息，每个组件服务均需部署 Consul 代理，并通过构造内部网络数据中心，使 Consul 服务器与 Consul 代理得以信息交互[21]。同时，组件服务集群通过在外部网络构建数据中心，对外暴露组件服务信息。两个数据中心形成一个服务网格如图 10-21 所示。

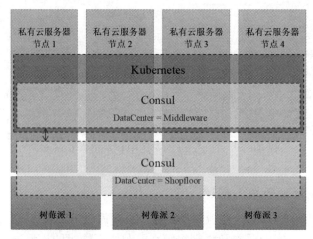

图 10-21　Consul 服务网格的部署方式

3. 模型仓库的部署

本书采用 MinIO 实现 CIMM 中模型仓库的模型存储与查找功能。MinIO 是唯一可用于每个公共云、每个 Kubernetes 发行版、私有云和边缘的对象存储套件，可提供高性能、S3 兼容的对象存储。自云原生以来，MinIO 的软件定义套件在公共云、私有云和边缘无缝运行——使其成为混合云的领导者。凭借行业领先的性能和可扩展性，MinIO 可以提供一系列用例，包括 AI/ML、分析、备份/恢复以及现代 Web 和移动应用程序[22]。

MinIO 适合大规模存储非结构化的数据，例如图片、视频、日志文件、备份数据等，而且非常轻量。选用的模型对象存储服务 MinIO 满足以下特征：1）使用纠删编码，可将模型对象划分为带有可配置冗余级别的数据和校验块，分布式地存储到不同硬盘上。读取模型对象时，可由这些分布式存储的数据重建出完整模型。由于纠删码带有冗余和校验机制，在数据部分丢失的情况下，只要丢失数据量不超过配置的冗余级别，模型就能被完整重建。2）实时错误检测和恢复。模型是个性化制造系统的基础，即使硬盘严格保存，模型的数据仍有可能在意外情况下被破坏。为了保证数据稳定性，应采用哈希算法进行数据校验。在检测到错误数据的时候，可以通过纠删码所提供的其他数据快速地恢复错误数据区块。MinIO 的前端界面如图 10-22 所示。

图 10-22　MinIO 的前端界面

10.5　应用业务的工具部署与实施

表 10-4 是对应用业务中各组件涉及的软件进行部署的说明。应用业务的各组件都通过软件适配器接入到 CIMM，并将服务信息注册到组件管理模块，使其成为 CIMM 中的工作流管理模块中可进行服务编排的操作对象。

表 10-4　应用业务部署说明

项　目		配置说明
应用业务	订单处理	Vue V2.0　Laravel 8
	计算仿真	CoppeliaSim V4.2.0
	资源调度	Apache Jena Fuseki V3.16.0
		Protégé V5.0.0
		AutoBPMN（自主研发）
	运行监控	Grafana V8.2.2

10.5.1　订单处理组件的部署和实施

通常，用户获取视图并不需要经过鉴权，但对模型的读写则有鉴权要求。如图 10-23 所示，MVVM 的应用通常会在前端提供交互视图，用户浏览器获取到基于 Vue.js 框架的前端交互视图，并由浏览器进行渲染。在交互视图中，MVVM 会提供与 Laravel 框架的后端交互的 API。这些 API 被前端包装成按钮、输入框等用户可以理解的方式。用户登录之后，点击按钮等交互控件，就会通过 Ajax

调用后端模型进行交互，后端会对这些 API 调用进行审查过滤，以保证能够安全地读写后端模型。后端返回的模型再由 Vue.js 等前端框架渲染为视图模型。

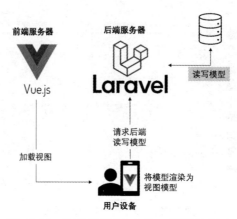

图 10-23　用户设备与 MVVM 框架的交互

订单处理组件前端采用 Vue 框架，后端采用 Laravel 框架。使用 Docker 将应用容器化，并通过 Kubernetes 的 Deployment 功能安装到集群当中。Vue.js 是一套构建用户界面的渐进式 JavaScript 框架，主要负责 MVVM 中的视图模型层，即把模型转换为视图模型。它是基于数据驱动和组件化的思想构建的，采用自底向上增量开发的设计。Vue.js 提供了更加简洁、更易于理解的 API，用户可快速上手并使用 Vue.js。

在安装 Vue 之前，需要先安装 Vue 的依赖环境 Node.js。Node.js 的包管理器为 npm。如图 10-24 所示，可以用 npm 的 install 命令，方便地安装 Vue 框架和 Vue 的用户接口 vue-cli。

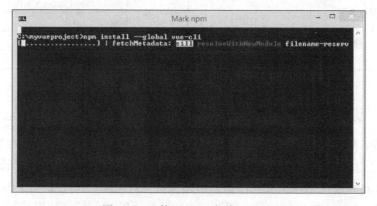

图 10-24　使用 npm 安装 vue-cli

使用 vue-cli 的"create"指令，按照图 10-25 所示命令提示，可以快速创建一个基于 Vue 框架的前端代码库。推荐选择相关软件包，包括用于控制路由表的 vue-router、用于状态管理的 vuex 等。

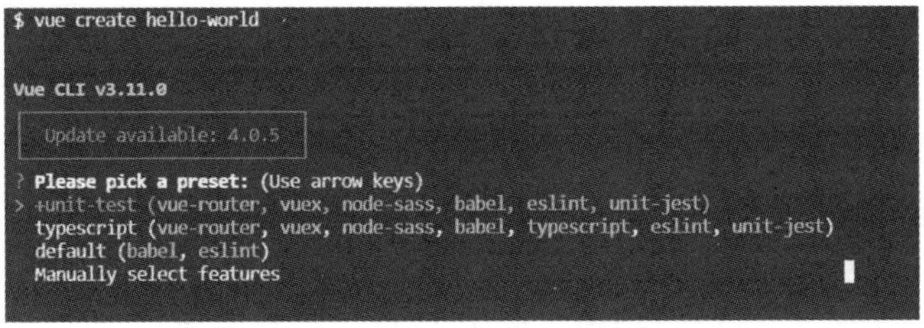

图 10-25　使用 vue-cli 创建 Vue 工程

后端程序采用 Laravel[23] 框架开发，前后端之间通过 Ajax 方式进行交互。Laravel 是一个基于 PHP 语言的渐进式框架，在 MVVM 架构中它负责根据前端指令存取模型。首先需要安装 PHP 和相关软件。安装 PHP 完成后，安装包管理器 composer，并使用 composer 的"create project"功能，创建基于 Laravel 框架的项目。

根据实际需要，完成程序编写之后，需要将前后端程序打包为容器。安装 Docker，编写 Dockerfile 打包前后端，使用 Docker 的"build"命令构建为镜像。通过 Docker 的"run"命令可检查应用运行状况，应用的运行界面如图 10-26 所示。

图 10-26　HMI 运行界面

使用 Docker 的"Push"命令推送到私有或公用 Docker Hub。最后，将镜像装载到 Kubernetes 的 Deployment 中即可完成 HMI 软件的部署。

10.5.2 计算仿真组件的部署和实施

CoppeliaSim 是一款基于分布式控制架构的机器人模拟软件。Coppeliasim 对于图形处理器有较高的要求，需要安装在专门的图形服务器上。在 CoppeliaSim 官网可下载二进制安装包进行安装。由于各个组件通过远程 API 与 CoppeliaSim 进行通信，在安装完成后，需要启用 CoppeliaSim 的远程 API 服务器。远程 API 服务器端通过基于常规 API 的 CoppeliaSim 插件实现。

在服务器端（即在 CoppeliaSim 端）启用远程 API 时，需要确保在 CoppeliaSim 启动时成功加载了远程 API 插件（simExtRemoteApi.dll、libsimExtRemoteApi.dylib 或 libsimExtRemoteApi.so）。远程 API 插件可以根据需要启动任意数量的服务器服务（每个服务将在不同的端口上侦听/通信）。服务器服务可以通过两种方式启动：

方式一：在 CoppeliaSim 启动时，持续运行远程 API 服务器服务。远程 API 插件将尝试读取名为 remoteApiConnections.txt 的配置文件，并根据其内容启动相应的服务器服务，查看配置文件以了解详细信息和远程控制虚拟仿真器本身。

方式二：从脚本中启动临时远程 API 服务器服务。大多数情况下，这是启动远程 API 服务器服务的首选方法。服务何时启动或停止由用户控制。但是，当从脚本启动临时远程 API 服务器服务时，该服务将在虚拟仿真结束时自动停止。可使用自定义 Lua 函数启动或停止临时远程 API 服务器服务（这 2 个函数由插件导出）。接下来，在 Consul 官网下载二进制安装包，并通过 Consul 向 CIMM 注册服务。首先，创建 Consul 配置目录，Consul 会加载目录下所有配置文件。接着，编写服务定义配置文件。创建名为"coppeliasim"的服务并重启 agent，并配置目录选项：

```
$ consul agent -dev -config-dir=./consul.d
==> Starting Consul agent...
...
    [INFO] agent: Synced service 'coppeliasim'
...
```

上述输出中"已同步（Synced）"了该服务，表示服务定义已从配置文件中读取，并成功注册进入服务编目。

10.5.3 资源调度组件的部署和实施

资源调度组件由服务编排组件和规划调度组件组成。其中，服务编排组件为自主研发组件，其原理见 10.2.3 节中资源调度部分。服务编排组件（AutoBPMN）采用 Maven 构建 Java 程序的方式开发，图 10-27 为服务编排组件构建步骤。容器 Docker 构建完成之后，会被部署到 Kubernetes 容器管理中心。规划调度组件使用了 Apache Jena Fuseki V3.16.0 和 Protégé V5.0.0。Apache Jena 是一个免费的开源 Java 框架，用于构建语义 Web 和关联数据应用程序。Protégé 是一个免费的开源平台，提供了一套构建具有本体的领域模型和基于知识的应用程序的工具。

```
FROM debian:buster
# 安装通过HTTPS添加新存储库所需的依赖项
RUN apt install -y apt-transport-https ca-certificates wget dirmngr gnupg software-properties-common
RUN apt-get update \
    &&apt-get install -y adoptopenjdk-15-hotspot maven
COPY AutoBPMN /AutoBPMN
RUN cd AutoBPMN && mvn package
WORKDIR /AutoBPMN/target
ENTRYPOINT ["java", "-jar", "-Dfile.encoding=utf-8","AutoBPMN-1.0.jar"]
```

图 10-27　服务编排组件构建步骤

10.5.4　运行监控组件的部署和实施

大数据可视化是大数据分析最重要基础之一。当原始数据流以图像形式表示时，辅助决策将变得容易许多。Grafana 是开源的可视化和分析软件，其具备查询、可视化、警报和浏览指标等功能，支持接入当前主流的大部分数据库。Grafana 通过非常灵活直观的图表可将各种数据库中储存的数据进行展现，其二次开发定制也非常方便。

本书采用 Zeebe 作为 CIMM 中的工作流管理模块，Zeebe 以 Elasticsearch 作为工作流控制数据的数据源。Grafana 配置 Elasticsearch 数据源步骤，如图 10-28 所示。首先配置 Elasticsearch 数据源的 URL 连接，地址为 Elasticsearch 所在主机 IP 地址加端口号 9200。然后继续选取 Elasticsearch 中的事件类型，如 record_job，选择索引模式（Pattern）为以天数（Daily）为单位，在索引字段中选择时间戳（@timestamp）。最后创建各种仪表板（支持各类仪表板，如饼图、表格、折线图等）。

本书中 Grafana 监控面板如图 10-29 所示。监控面板上方为目前生产线上正在加工的产品和刚加工完成的产品，以滚动视图的方式呈现。监控面板左下方为各工作站的当前负载率饼图，当某个工作站负载率过高时，便会出现红色报警显示。监控面板右下方为各工作站的负载率折线图，能直观地看出各工作站负载率的历史变化趋势。

图 10-28　Grafana 配置 Elasticsearch 数据源步骤

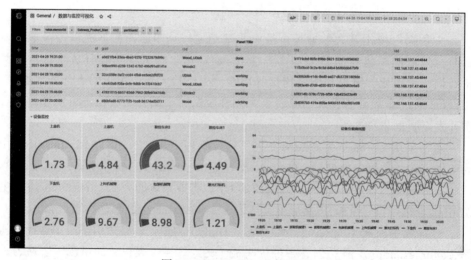

图 10-29　Grafana 监控面板

10.6　实例

根据 2.5 节所述的 UGBP，对智能生产线系统运行管控框架所涉及的技术进行实例验证。UGBP 上所涉及的不同类型传感器和执行器，以及设备的外部通信接口及其功能描述可归纳如表 10-5 所示，它们可以通过组合的方式形成更大粒度的工作站和生产线层级。

表 10-5 传感器、执行器及设备的外部通信接口和功能描述

资源层级	资源名称	外部通信接口	功能描述
传感器和执行器	光电开关	I/O	检测产品智能托盘是否到位
	气缸（带电磁阀）	I/O	阻挡产品智能托盘，实现对产品加工位置的固定
	RFID 读写器	RS-232	读取产品智能托盘的 GUID，进而获得产品所需加工工艺
	吸嘴（带电磁阀）	I/O	吸取具有光滑平整表面的工件
	夹爪	I/O	夹取具有规则形状的工件
	传送带换道装置	RS-485	在多条传送带交接处，换道装置负责变更产品智能托盘的传送方向
设备	传送带	RS-485	输送生产线上的产品智能托盘至目标位置
	上盒设备	RS-485	将用户选定的包装盒类型从堆料区中抓取到产品智能托盘上
	上盖设备	RS-485	将用户选定的盒盖类型置于盒子顶部
	下料设备	RS-485	取下已经完成所有工艺操作的包装盒
	欧德吉四轴机器人	TCP/IP、I/O	机器人负责将用户选定的待加工产品从料盘中抓取到产品智能托盘上
	东芝四轴机器人	TCP/IP、I/O	将产品智能托盘上已加工的工件放置于包装盒中
	川崎六轴机器人	TCP/IP、I/O	配合夹爪，将待雕刻的工艺品挂件从产品智能托盘上夹取进 CNC 中，或从 CNC 中取回至产品智能托盘上
	电装六轴机器人	TCP/IP、I/O	配合夹爪，将待雕刻的工艺品挂件从产品智能托盘上夹取进 CNC 中，或从 CNC 中取回至产品智能托盘上
	新松七轴双臂机器人	TCP/IP、I/O	装配蓝牙自拍器，并将其放置于产品智能托盘上
	CNC 精雕机	TCP/IP	负责工艺品挂件的精雕加工
	大族激光打标机	I/O	负责个性化 U 盘的激光打标加工

所有产品的加工都包括上盒工艺、上料工艺、包装工艺、上盖工艺与下料工艺。不同的产品类型因其特征的不同而包含各自的柔性工艺。其中个性化 U 盘的特定工艺为激光打标工艺，激光打标内容可根据客户订单进行定制；工艺品挂件的特定工艺为 CNC 精雕工艺，雕刻内容可根据客户订单进行定制。上述工艺存在如下工艺约束：1）所有产品存在工艺顺序约束：包装工艺－上盖工艺－下料工艺；2）个性化 U 盘加工工艺存在顺序约束：上料工艺－激光打标工艺－包装工艺；3）工艺品挂件存在顺序约束：上料工艺－CNC 精雕工艺－包装工艺；4）每个工位同一时间只能加工一个产品，其余工艺之间无先后约束。

10.6.1 即插即生产实例

本节选取 UGBP 的"CNC 精雕工作站"为例,阐述相关生产资源的 AML 信息模型构建方法,以及它们在部署资源适配器之后与私有云服务器的信息交互流程。现场布局如图 10-30 所示,由一台 CNC 精雕机、一台电装(Denso)机器人、一个机器人夹爪、一个光电开关、一个 RFID 读写器和两个阻挡气缸组成,它们通过各自的资源适配器连接到生产环境局域网,从而支持不同粒度资源组件的互操作性,其网络拓扑结构如图 10-31 所示。

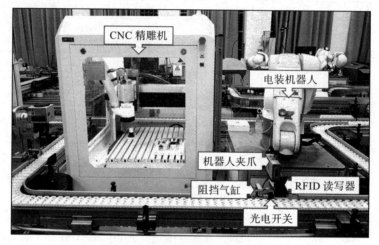

图 10-30 CNC 精雕工作站现场布局

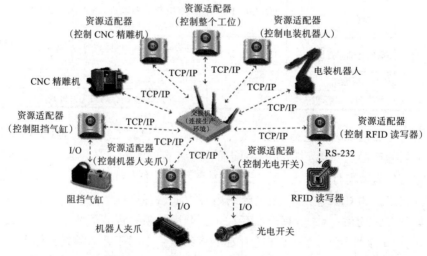

图 10-31 CNC 精雕工作站网络拓扑结构

这些不同粒度生产资源的 AML 信息模型遵循前面章节所述的角色类库和系统单元类库定义方法，由系统单元类库实例化，并为实例模型赋予具体的数据或函数值。以 CNC 精雕机为例，其实例模型如图 10-32 所示。

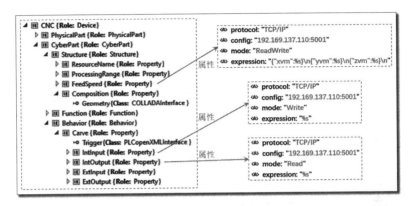

图 10-32　CNC 精雕机的实例模型

即插即生产的基本流程如图 10-33 所示。用户仅需连接适配器，导入模型后进行一些基础配置，资源适配器会自动读取和分析模型，将模型上传到 CIMM 的模型仓库中，并在组件管理模块中注册资源组件。组件注册事件会触发工作流管理模块自动生成工作流，工作流管理模块便可调用资源组件进行加工。

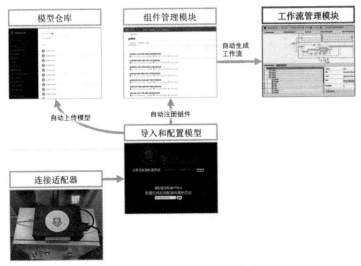

图 10-33　即插即生产的基本流程

导入和配置模型的具体步骤为：在构建完所有信息模型之后，用户使用浏览器打开资源适配器,访问资源适配器的 Web 配置界面,并依次导入各生产资源信息模型。接着,资源适配器会自动进入代码生成流程。在代码生成过程中,嵌套的 AJAX 脚本会自动以 1s 的时间间隔不断向服务器后端请求该流程的执行进度,并将进度实时反馈回前端界面。当该流程执行完成时,将自动跳转到生产环境局域网 DNS 服务器地址配置界面,网络配置完毕后,将重新启动资源适配器。

在智能生产线运行时阶段,对资源适配器的功能验证主要集中在 OPC UA 服务器的创建、数据变量的双向传递、生产资源的逻辑调用、服务发现与注册、AML 模型同步等方面。当资源组件接入生产线时,资源适配器会通过 DNS 解析找寻到私有云端的模型仓库地址,并自动向其提交资源组件信息模型。为了验证该功能是否能够正常运行,可以通过访问云端的 MinIO 服务器的图形化界面进行判断。模型仓库的图形化界面如图 10-34 所示,CNC 精雕工作站的所有不同粒度资源模型均可被外部访问和获取,证明模型同步功能有效。

图 10-34　模型仓库的图形化界面

同样地,可以通过访问 Consul 服务目录的后台监视界面来判断服务发现与注册功能是否有效。如图 10-35 所示,所有不同粒度资源组件均已被成功注册到云端,并提供了通信连接所需的 IP 地址和端口等资源元数据。此外,Consul 显示的资源服务健康状态良好,表明此时可以通过 OPC UA 协议访问资源组件的 OPC UA 地址空间。以 CNC 精雕机为例,采用第三方的 OPC UA 客户端软件 UA Expert 连接到上述提供的资源 IP 和端口信息,浏览到的 OPC UA 地址空间如图 10-36 所示。由图可见,CNC 精雕机的 AML 信息模型被正确映射为 OPC UA 节点集,并以此建立起该资源的 OPC UA 服务器,表明模型转换器能够正常运行。

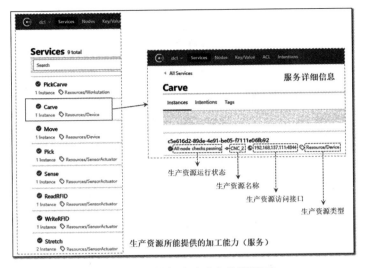

图 10-35　服务目录后台监视界面

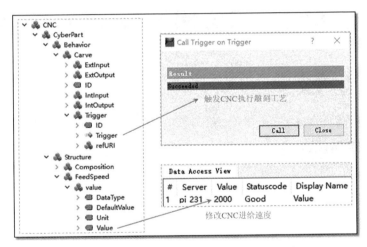

图 10-36　OPC UA 服务接口访问及调用

10.6.2　下单自动生产实例

下单自动生产的基本流程如图 10-37 所示。用户下单后，订单处理模块向组件管理模块发现分配的产品智能托盘，并将产品下发到该产品智能托盘上。订单处理模块与规划调度模块、形式化验证模块相互配合，生成工艺流程并启动生产工作流。

订单系统界面如图 10-38 所示，客户通过订单系统定制产品。用户可以定制盒子、盒盖，以及多种不同产品、图案等。

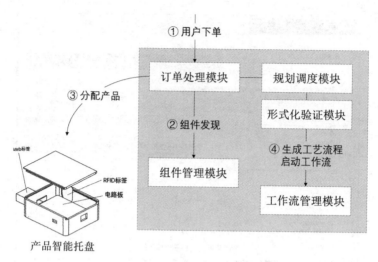

图 10-37 下单自动生产的基本流程

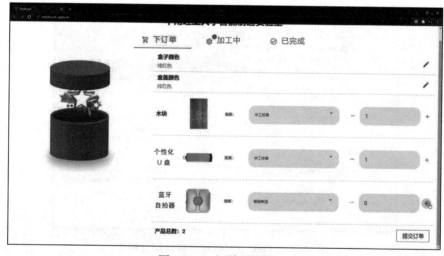

图 10-38 订单系统界面

用户订单系统以软件 CPPS 组件服务的方式接入 CIMM 中间件。生产线上的产品智能托盘以服务的方式注册到 CIMM 的 Consul 中,托盘服务及其状态如图 10-39 所示。每个产品智能托盘的标签上会标识其工作状态,默认情况下为"空",当承载产品时标记为"忙碌"。当用户订单下达时,产品服务生成器会根据用户订单的产品服务,向 Consul 请求发现空产品智能托盘服务,如果有合适的空产品智能托盘,会将产品服务发送至空产品智能托盘执行,并在 Consul 中将它标记为"忙碌"状态,以此保证每个产品智能托盘在同一时间只能分配到一个订单。

图 10-39　Consul 中的托盘服务及其状态

订单系统根据用户的订单信息，在 MinIO 中生成产品的 AML 模型列表，如图 10-40 所示。

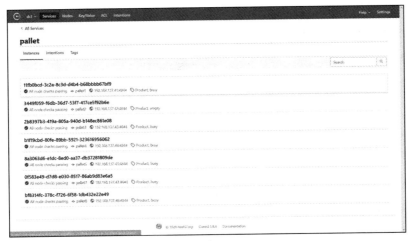

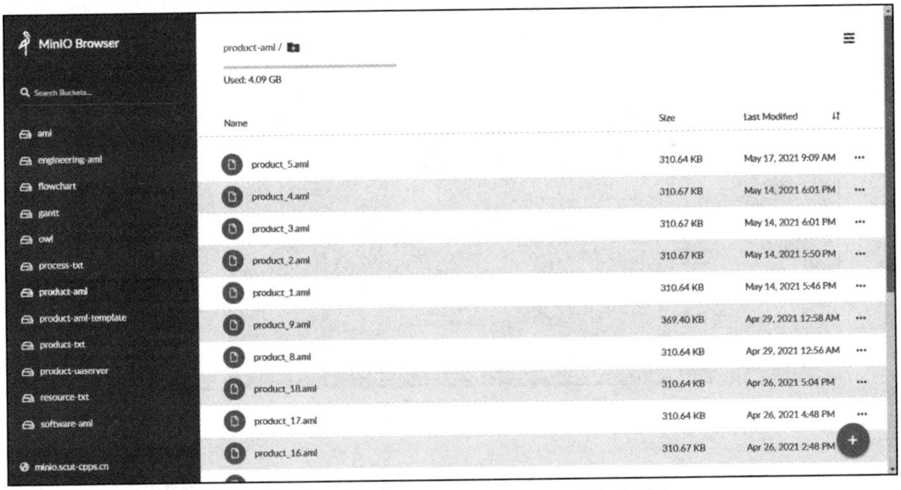

图 10-40　MinIO 中产品的 AML 模型列表

系统根据产品的 AML 模型，与规划调度、形式化验证等模块配合生成业务流程模型，提交到 Zeebe 中，并启动 Zeebe 的工作流实例。每个订单会对应 Zeebe 中的一个工作流实例，如图 10-41 所示。

CoppeliaSim 能够实时读取 CIMM 中的信息和数据，实时展示智能生产线，包括产品智能托盘的位置、加工设备的运行状态、机械臂的位姿状态等。CoppeliaSim、工作流管理以及数据库的可视化的画面可以在工厂的实时看板中展示，如图 10-42 所示。CIMM 中数据偏离正常值时，系统能主动发出预警，提醒设备管控人员进行检修。

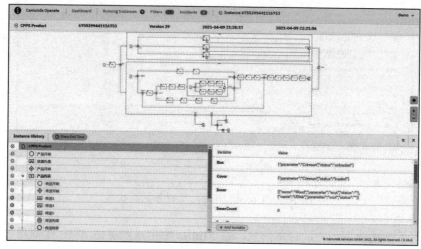

图 10-41　Zeebe 中的工作流实例

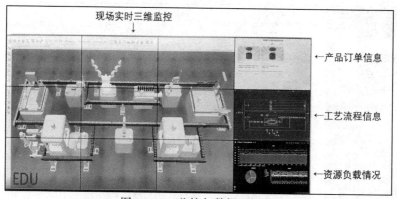

图 10-42　监控与数据可视化

与用户交互的订单系统也可获取制造 CIMM 的信息，这些信息经过系统整合、简化之后，通过前端实时向用户进行聚合展示。如图 10-43 所示，用户可以看到订单分配的产品智能托盘连接状态、订单中的产品特征、订单加工步骤和详细加工流程。加工完成后，产品服务从产品智能托盘上退出，用户也能实时看到订单完成的状态（见图 10-44）。

以上描述了单个产品从下单到产品加工完成个性化定制生产线的工作流程。从上述的工作流程可以看出，个性化产品订单是如何通过 CIMM 中间件、产品智能托盘、资源适配器、产品适配器、软件适配器的协同来实现的。同时，该过程也展示 CPPS 组件模型、服务发现及服务注册、基于服务编排的工作流自动生成等理论和技术如何服务于个性化定制。为实现不同产品订单、不同资源组合、不同生产线状态下的即插即生产提供了有效的理论和技术支撑。

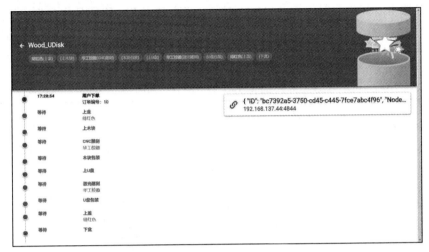

图 10-43 用户订单详情

图 10-44 订单完成状态

表 10-6 为个性化定制各步骤所需的时间。产品的订单处理、资源调度、产品退出服务对于不同产品服务时间差别不大。而对于不同的个性化产品，就产品复杂度而言，生成产品服务、放置产品服务到产品智能托盘、产品生产时间差别较大，越是复杂的产品，耗时越久。值得注意的是，生成产品服务及放置时间

在产品生产总时间占比不大（平均为 6.11%）。在本书中，当产品类型为工艺品挂件、个性化 U 盘、蓝牙自拍器，产品工序较为简单。当个性化产品工序较复杂时，生成产品服务时间在总时间中占比会减小，比如表 10-6 中的产品 5，生成产品服务时间为总时间的 5.21%。而引入了产品服务，将产品作为组件接入到CPPS 中，配合工作流管理模块以及资源调度，相较于传统架构，能大大缩短产品生产时间。

表 10-6　个性化定制各步骤所需时间　　　　　　　（单位：s）

产品序号	订单处理	资源调度	生成产品服务	放置产品服务到产品智能托盘	产品生产	退出产品服务	总时间
1	0.13	0.56	19.25	2.33	320.28	0.26	352.81
2	0.14	0.59	17.30	2.45	236.32	0.26	267.06
3	0.13	0.56	13.57	2.54	166.37	0.26	193.43
4	0.15	0.59	20.55	2.96	360.10	0.26	394.61
5	0.13	0.56	16.44	2.12	300.51	0.26	330.02
6	0.13	0.56	14.23	2.36	180.96	0.26	208.50
7	0.14	0.58	14.69	2.85	263.62	0.26	292.14
8	0.13	0.56	15.27	2.38	168.59	0.26	197.19
9	0.13	0.57	14.88	2.27	175.30	0.2	203.35
10	0.13	0.56	13.88	2.19	150.69	0.26	177.71

10.7　结论

针对满足产品个性化和快速化的生产模式下产品类型批量多变、交付周期骤减、质量成本约束等需求，本章提出基于 CIMM 的个性化定制生产线运行管控框架，并进一步将前述章节中相关技术在本章的应用场景中加以实施，有效展示并验证了相关技术在个性化定制场景中的有效性，为实现个性化定制生产线的即插即生产模式提供了技术参考路线与工业应用实践指导。

参考文献

[1] XU X. From cloud computing to cloud manufacturing[J]. Robotics and computer-integrated manufacturing, 2012, 28(1): 75-86.

[2] MELL P, GRANCE T. The NIST definition of cloud computing v15[S]. NIST, 2009.

[3] DAVIS J, EDGAR T, PORTER J, et al. Smart manufacturing, manufacturing intelligence and demand-dynamic performance[J]. Computers & Chemical Engineering, 2012, 47: 145-156.

[4] SHALINI R, KUMARAVEL A. Production harmonized reconfiguration of flexible robots and machinery using manufacturing industry 4.0[J]. Journal of Computational and Theoretical Nanoscience, 2018, 15(11-12): 3558-3564.

[5] CIAVOTTA M, ALGE M, MENATO S, et al. A microservice-based middleware for the digital factory[J]. Procedia manufacturing, 2017, 11: 931-938.

[6] MANVI S S, SHYAM G K. Resource management for Infrastructure as a Service (IaaS) in cloud computing: a survey[J]. Journal of network and computer applications, 2014, 41: 424-440.

[7] HE D, WANG Z, LIU J. A survey to predict the trend of AI-able server evolution in the cloud[J]. IEEE Access, 2018, 6: 10591-10602.

[8] ZHANG Q, CHENG L, BOUTABA R. Cloud computing: state-of-the-art and research challenges[J]. Journal of internet services and applications, 2010, 1(1): 7-18.

[9] GUDU D, HARDT M, STREIT A. Evaluating the performance and scalability of the ceph distributed storage system[C]//2014 IEEE International Conference on Big Data (Big Data). IEEE, 2014: 177-182.

[10] WINKEL L. Real-time Ethernet in IEC 61784-2 and IEC 61158 series[C]//2006 4th IEEE International Conference on Industrial Informatics. IEEE, 2006: 246-250.

[11] BAKSHI K. Microservices-based software architecture and approaches[C]//2017 IEEE aerospace conference. IEEE, 2017: 1-8.

[12] KEDDIS N, KAINZ G, ZOITL A, et al. Modeling production workflows in a mass customization era[C]//2015 IEEE International Conference on Industrial Technology (ICIT). IEEE, 2015: 1901-1906.

[13] HOLLINGSWORTH D, HAMPSHIRE U K. Workflow management coalition: the workflow reference model[J]. Document Number TC00-1003, 1995, 19(16): 224.

[14] BIRMAN K. The promise, and limitations, of gossip protocols[J]. ACM SIGOPS Operating Systems Review, 2007, 41(5): 8-13.

[15] LIN H Y, TZENG W G. A secure erasure code-based cloud storage system with secure data forwarding[J]. IEEE transactions on parallel and distributed systems, 2011, 23(6): 995-1003.

[16] ANDERSON C. The Model-View-ViewModel (MVVM) design pattern[M]// Pro Business Applications with Silverlight 5. Berkeley, CA: Apress, 2012: 461-499.

[17] MADNI A M, MADNI C C, LUCERO S D. Leveraging digital twin technology in model-based systems engineering[J]. Systems, 2019, 7(1): 7.

[18] SAYFAN G. Mastering kubernetes[M]. Brimingham: Packt Publishing Ltd, 2017.

[19] HOCHSTEIN L, MOSER R. Ansible: Up and Running: Automating configuration management and deployment the easy way[M]. Cambridge: O'Reilly Media, Inc., 2017.

[20] STEINDL G, KASTNER W. Semantic microservice framework for digital Twins[J]. Applied Sciences, 2021, 11(12): 5633.

[21] KHATRI A, KHATRI V. Mastering service mesh: enhance, secure, and observe cloud-native applications with Istio, Linkerd, and Consul[M]. Brimingham: Packt Publishing Ltd, 2020.

[22] KIM Y, KIM T. Hoss: hybrid object storage system for performance acceleration[J]. IEEE Systems Journal, 2021.

[23] STAUFFER M. Laravel: Up & running: A framework for building modern php apps[M]. Cambridge: O'Reilly Media, 2019.

全书总结

1. 研究特色

目前,制造企业在多品种个性化产品的生产计划执行中仍然不得不对车间现场进行停机换线。然而,现有信息物理融合生产系统的构建及其研究大多局限于概念层次,且对于信息物理融合生产系统核心之一的智能生产线的现有研究大多也仅限于信息物理有限融合及实现,难以起到生产线设计运行的支撑作用,导致信息物理融合制造系统的性能预测、运行管控难以满足个性化定制生产模式下不停机换线的要求。本书基于个性化定制生产过程对车间的功能可重构、自主诊断和高调度性能等需求,通过研究智能生产线信息物理融合系统架构设计、智能生产线信息物理融合统一建模、智能生产线信息物理融合模型综合计算与优化、智能生产线信息物理融合系统验证等关键技术,提出面向个性化产品定制的智能生产线设计和运行管控方法。本书研究的理论和关键技术可大幅减少停机时间,甚至实现不停机地换线生产,为多品种变批量产品的混流生产提供了重要思路。

2. 研究内容

本书立足于本体论、强化学习、面向服务架构、模型驱动的设计方法、形式化验证方法等科学方法与先进技术,研究了面向信息物理融合的个性化定制智能生产线设计与实施的关键技术,所展示的研究内容系统性地涵盖了信息物理融合智能生产线设计时阶段与运行时阶段的完整生命周期全环节,形成了基于组件与模型的顶层设计运行统一框架。一方面,针对智能生产线实现个性化生产这一目标在设计时阶段的建模设计、分析验证、仿真调试等过程所面临的缺乏多粒度、多视角、多层级组件结构与行为的定义等若干难题,分别研究了基于AutomationML标准的多粒度、多视角的信息物理融合组件设计方法,涵盖产品、工艺、资源等生产要素;提出了基于产品-工艺-资源中心概念的生产线在系统级工艺层以及设备级控制层等多层级的形式化模型仿真与验证方法,阐述了支持个性化定制生产的智能生产线系统建模、仿真与虚拟调试等技术及其集成方法。另一方面,针对个性化生产在实施运行时阶段的资源信息交互、资源重构、车间调度等环节中所面临的自组织调整、自适应优化等需求，研究了面向服务架构的中间件信息交互方法，提出智能适配器概念对运行过程中的产品和资源实现动态适配，基于强化学习理论建立了针对可重构车间调度的马尔可夫决策模型，及其在动态资源异常状态自适应调整模型参数过程中的求解方法；开发了适应于动态资源重构的网络化运动控制内核，实现设备级控制层基于 IEC 61499 标准的实时功能重构。

3. 应用实践

本书依托于华南理工大学智能制造实验室的个性化定制生产平台，在多产品混流生产场景下，分别以针对性实验实例和系统性原型平台实施为基础，对所提出的相关理论方法与关键技术进行验证。其中，针对形式化方法的验证，利用 CPPS 组件的形式化建模工具对所提出的形式化模型进行了仿真测试，证明了形式化仿真的可用性和准确性；针对个性化定制智能生产线设计时工具链的集成，展示了模型构建、规划调度、模型验证、虚拟调试等四种工具的实现与交互过程；针对动态资源重构方法及其相关指标的验证，通过构建若干重构算例，展示了多层级的产品特征与资源制造能力匹配方法，证明了资源重构方法的可行性；针对多源异构组件适配技术的实现，提出了资源适配、产品适配、软件适配三种适配技术的实现方案。针对车间资源重构与调度的验证，一方面通过构建若干重构算例，展示了多层级的产品特征、资源制造能力匹配方法，证明了资源重构方法的可行性；另一方面，以工件完成延迟率和工作站负载率为评价指标，对资源自组织重构、车间自适应调度的基础性能进行实验和分析。在原型平台实施工作中，在系统层采用云原生技术实现面向个性化生产线设计、管控运行的微服务架构，在设备层实现动态可重构的装备控制系统。在此基础上，分别运行资源组件的即插即生产实例和产品组件的下单自动生产实例。结果表明，在所提出方法和技术的综合作用下，面向信息物理融合的个性化定制智能生产线的生产过程具备较强的自适应性和鲁棒性。一方面，在出现资源故障的情况下仍可继续生产；另一方面，生产线可通过动态重构机制判断当前系统配置是否可继续进行工件的处理，并且能够在资源重新投入后快速恢复生产能力。

本书是项目组人员近期初步的研究结果，不可避免地存在错误，且存在很多问题需要进一步完善。